Jasmuheen

Lichtnahrung

Die Nahrungsquelle für das kommende Jahrtausend

Dieses Buch wendet sich an diejenigen,

die den Mut haben,

sich vom göttlichen Funken

in uns ernähren zu lassen,

und an diejenigen,

die sich selber erlauben können,

all das zu sein, was sie sein können.

Die Absicht dieses Buches ist es zu informieren, zu lehren und zu unterhalten. Die Autorin und der Verlag können für keinerlei Verluste oder Schäden, die irgend jemandem direkt oder indirekt durch die in diesem Buch enthaltenen Informationen entstehen könnten, verantwortlich oder schadensersatzpflichtig gemacht werden.

Jasmuheen

Lichtnahrung

Die Nahrungsquelle

für das kommende Jahrtausend

KOHA-Verlag

Zur Person

Jasmuheen ist »kosmische Telepathin« deren Absicht es ist, zu informieren, zu inspirieren und zu erläutern.

Sie ist Mitglied einer Gruppe von Menschen, die auf dem speziellen Gebiet der »Prana-Ernährung« und der Energiefelder des Körpers Pionierarbeit geleistet haben, und die sie erfolgreich umsetzen konnte. Seit 1993 ernährt sie sich ausschließlich von flüssigem Licht. Einzelheiten ihrer Untersuchungen und Erfahrungen aus diesem Projekt sind im vorliegenden Buch enthalten. Jasmuheen channelt seit dieser Zeit Lichtwesen, nachdem sie viele Jahre telepathisch Nachrichten von verstorbenen Freunden und Verwandten erhalten hat. Inspiriert durch die Aufgestiegenen, arbeitet sie nun eng mit Arkturius, Lord Sananda und seit kurzem auch mit Kuthumi, Saint Germain sowie den Aufgestiegenen weiblichen Meistern. Diese sind aktiv in der Verankerung der weiblichen Gottesenergien und repräsentieren die elfte und zwölfte Ebene des Lichtkörper-Paradigmas, für das das neue Jahrtausend stehen wird.

Seit über 22 Jahren meditiert Jasmuheen und beschäftigt sich intensiv mit Metaphysik (die theoretische Philosophie der menschlichen Existenz und des Wissens), östlicher Philosophie und den Gedanken des New Age. Sie ist in Reiki eins und zwei eingeweiht, in »Magnified Healing«, und gilt als erfahrene Beraterin auf dem Gebiet der Metaphysik. Sie reist regelmäßig und hält dabei nicht nur in Australien, sondern inzwischen weltweit Vorträge und Workshops über ihre Arbeit ab.

Titel der Originalausgabe:
Living on Light, a personal journey by Jasmuheen (erschienen 1996)
Aus dem Australischen von Susanne Herßebroick
Überarbeitet von Christian Kripa Ram Kazner und Kamallata Wolfer
Die Deutsche Bibliothek – CIP-Einheitsaufnahme
Deutsche Ausgabe: © KOHA-Verlag Burgrain
Alle Rechte vorbehalten – 1. Auflage: Mai 1997
3. überarbeitete Auflage: November 1997
Umschlag und Gesamtherstellung: Karin Schnellbach
Lektorat: Günther Albrecht, Franz Simon – Druck: Wiener Verlag
ISBN 3-929512-26-2

Inhalt

Vorwort	7
Energie – das Vierkörpersystem, Photonen-Energie und der Körper als Energiesystem	12
Schwingungsfrequenzen verstehen und anwenden	18
Über das Eß- und Schlafbedürfnis hinaus – bis zum 33er-Takt des Universums	26
Die sieben Elemente und der 33er-Takt des Universums	31
Prana – die Universelle Lebensenergie	34
Die Geschichte von Giri Bala	41
Die Geschichte von Therese Neumann	43
Physische Unsterblichkeit	44
Regeneration und Verjüngung – »Quelle der Jugend«	48
Die großen Immortalisten	52
Babaji	53
Graf Saint Germain	54
Das Yoga des immerwährenden Lebens	56
Die Arkturianer – »Das Tor des Herzens«	62
Die Revolution des Glaubens	76
Leben von Licht und Prana – ein persönlicher Bericht	78
Fragen und Antworten	86
Pranismus – eine heilige Reise nach Innen	94

Inhalt

Spiritualität und Sexualität	109
Männliche Potenz	110
Weibliche Potenz	114
Die Erfahrungen anderer	117
Eine heilige Einweihung	120
Wähle Gott statt der Illusion	123
Anleitung für den 21-Tage-Prozeß	126
Fragebogen	129
Vorbereitung	135
Die 21 Tage	142
Andere Wege	153
Potential für die Zukunft – Welthunger	155
Paradigmen - Leitbilder	158
Programmierung – die Macht des Geistes	166
Selbstheilung	173
1. Nachtrag im Mai 1996 – Reaktion der Presse	179
2. Nachtrag im November 1996 – Gesellschaftliche Reaktionen	183
»Essen oder nicht essen«	186
3. Nachtrag im Oktober 1997 – Umwandlung – die pranische Reise geht weiter	191
Das Gleichgewicht des Seins	197

Vorwort

Es ist komisch. Wenn etwas wirklich deine Bestimmung ist, läßt dich der Gedanke daran nicht mehr los. Es ist wie mit einem Springteufel, der immer wieder aus seinem Kästchen springt und je nachdem *Hallo* oder *buh* sagt. Du schließt den Deckel und - schwups! - schon ist er wieder da.

Ich schätze, so ging es mir auch mit diesem Buch und dem ganzen Prozeß, unserem physischen Körper zu ermöglichen, nur vom Licht ernährt und erhalten zu werden, den ich selbst und inzwischen auch viele andere durchlaufen haben. Obwohl mir meine innere Führung im September 1995 riet, ein kleines Buch mit Informationen über das Leben von Prana zu schreiben, hatte ich nie den Wunsch, diese Idee bzw. meine Erfahrung im großen Stil zu vermarkten oder körperlich irgend jemanden bei diesem Prozeß zu unterstützen. Zu der Zeit war das alles nicht Teil meiner Aufgabe hier.

Nachdem ich den »Prozeß« im Juni 1993 durchlaufen hatte (Einzelheiten sind in den folgenden Kapiteln aufgeführt), zog ich mich für fast sechs Monate zurück. Ich meditierte, oft bis zu drei Stunden lang, schrieb Tagebuch und bemühte mich vor allem, meine Kommunikationskanäle zu öffnen, um die eigene innere Führung klar und stark fließen zu lassen.

Während dieser Zeit begann ich zu channeln und erhielt von meinem Göttlichen Selbst sehr klare Unterweisungen über meine Bestimmung und »Mission« in dieser Verkörperung. Ich gründete die Self Empowerment Academy und begann die Kunst der Resonanz zu lehren sowie Seminare über alles zu veranstalten, was ich verstanden hatte. Ich fuhr überall hin, wo ich eingeladen wurde.

Mitte 1995 wurde ich dann zum internationalen Treffen der Meister am Lake Taupo in Neuseeland eingeladen, damit ich insbesondere über meine Erfahrungen mit dem Erhaltenwerden durch Prana berichte, worüber ich einige Zeit nicht mehr nachgedacht hatte. Mir kamen zusätzliche Erkenntnisse, als ich mir Notizen für das Treffen machte, die später in mein Buch »The Art of Resonance« einflossen und die ich nun auch in diesem Buch mitteilen möchte. (Einige besonders wichtige Informationen über meinen persönlichen Weg, das Leben von Prana und die physische Unsterblichkeit habe ich auch dem Buch »The Art of Resonance*« entnommen.)

---

*erscheint Februar ´98 mit dem Titel »In Resonanz«
auf deutsch im KOHA-Verlag ISBN 3-929512-28-9

Ich glaube nicht, das irgend jemand von dem Dutzend Leuten, die den 21-Tage-Prozeß (der Prozeß ist jener Zeitraum, während dessen sich der Körper auf die Ernährung durch Prana einschwingt) im Juni 1993 durchlaufen haben, eine Vorstellung davon hatte, welche Uneinigkeit als Folge unserer Entscheidung nicht nur unsere Gemeinschaft der Lichtarbeiter erfahren würde, sondern auch alle Gemeinschaften aus Melbourne, Adelaide, Perth, Tasmanien und vielleicht auch anderswo. Viele reagierten auf diesen Prozeß mit der Meinung, daß man den Weg des Aufsteigens nicht *erfasten* kann. Einige meinten, daß sie unter keinen Umständen auf das Essen verzichten könnten. Andere boten sogar Geld an, damit sie mir folgen und beweisen könnten, daß ich nicht heimlich aß. Dieser Prozeß hat viel Zweifel und Angst ausgelöst, viel Kritik und Verurteilungen.

Viele haben den 21-Tage-Prozeß mitgemacht und sind dann wieder zu einer leichten Diät aus frischem Obst und Gemüse zurückgekehrt. Andere haben anschließend ihre alten Eßgewohnheiten wieder aufgenommen. Alle Realitäts- und Verständnisebenen dienen dem jeweiligen Individuum. Aber unabhängig vom persönlichen Verständnis werden Menschen, die diesem Prozeß treu bleiben, tatsächlich von Licht erhalten bzw. genährt.

Es dreht sich nicht um Fasten, sondern um: Zulassen, Vertrauen, Sich in ein Energiemuster Einklinken und Wissen, daß du in Wirklichkeit von Kosmischem Licht erhalten wirst. Dieses Licht ernährt viele Wesen aus vielen Universen, und es handelt sich um eine Möglichkeit, die sich uns hier und jetzt bietet. Es ist auch kein Prozeß des Verzichts. In den letzten zwei Jahren ist mir oft von den Meistern empfohlen worden, selbst die Einnahme von Flüssigkeit einzustellen. Sie haben mir versichert, daß der Körper nur »flüssiges Licht« benötigt. Aber ich selbst trinke nun einmal noch gerne eine Tasse Tee, und rede auch gerne mit Freunden in einer angenehmen Teerunde. Außerdem habe ich persönlich bislang noch nicht die manchmal auftretende Langeweile besiegt, weil mir immer noch das Schmecken fehlt. Wenn ich dies jedoch akzeptieren kann – ohne das Gefühl von Verzicht zu empfinden – werde ich auch das tun. Denn ich möchte jeden Schritt auf diesem Weg voller Freude und angenehmer Gefühle, mit Leichtigkeit und Würde gehen.

Weil die anfängliche Begeisterung über die Entdeckung, daß wir in der Lage sind, nur von Prana zu leben, im Laufe der Zeit nachließ und da es einige sehr heftige negative Reaktionen gab, hörte ich schon bald auf, diesen Aspekt meines Wegs anderen Leuten mitzuteilen oder auch nur noch zu erwähnen.

Mir selbst gefiel meine Entdeckung, und so blieb ich auch dabei. Ich konnte jedoch feststellen, daß es für den Großteil der Menschen nicht einmal im entferntesten möglich war. Essen wird einfach – vor allem in unserer westlichen Gesellschaft – mit einem enormen Lustgewinn verbunden. Ich habe inzwischen herausgefunden, daß viele Menschen nicht essen, um zu leben, sondern viel mehr leben, um zu essen.

Sie (die aufgestiegenen Meister) zeigen mir Visionen einer Welt ohne Hunger, ohne Supermärkte oder Landwirtschaft. In der es Kultivierung nur um der Schönheit willen gibt, aber nicht mehr wegen der Notwendigkeit, Nahrungsmittel zu produzieren. Stellt euch vor, wieviel Milliarden Dollar für andere Dinge ausgegeben werden könnten, wenn jeder darauf vertraute, daß er von der Universellen Substanz, allein von Gottes Licht ernährt werden könnte.

Persönliche und soziale Veränderungen ergeben sich stets aus den Träumen und Visionen von Menschen, aus dem Mut, andere Möglichkeiten zu erforschen. Für mich hat dieser Weg viel Disziplin und Vertrauen erfordert. Es gab dabei weder Anleitungen zu lesen noch irgendwelche Heiler, die mich aufgrund ihrer eigenen Erfahrungen über körperliche Veränderungen hätten informieren können.

So ging ich nun also meinen Weg wegen der bereits erwähnten Reaktionen wie Angst, Ablehnung etc. still für mich alleine weiter. Ich teilte mich nur noch dann mit, wenn ich wirklich ernsthaft danach gefragt wurde.

Während ich mit meinen Seminaren unterwegs war, verbreiteten sich Gerüchte über meinen Weg. Ungefähr Mitte 1995 stellte ich fest, daß etwa die Hälfte meiner Workshopteilnehmer nähere Informationen von mir darüber erwarteten.

Dabei zeigte sich, daß eine Reihe von Leuten, entweder während oder kurz nach der Teilnahme an meinen Seminaren, aus eigenem Antrieb den von mir beschriebenen Prozeß begannen – meist mit sehr wenig Hintergrundinformation. Information gibt nicht nur Macht, sondern auch Entscheidungsfreiheit. Der Zweck dieses Buches ist, möglichst viel Informationen zu liefern, um unterstützend diese 21-Tage-Reise so leicht wie möglich zu machen. Dieser Weg ist nur für all diejenigen, deren Herz sie führt, ihn auf diese besondere Art und Weise zu gehen.

Zu den Dingen, die ich gelernt habe, gehört die Erkenntnis, daß wir einzig und allein durch unsere Glaubenssätze beschränkt werden. Daß wir die Fähigkeit und die Möglichkeit haben, eine Realität zu erschaffen, die es uns erlaubt, unser Leben mit unseren vollen Ausdrucksmöglichkeiten zu leben. Wenn unser Leben nicht auf dem höchsten Potential verläuft und unsere persönlichen Ansprüche und Erwartungen nicht erfüllt, dann sollten wir vielleicht unser Glaubenssystem unter die Lupe nehmen und unser Verständnismodell erweitern oder ändern.

Das Modell, das ich kreiert habe, umfaßt eine Realität der Universellen Gesetze, der Frequenzbereiche des Bewußtseins, der Lichtwesen und des Aufsteigens. Es ändert sich so wie ich wachse und hin zu meiner eigenen Göttlichkeit wiedererwache.

Durch mein Modell bin ich zu dem Verständnis gekommen, daß es ein Weg der Wunder und der Freude ist. Wenn wir erst unser Wesen wirklich erkennen, zählt es nicht, wo wir sind oder auf welche Ausdrucksebene wir uns fokussieren, denn alles ist miteinander verbunden, und alles ist eins. Es gibt keine Trennung, außer derjenigen, die wir uns selbst schaffen. Die Fähigkeit, von Licht zu leben, fügt unserer Existenz dabei einen weiteren Aspekt der Freiheit hinzu, der unglaublich viel Kraft gibt.

Auf meinem Weg habe ich viele Menschen getroffen, die am Pranismus vom diätetischen Gesichtspunkt aus interessiert sind und nicht besonders auf das energetische Vor-Bild der aufgestiegenen Meister eingestimmt sind. Trotz ihres Verständnisses von verschiedenen Frequenzbereichen und der Wirklichkeit anderer Lebensformen fanden andere den erforderlichen 21-Tage-Prozeß entweder zu zeitaufwendig oder zu extrem und zeigten mehr Interesse an einem sanfteren Weg. Für all jene haben wir das Kapitel »Andere Glaubenssysteme« mit aufgenommen.

Bislang war ich davon ausgegangen, daß Menschen, die sich zu diesem Buch hingezogen fühlen, natürlich eingestimmte Instrumente sind und das Verständnis besitzen, das bereits in meinem Buch »The

Art of Resonance« angesprochen wird. Inzwischen habe ich aber festgestellt, daß das nicht immer der Fall ist. Deshalb sind in der vorliegenden, überarbeiteten Fassung auch nähere Informationen über das Einstimmen, das Vierkörpersystem und die Schwingungsfrequenzen enthalten.

So…wenn dich die Informationen und der Inhalt dieses Buches ansprechen, dann bittet in der Meditation und in Zeiten der Kontemplation um Führung für euren nächsten Schritt – lies außerdem die »Anleitung für den 21-Tage-Prozeß«, die uns Charmaine Harley in ihrem Kapitel zur Verfügung stellt. Gebrauche deine Unterscheidungskraft und öffne dich für das, was sich in deinem Herzen richtig anfühlt. Mach es mit Freude!

Energie – das Vierkörpersystem, Photonen-Energie und der Körper als Energiesystem

Ein Teil dieses Kapitels ist meinem Buch »The Art of Resonance« entnommen. Ich habe es hier eingefügt, weil ich zu der Erkenntnis gelangt bin, daß es sich bei dem Prozeß, den außer mir viele andere durchlaufen haben und der es unserem Körper ermöglicht, vom Licht erhalten zu werden, um nichts anderes als die Nutzung von Photonen-Energie handelt. Dieser Prozeß ist am ehesten mit den Vorgängen der Photosynthese vergleichbar. Doch während Pflanzen die Energie nur aus Sonnenlicht gewinnen, haben wir die Fähigkeit entwickelt, die Universelle Lebenskraft, das »Chi« anzuzapfen und direkt in unsere Körperzellen aufzunehmen. Dies erfolgt durch geistige Meisterschaft, bei der Befehl und Erwartung sich das Universelle Gesetz der Resonanz zu Nutze machen, nach dem Gleiches das Gleiche anzieht. Da ich erwarte, daß die Kräfte des Prana mich ernähren und erhalten, nachdem ich den 21-Tage-Prozeß absolviert habe – wie er in den nachfolgenden Kapiteln beschrieben wird – geschieht dies auch.

Wenn man ein richtig gestimmtes Instrument ist, ist die Fähigkeit, nur von Prana erhalten zu werden, eine natürliche Konsequenz. Nach Forschungsergebnissen der ganzheitlichen Medizin leben Menschen innerhalb der physischen Realität im sogenannten Vierkörpersystem – bestehend aus dem physischen, emotionalen, mentalen und spirituellen Körper. Grob vereinfacht kann man sie mit einer viersaitigen Gitarre vergleichen. Wenn unser Instrument verstimmt ist, erfahren wir unterschiedliche Grade physischer, emotionaler oder mentaler Erkrankung oder Unzufriedenheit mit dem Leben. Wenn wir richtig »gestimmt« sind, wird das Leben magisch.

Wenn diese niederen Körper (nieder im Sinne einer langsameren Schwingungsrate) auf die Frequenz der höheren Körper gestimmt werden, dann können Menschen ihr Leben auch tatsächlich zu ihrem höchst möglichen Potential hin leben. Telepathie, Hellsichtigkeit und die Fähigkeit, ohne Nahrung oder sogar ohne Schlaf zu existieren, sind nur natürliche Nebenerscheinungen, wenn man ein gestimmtes Instrument ist.

Energie ist laut Oxford Dictionary *die Fähigkeit von Materie oder*

Strahlung, Arbeit zu leisten. Wie Stephen Hawking in seinem Buch »Eine kurze Geschichte der Zeit« schreibt, beschreibt der Begriff *Energieerhaltung* das Gesetz der Wissenschaft, wonach Energie (oder ihr Äquivalent in Form von Masse) weder geschaffen noch zerstört werden kann. Sie kann jedoch ihre Form ändern, und sie tut dies auch. Dr. Deepak Chopra führt in seinem Buch »Länger leben und jung bleiben« aus, daß jedes Atom zu über 99,9 Prozent aus leerem Raum besteht und die subatomaren Teilchen, die sich in großer Geschwindigkeit durch diesen Raum bewegen, Bündel schwingender Energie sind, die Informationen und einzigartige Kodierungen mit sich führen. Er nennt dies *Thinking non-stuff* (denkende Nichtmaterie), da sie mit bloßem Auge nicht wahrnehmbar ist.

Um Leben aus lebloser Materie zu formen, müssen Energie und Informationen über die DNS und RNS ausgetauscht werden, um eine Zellstruktur bilden zu können. Der Fluß dieser Intelligenz ist das, was uns erhält. Dr. Chopra nennt diesen Energiestrom das Universelle Feld. Er behauptet, daß die physische Welt nur ein Spiegel der tieferen Intelligenz ist, die die Energie und Materie organisiert und somit auch in uns wohnt. Wir sind alle Teil von allem und müssen deshalb liebevoll mit allem umgehen. Auch wenn wir in unserer Individualität einmalig sind, sind wir durch einen gemeinsamen Faden aus reiner Energie verbunden, der alle Zellen, unser Dasein und das Leben als Ganzes erhält.

Religionen nennen diese Energie Gott oder Überbewußtsein und betrachten diese als Allgegenwärtig, Allmächtig und Allwissend. In der Quantenphysik bezeichnet man diese Energie als die *große Vereinigungsenergie* und betrachtet sie ebenfalls als überall anwesend, allmächtig und alles wissend. In der New-Age-Bewegung hat diese Energie andere Namen: Alles-Was-Ist, Göttliche Intelligenz usw. All das sind nur Begriffe, welche die gleiche Kraft oder Macht beschreiben. Energie ist nichts als Energie. Ihre Abstufung entsteht durch den Reinheitsgrad des Bewußtseins, der der jeweiligen Energie innewohnt.

Joseph Carter beschreibt in »The Awesome Life Force«, daß diese Energie aus Äthern und komplexeren *weichen Partikeln* besteht. Kombinationen von Äthern bilden Lichtphotonen, die wiederum die Elektronen und die Protonen der Atome erzeugen. Genau so können

Gedanken Dinge aus dem scheinbaren Nichts materialisieren.

Unsere Körper bestehen aus Äthern, Atomen und Zellen, die diese Energie und Informationen enthalten. Daraus ergibt sich: Wenn Gott allgegenwärtig und tatsächlich – wie die Wissenschaft behauptet – ein reines intelligentes Energiefeld ist, das alles Leben erhält, dann können wir auch nach innen gehen, wenn wir dies wünschen, und mit dieser Energie oder unserem *inneren Gott* Kontakt aufnehmen.

Gedanken, Worte und Taten sind auch Energie. Energie dehnt sich aus, zieht sich zusammen und verändert die Form, so daß was wir aussenden, zu uns zurückkommt. Dies wird genauer in meinem Buch »The Art of Resonance« behandelt. Um es religiös auszudrücken: *Was du säst, wirst du auch ernten.* In der Energieterminologie spricht man davon, daß alles von dem Universellen Gesetz der Resonanz bestimmt wird und dem Gesetz der Anziehung, nach dem Gleiches das Gleiche anzieht.

Wie bereits vorher erwähnt, besitzen Menschen vier niedere Energiekörper, die in verschiedenen Frequenzen schwingen. Der physische (der einzig sichtbare oder für unser physisches Auge als feste Materie erkennbare), der emotionale, der mentale und der spirituelle Körper. Wir besitzen auch höhere Energiekörper, die deshalb als höher bezeichnet werden, weil sie auf höheren Frequenzen schwingen. Barbara Ann Brennans Buch »Licht-Arbeit« behandelt diese Körper und Energiefelder ausführlich und wird dem interessierten Leser empfohlen.

Wenn wir diese Energiekörper in perfekte Übereinstimmung oder perfekten Einklang miteinander bringen, erreichen wir höheres Wissen und erfahren höheren Sinn in unserer Existenz, dadurch daß alles von alleine den richtigen Platz einnimmt.

Dieser Zustand der Erleuchtung, der von den Schülern der östlichen Esoterik so stark ersehnt wird, wird durch feines Stimmen der vier niederen Körper erreicht, um sie nicht nur in perfekte Resonanz miteinander zu bringen, sondern auch auf eine Frequenz, welche dem Höheren Selbst – auch Seele genannt – und danach der ICH BIN Präsenz – auch Innerer Gott oder Christus-Bewußtsein genannt – ermöglicht, ganz in den physischen Körper einzuziehen.

Zusammenfassung: Wir sind Energiesysteme, die Signale aussenden und empfangen. Wenn wir willkürliche Signale senden, machen wir auch nur zufällige oder wahllose Lebenserfahrungen. Wenn wir jedoch unsere Signale kontrollieren, können wir damit größere Macht über unser Leben erreichen. Gehen wir noch einen Schritt weiter: Wenn wir unsere Körper stimmen und unsere Frequenzen (die Energiesignale, die wir aussenden) auf einen reineren, harmonischeren Ton einstellen, sind wir in der Lage, die Qualität und die Quantität unseres Lebens und unserer Lebenserfahrungen zu steuern.

Da das vorliegende Buch auch Informationen über physische Unsterblichkeit enthält, möchte ich noch Folgendes aus meinem Buch »The Art of Resonance« einfügen:

Zur Reinkarnation – es ist längst wissenschaftlich erwiesen, daß Energie weder geschaffen noch zerstört werden, ihre Form sich jedoch wandeln kann. Da für mich klar ist, daß Menschen Energiesysteme sind, möchte ich die logische Behauptung aufstellen, daß Reinkarnation nichts anderes als die Unzerstörbarkeit von Energie ist. Während Materie, wie beispielsweise unser physischer Körper, verfallen und sterben kann, ändert die darin enthaltene Energie – die den Körper aufrechterhält – nur ihre Form und bewegt sich weiter. Wer sich für das Konzept der Reinkarnation interessiert, kann das Material von Edgar Cayce lesen, welches als eine der umfassendsten Dokumentationen zu diesem Thema gilt.

Es gibt ein Universelles Gesetz, das Gesetz der Evolution und Wiedergeburt genannt wird. Demzufolge *geht die Menschheit durch einen langsamen Entwicklungsprozeß, den sie mit unerschütterlicher Ausdauer durch die wiederholte Verkörperung in Formen mit wachsenden Fähigkeiten fortsetzt, wobei im Laufe der Zeit alle zum Höhepunkt der spirituellen Herrlichkeit geführt werden, wo sie die Quelle und ihre wahre Identität erkennen. Dieses Gesetz ist auch bekannt als das Gesetz der Periodizität* (Zitat aus der Vision von Ramala).

Aus meinen detaillierten Forschungen zur Rückführung in vergangene und zukünftige Leben und meinen eigenen Erfahrungen auf diesem Gebiet, bei der man wieder Zugang zum zellulären Gedächtnis innerhalb des simultanen Zeitrahmens bekommt, kann ich sagen, daß Reinkarnation eine Tatsache ist. Auf sie wird in den weiteren Kapiteln gelegentlich Bezug genommen. Nachfolgend eine vereinfachte Darstellung: Das Leben als Verkörperung ist eine Schule, ein Prozeß des Wachsens und Lernens. Wenn wir sterben, lassen wir das Energiefeld des physischen Körpers fallen, erhalten aber für eine Weile die Energiefelder des emotionalen, mentalen und spirituellen Körpers weiterhin aufrecht. Diese sind in ein bewußtes Energiefeld eingebettet, und wir haben sprichwörtlich Ferien.

Ferien sind eine Zeit des Nachdenkens, in der wir die vergangene Schulzeit Revue passieren lassen, sehen was wir gelernt und wie gut wir unsere Prüfungen bestanden oder nicht bestanden haben. Die nicht bestandenen Prüfungen müssen im nächsten Schuljahr wiederholt werden, und deshalb planen wir in den Ferien bereits für das kommende Schuljahr und treffen dabei eine Auswahl für den anstehenden Lehrplan, der die Themen enthält, die wir erlernen möchten.

Dieses Lernen und Geprüftwerden hat mit unserem Wachsen als Wesen zu tun, und die Lektionen handeln im allgemeinen von nicht greifbaren Dingen wie Einfühlungsvermögen, Liebe, Mitgefühl, selbstloses Dienen etc. Die Schulzeit ist auch eine Zeit des Lernens in Beziehungen und vom Leben, meist auf einer dichten, materiellen Ebene. Warum Funken des Göttlichen sich – das heißt wir uns – entschieden haben, in der Schule des Lebens auf dem Planeten Erde zu sein, ist eine andere Geschichte.

Wenn wir also alles gelernt haben, was es für uns in dieser Schule zu lernen gibt, und unsere Abschlußprüfung bestanden haben, begeben wir uns zu einer anderen Lehranstalt und beenden so den Zyklus der Reinkarnation auf dieser irdischen Ebene.

Unsere Energiefelder verändern weiterhin ihre Form so wie die Energie selbst sich ändert nach dem Universellen Gesetz der Veränderung und Transmutation, wonach das einzig Konstante die Änderung der Form und die Unzerstörbarkeit von Energie ist. Dies wird im allgemeinen als die Unsterblichkeit der »Seele« bezeichnet. Doch physische Unsterblichkeit ist ebenfalls möglich. Sie erlaubt uns in derselben physischen Form nicht nur unsere Lernaufgaben abzuschließen, sondern dazubleiben und unseren Lehrplan auszuweiten – wenn wir dies wünschen. Ich werde an späterer Stelle noch näher auf diesen Punkt eingehen.

Für viele Pranier und Liquid-Pranier ist auch die physische Unsterblichkeit eine natürliche Konsequenz davon, daß sie dem uns innewohnenden göttlichen Funken erlauben, sie zu erhalten und zu regenerieren, wenn sie dies wünschen.

Ich werde oft von Yogaschülern gefragt, ob man bestimmte Kriya-Yoga-Techniken beherrschen muß, um die Kräfte des Prana in den Körper zu bringen. Andere fragen, ob man dazu täglich eine gewisse Zeit in der Sonne verbringen muß. Der Prozeß der Erhaltung durch Prana, der im vorliegenden Buch beschrieben wird, erhält uns automatisch – wenn wir darauf vertrauen. Nach 21 Tagen ist der Prozeß natürlich und benötigt auch keine weitere besondere Konzentration. Man muß es nur erwarten und zulassen!

Unsere Körper atmen für uns ohne unseren bewußten Befehl. Wenn wir neu programmiert sind, absorbiert unser Körper auf ähnliche Weise wie beim unbewußten Atmen die Pranakräfte direkt und erhält und ernährt uns vollständig, sobald wir alle dem entgegenstehenden Glaubenssätze eliminiert haben. Hierbei handelt es sich um einen Prozeß der geistigen Meisterschaft, eine heilige Initiation. Ein ganz natürliches Nebenprodukt davon ist dann die Tatsache, daß wir nichts mehr zu essen brauchen. Es ist ein Weg des Reinerwerdens, ein Weg der starken und doch subtilen Kräfte.

Um ein größeres Verständnis für die feinstofflichen Aspekte unseres Seins zu erlangen, müssen wir die Vorstellung von Schwingungen und Frequenzen vertiefen.

Schwingungsfrequenzen verstehen und anwenden

Ich erinnere mich daran, im sonnigen Frühling von Brisbane Mitte der achziger Jahre auf einem Bürgersteig zu stehen, als mir intuitiv klar wurde, daß ich mir ein Verständnis über Schwingungen und Frequenzen erarbeiten muß. Zu dieser Zeit meditierte ich bereits seit über 15 Jahren regelmäßig. Ich zog großen Nutzen aus dieser Praxis. Trotzdem kam von irgendwo tief in mir das Wissen, daß der nächste wichtige Schritt auf meinem spirituellen Weg mit dem Verständnis von Energiebereichen zusammenhängen würde. Ich hatte zum damaligen Zeitpunkt in meinen Studien die Erkenntnis erlangt, daß unsere vier niederen Körper – der physische, emotionale, mentale und spirituelle Körper – mit einer viersaitigen Gitarre verglichen werden können. Wenn jeder Körper oder jedes Energiefeld gestimmt ist, verläuft unser Leben harmonisch. Sobald ein Energiefeld »verstimmt« ist, verliert das Leben seine Harmonie. Ich stellte fest, daß wir den freien Willen besitzen, uns selbst bewußt zu stimmen – oder es bleiben zu lassen. Unser Bewußtsein, daß die Körper Energiesysteme sind, gab uns einfach die Entscheidungsmöglichkeit, gestimmte Instrumente zu sein und das Leben so zu gestalten, wie wir es uns wünschen, anstatt die Ereignisse des Lebens nur zufällig geschehen zu lassen.

Annalee Skarin teilt uns in ihrem Buch »Ye Are Gods« mit: *Lerne die Schwingungen zu kontrollieren durch Kontrolle der Gedanken und du hältst den Schlüssel zum ewigen Leben in deinen Händen. Die ewige Energie, die durch alle Materie strömt, die Kraft der Existenz in den Atomen mit ihren wirbelnden Molekülen und Elektronen in jeglicher Erdensubstanz ist nicht mehr oder weniger nichts als Schwingung, die zu einer langsamen, schweren, sterblichen Festigkeit kondensiert ist. Kontrolliere die Schwingungen und schließlich wird dir die Macht gegeben, Substanzen und materielle Energie zu kontrollieren. Das ist der Schlüssel zum Umgang mit dem ewigen Leben. Denn Energie ist Leben, und Leben, Licht, Liebe und Energie sind die Ewigen Elemente und sind Schwingungen, die durch mentales Denken geschaffen werden. Jeder ausgesandte Gedanke ist eine niemals endende Schwingung, die ihren Weg durch das Universum nimmt und uns dann* das zurückbringt, was wir ausgesendet haben. Wir können die Schwingungen kontrollieren, die von uns ausgehen – und wir können damit unsere Schicksale selbst kontrollieren. Wissenschaft und Religion können sich endlich die Hände reichen und gemeinsam in die spirituellen Reiche des ewigen Fortschritts und Glücks eintreten. Man erreicht Höheres Wissen durch das vollständige Verstehen der materiellen Elemente, die zu Licht, Energie und Schwingung schmelzen, wenn man sie erforscht. Man erreicht Höheres Wissen auch durch direkte spirituelle Suche, denn beide Wege sind eins, drücken sich aber in verschiedenen Intensitäts- und Schwingungsstufen aus.

Die weiteren Forschungen brachten mich zu einem Ausschnitt aus Dr. Norma Milanovichs Werk »We the Arcturians«: *Wir fanden heraus, daß die Frequenz, mit der ein Wesen schwingt, direkt mit seiner Kontrolle über seine Gedanken, Worte und Emotionen zusammenhängt. Wenn ein Wesen in einer niedrigeren Frequenz schwingt, ermöglicht es vielen anderen Energieformen, sich mit seinem Energiepool und seinen Zyklen zu vermischen. Wenn dies passiert, tendieren die Gedanken dazu, konfus zu werden, was bei dem Wesen Frustrationen erzeugt. In diesem Zustand des Seins kann jemand, der mit dieser Frequenz schwingt, entmutigt oder auch depressiv werden. Dies kann dann dazu führen, daß die Schwingungsebene konstant niedrig bleibt.*

Wenn jemand seine Frequenz auf die Geschwindigkeit des Lichts erhöht, fängt die Meisterschaft des Prozesses an. Dies bedeutet, daß das Wesen nun Zugang zu mehr Information im Universellen Bewußtsein hat; aber es besitzt auch die Macht, zu befehlen, was ihn durch seinen Filter hindurch erreichen soll und was nicht. Der Wachstumsprozeß wird dadurch komplexer und zugleich auch einfacher. Wenn ein Wesen dieses Prinzip nicht versteht, geht es durch Zyklen von hohen und niedrigen Frequenzen, die sein Bewußtsein lenken. Denn die Frequenzen kontrollieren es. Wenn jemand entdeckt, daß er innerhalb der Frequenzebenen seine Gedanken kontrollieren kann, dann gibt es Schritte, mit denen er sicherstellen kann, daß diese Schwingungen auch erhalten bleiben. Der Grund dafür, daß eine höhere Frequenz ein Wesen davor schützt, andere, niedrigere Schwingungen aufzunehmen, liegt darin, daß das Licht, das innerhalb der Essenz dieser Seele genutzt wird, undurchdringlich ist. Wenn das inne-

re Licht absichtlich von dem Wesen verändert wird, das ein solches Bewußtseinsmuster angenommen hat, überkommt den Körper eine Transformation und Stille. In diesem Transformationsprozeß wird das Wesen zentriert. Wenn es zentriert ist, sind seine Energiemuster logischer, ganzheitlich und nicht mehr zufällig.

Wenn wir zentriert sind, haben wir Zugang zum Universellen Code, und wenn wir diese Frequenz anzapfen, verstehen wir auch die Frequenzmuster des anderen. Dies liegt, wie gesagt, daran, daß wir eins sind. In der EIN-heit dieser Existenz können wir Nachrichten sowohl übermitteln als auch empfangen. Was jedoch noch viel wichtiger ist, wir können zu Sendern und Empfängern mit perfekter Verständigung werden.

In der Information »Enthüllung eines Erzengels – Aufsteigen in die zwölfte Dimension« erklärt Erzengel Ariel, daß Materie, wie ihr sie aus der dritten Dimension kennt, nichts als eine Verdichtung von Licht ist. In einem Verdichtungsprozeß – wie beispielsweise eurem Universum – gibt es einen Punkt der maximalen Entfernung von der reinsten Form des Lichts. An diesem Punkt der maximalen Abwendung erfolgt ein Wandel. Der Planet beginnt seinen Prozeß umzukehren und begibt sich sozusagen auf den Heimweg, d.h. zurück zu dem Einen Punkt. Jedesmal wenn ein Planet aufsteigt, ändert er seine Frequenzrate, und wird auf diese Weise weniger dicht und leichter. Er durchläuft diesen Prozeß auf seine eigene einzigartige Art und Weise. In seinem Werk »Mahatma 1 & 2« schreibt Brian Grattan, daß es 352 Einweihungen von der Erde zurück zur Quelle gibt. Untersuchungen bestätigten, daß es sieben Frequenzbereiche mit jeweils sieben Unterebenen gibt (sieben hoch sieben).

Die sieben Ebenen des Sonnensystems mit sieben Unterebenen können als die erste Ebene betrachtet werden. Sie wird auch als die kosmische physische Ebene bezeichnet. Man sagt, es gibt sieben kosmische Ebenen – die physische Ebene, die astrale Ebene, die mentale Ebene, die Buddha Ebene, die atmische Ebene, die monadische Ebene und die logoische Ebene. Die Ebenen unseres Sonnensystems gehören zur kosmisch physischen Ebene. Sobald wir diese sieben Unterebenen gemeistert haben, bewegen wir uns zur untersten Stufe der nächsten kosmischen Ebene und so geht es langsam wie von einem Magneten angezogen weiter in unserer Entwicklung zurück zur Quelle. Es heißt, ein Tag Gottes, was ein Ausatmen und ein Einatmen ist, dauert 4 Milliarden 320 Millionen Jahre. Und wir haben noch 1,2 Milliarden Jahre vor uns, bis das Einatmen abgeschlossen ist und dieser Zyklus von neuem beginnt.

Es handelt sich hierbei um ein interessantes Konzept, das unter anderem durch die Theosophen intensiv erforscht wurde. Es heißt, das Jahr 2012 sei die genaue Mitte zwischen dem Aus- und Einatmen. Das ist das letzte Datum im Kalender der Mayas. Es ist von den Hopi-Indianern und vielen anderen Kulturvölkern vorhergesagt. Dieses Jahr markiert eine Zeit der wundersamen Veränderung mit einem Erwachen der Massen zu ihrer wahren Göttlichkeit. Man muß berücksichtigen, daß das Einatmen schneller geschieht als das Ausatmen. Ein langsam maximal gedehntes Gummiband steht unter einer enormen Spannung und kehrt, sobald es losgelassen wird, unglaublich schnell in seinen ursprünglichen Zustand zurück.

Die Veränderung der Schwingungsfrequenz, während wir zurückgezogen werden, beeinflußt auch unser Zeitkonzept. Folglich, wenn wir den Wendepunkt in linearer Zeit (1,2 ist nicht die Hälfte von 4,3) passiert haben, beschleunigt sich der Verlauf der Zeit mit der Erhöhung der Schwingungsrate. So scheint die Zeit zu »verfliegen«, wenn wir »älter werden«, da unsere restliche Lebenszeit immer kürzer wird. Angenommen, wir würden achtzig Jahre alt, dann hätten wir im Alter von acht Jahren neun Zehntel (90 Prozent) »unserer Zeit« übrig. Mit vierzig Jahren haben wir noch 50 Prozent. In einer gechannelten Mitteilung heißt es, daß unsere 24-Stunden-Tage aufgrund der Frequenzänderung und der erhöhten Vibrationsrate jetzt in Wirklichkeit vergleichsweise 16-Stunden-Tage sind.

Betrachten wir nun die Dimensionen oder Ebenen als Frequenzbereiche, auch wenn wir nur in der kosmischen physischen Ebene sind: Der »höchste«, d.h. der siebte Frequenzbereich entspricht dem Bewußtsein als eine multidimensionale Erfahrung; eine Gruppenmatrixidentität und ein sozialer Gedächtniskomplex, eine Schwingung der Integration – sobald die Dichte die kritische Masse erreicht, projiziert sie sich und durchschreitet ein Prisma (oder schwarzes Loch als Austrittspunkt) und beginnt in den nächsten sieben Frequenzen ein neues Abenteuer. Angeblich existiert das individuelle Bewußtsein an diesem Punkt nicht mehr. Es ist die Ebene über der Monade oder dem

ICH BIN. Die siebte Dimension ist reines Licht, reiner Klang, heilige Geometrie, reiner Ausdruck und Kreativität. Eine Ebene der grenzenlosen Fein»stoff«lichkeit.

Aus der gechannelten Kommunikation mit den Lichtwesen geht hervor, daß unser Planet momentan auf der oberen Astralebene schwingt und daß mit weiterer Verschiebung und seinem Aufstieg die niedrigeren Dimensionen *in die höheren Dimensionen aufgerollt werden und aufhören zu existieren* (Erzengel Ariel). Die Dimensionen unterhalb der fünften sind bekannt als die »unteren Ebenen der Schöpfung« und die fünfte bis neunte als das mittlere Schöpfungsreich.

Die sechste ist das Christus- oder Buddha-Bewußtsein, ein Zustand der Wahrnehmung, wo Verantwortung eher für das Ganze als für den Einzelnen übernommen wird. Hier ist die Monade verankert. Es heißt, in dieser Bewußtseinsstufe war Jesus, als er der Christus, d.h. der Erleuchtete wurde. In der sechsten Dimension befinden sich die Schablonen für die DNS-Muster der gesamten Schöpfung. Sie besteht aus Farbe und Klang (Ton) und enthält alle Lichtsprachen. Hier schafft das Bewußtsein Gedanken, und, hierhin kommt man, während man schläft, um zu lernen und zu arbeiten. Die Wesen hier sind Energie, aber sie können sich wahlweise – wie auch in der fünften Dimension – einen Körper erschaffen, falls es notwendig ist.

Die fünfte Ebene ist eine Ebene des experimentellen Bewußtseins des ICHs als Gruppenidentität und ist nicht an lineare Zeit gebunden. Verdichtete Weisheit, der Wunsch, zu teilen und sich mitzuteilen sowie in der Überseele des Höheren Selbst aufzugehen. Wesen auf dieser Ebene können physische Form annehmen, wenn und falls sie es möchten. Die fünfte Dimension ist die Dimension des Lichts, in ihr ist jeder ein Meister, ist multidimensional bewußt, völlig dem Heiligen Geist ergeben und dient dem göttlichen Willen. Laut den »Schlüsseln von Enoch« ist die fünfte Dimension das nächste *Gewand des Lichts*, das unserer Materie-Energiekörper betreten wird. Es ist ein weniger grobstofflicher Körper, in dem die *Gleichheit mit Gott* wiedererlangt ist, die dann die physikalischen Prozesse lenkt. Hierhinein wird die Menschheit aus der dritten Dimension transponiert, wenn ihre Erziehung in diesem Reich von »Bild und Ähnlichkeit« abgeschlossen ist.

Die vierte Dimension ist ein Zustand des Überbewußtseins und der

Reintegration der Gruppenidentität, ohne Verlust der individuellen oder Ego-Identität. Sie bringt die Fähigkeit zur Verbindung mit multidimensionellen und verschieden dichten Realitäten. Sie ist die letzte Verdichtungsstufe, die einen physischen Körper erfordert. Man sagt, die vierte Dimension basiert auf Emotionen. Sie ist auch als die astrale Welt bekannt. Da sich unser Planet und die Menschheit entwickeln, heißt es, daß wir bereits in die Energien der vierten Dimension eingedrungen sind und sich viele von uns bereits über das Bewußtsein der dritten Dimension hinaus bewegt haben. Die *Harmonische Konvergenz* führte zu einer bedeutenden energetischen Ausrichtung und Verschiebung der Schwingungsfrequenz unseres Planeten und seiner Geschöpfe. Das 12:12 im Jahr 1994 öffnete das Tor für einen weiteren Zustrom von Energien zur Wiederausrichtung des Planeten. Diese Energien werden in größerem und geringerem Maße weiterhin einströmen.

Die dritte Ebene basiert auf Materie und hat einen Zustand des volumetrischen Bewußtseins, des Bewußtseins des Egos und des Individuums. Die Schwingung dieser Ebene erzeugt die Illusion der Trennung und ist somit eine Herausforderung zum individuellen Erwachen. Sie bietet der Menschheit die Möglichkeit, zu entdecken, daß wir eher spirituelle Wesen sind, die versuchen, Mensch zu sein als menschliche Wesen, die versuchen, spirituell zu sein.

Die zweite Ebene ist die Verdichtungsstufe des Pflanzen- und Tierreichs, obwohl auch diese aufgrund der Veränderungen in den planetarischen Schwingungen reinere Frequenzen bekommen haben. Sie bewegen sich in die dritte Ebene. Die zweite Ebene ist normalerweise frei von Selbstbewußtsein und Ego. Sie entspricht einem linearen Bewußtsein.

Die erste Dimension besteht bekanntlich aus Mineralien, Wasser, Atomen und Molekülen, welche die grundlegenden genetischen Codes bilden. Sie sind das Bewußtsein als Punkt. Wenn sich ein Wesen spirituell weiterentwickelt, spiegelt sich dies sowohl in der Schwingungsfrequenz als auch der Molekularstruktur wider. Hinsichtlich der molekularen Dichte haben die Aufgestiegenen Meister erklärt, daß der Raum zwischen den Elektronen, Neutronen und Protonen in der atomaren Struktur zunehmend größer wird, so wie sich das »Licht« innerhalb des Atoms ausbreitet. Dieses Licht ist gleichermaßen das Bewußtsein der Menschen von ihrer innewohnenden göttlichen Natur oder reinen Energiequelle. Da dieses Licht oder dieses Bewußtsein wächst, expandiert es, um den Raum in jedem Atom auszufüllen, wobei es die Frequenz oder die Schwingungsrate von jedem Atom ändert. Wenn ein Wesen sein Bewußtsein ausdehnt und den Lichtquotienten innerhalb der Zellstruktur vergrößert, wird es multidimensional, d.h., es erwirbt die Fähigkeit, sich in anderen Dimensionen der Realität zu bewegen. Das bedeutet also einfach den Bewußtseinspunkt zu verschieben und auf einen anderen Kanal umzuschalten.

Wie wir aus verschiedenen zuverlässigen, gechannelten Quellen wissen, verändert sich unsere DNS, weil wir uns immer weiter hin zum Licht entwickeln und die DNS sich an diese Vorgänge anpaßt: sie ist dabei, zwölfstrangig zu werden. Der Zustrom von höheren Energien heutzutage ermöglicht es der Menschheit, sich in den kommenden vierzig Jahren schneller zu entwickeln, als sie sich in den vergangenen drei Milliarden Jahren entwickelt hat. Diese Energien sind auch für die Beschleunigung der Zeit verantwortlich.

So wie unsere Frequenzen sich ändern, werden auch Fähigkeiten, wie Telepathie, Heilung durch Berührung, Hellsehen, Teleportation usw. völlig natürlich. Als eingestimmte Instrumente, die auf ihrem höchstmöglichen Potential arbeiten, wird unser Leben harmonisch, freudig, erfüllt mit Synchronizität, Gnade und Magie. Auch wenn wir diesem Prozeß der Veränderung nicht ausweichen können, – denn wenn die Erde sich entwickelt, müssen wir uns auch ändern – können wir uns dessen bewußt sein und diese Veränderungen beschleunigen, wenn wir wollen.

Gut fundierte Informationen und praktische Anleitungen zur bewußten Veränderung von Schwingungsfrequenzen sind detailliert in meinem Buch »The Art of Resonance« enthalten. Vereinfacht ausgedrückt, kann man dies folgendermaßen erreichen:

- am wichtigsten und kraftvollsten durch Meditation – Atemarbeit und Lichtarbeit - insbesondere wenn die Meditation benutzt wird, um den Lichtquotienten in unserer Zellstruktur zu erhöhen;

- durch sorgfältige Auswahl des Kraftstoffs und Pflege des physischen Körpers. Wir können unser Fahrzeug wie einen Porsche mit Spitzenleistungen behandeln oder wie eine alte Klapperkiste, das liegt ganz an uns;

- durch Meistern des Emotionalkörpers und des Zellgedächtnissses;

- durch Meistern des Mentalkörpers durch die Absicht, Programmierung und Hinwendung bzw. Schaffung eines Zugangs zu den vier Fünfteln des Gehirns, die Höheres Bewußtsein beherbergen;

- mit Hilfe von Mantren und Klängen, die besondere Schallwellen aussenden.

Der bewußte Prozeß des Einstimmens führt auch zu einem starken Gefühl innerer Kraft, da wir das praktische Spiel der Realititätserschaffung durch von uns als Energiezentren ausgesandte Signale tatsächlich verstehen. Viele, die bereits die Energie-Gesetze verstehen, wenden dieses Verständnis praktisch an. Durch die geistige Meisterschaft und Disziplinierung im Denken werden sie zu Zeugen, wie sich im Praktischen der täglichen Realität die Ereignisse verändern. Gleichzeitig muß das intellektuelle Verständnis unserer Untersuchungen in das Zellwissen gebracht werden, was nur dadurch erreicht werden kann, daß man es tatsächlich erlebt. Vom Licht zu leben, ist einer der praktischsten Wege, dieses Verständnis zu demonstrieren. Denn wenn Menschen nicht essen, müssen sie entweder leben oder sterben. Das Arbeiten, Verstehen und Anwenden der Erkenntnisse der höheren Wissenschaft des Lichts garantiert, daß wir nicht sterben, wenn wir dem inneren Lehrer erlauben, uns vollständig zu erhalten.

Über das Eß- und Schlafbedürfnis hinaus – bis zum 33er-Takt des Universums

Mit dem Verständnis der Schwingungsfrequenzen und der Kraft, in die man sich einklinken kann, wenn man gestimmt ist, ist es dann interessant, die sogenannten Takte und Oktaven zu betrachten.

Die esoterische Forschung teilt uns mit, daß sich die physische Realität in sieben Frequenzbereichen mit sieben Unterebenen (Oktaven) pro Frequenzbereich bewegt. Sieben Chakras, sieben Farben im gebrochenen weißen Licht usw. Somit kann der Takt der Menschheit in der physischen Realität auf dem Planeten Erde als eine Siebener-Schwingung charakterisiert werden. Wir haben also eine Palette von sieben hoch sieben (7^7) Schöpfungsmöglichkeiten in der physischen Realität.

Weitere Untersuchungen teilen uns mit, daß das Sonnensystem einen Zehner-Takt hat mit zehn Unterebenen in jedem Frequenzbereich. Unsere Galaxie hat einen Zwölfer-Takt mit zwölf Unterebenen. Der höchste und feinstofflichste Takt, den man von der physischen Realität aus erreichen oder auf den man sich stimmen kann, ist der 33er-Takt des Universums. Auch dieser Takt teilt oder differenziert sich wieder in 33 Unterfrequenzen, 33 hoch 33 (33^{33}).

Der Weg der Verfeinstofflichung bringt das Verständnis aller Komplexitäten der Verdichtungsstufen und Parallelrealitäten mit sich. Einfacher gesagt: Wenn sich ein Wesen auf die physische Realität fokussiert – nach dem Motto »ich glaube nur, was ich sehe« –, zieht es nur 7^7-Variationen in das Feld seiner Realität und es wird nicht eher in der Lage sein, über dieses Feld hinauszugehen, bis es sich bewußt auf den nächsten Takt eingeschwungen hat.

Das erreicht man, indem man den Weg der »Involution«, des inneren Reflektierens, der Kontemplation und der Verbindung mit dem inneren Göttlichen Selbst verfolgt. Das Göttliche Selbst hat einen 33er Takt, da es der Schöpfungsfunke ist. Es ist die Essenz des vereinten Feldes, wie es in der Quantenphysik genannt wird und somit die Leinwand oder die Tafel, auf der sich die gesamte Schöpfung in ihren verschiedenen Formen manifestiert. Wenn ein Wesen sich bewußt verfeinstofflicht und »stimmt«, dann bekommt es Zugang zu mehr Möglichkeiten, mehr Realitäten, 10^{10}, 12^{12} oder sogar 33^{33}. Deshalb gibt es viele Menschen, die sich jetzt erweitert und multidimensional fühlen, weil der Innere Lehrer beginnt, uns die Freuden von all dem mitzuteilen, was wir sind – eben jenseits unseres dichteren Aspektes, so daß wir – zuhause in einem physischen Körper – die physische Realität des 7^7-Energiefeldes voller Freude beobachten.

Die bewußte Verfeinstofflichung führt zu großer Freiheit und grenzenlosem Sein. Befreiung von der Notwendigkeit zu essen. Befreiung von der Notwendigkeit zu schlafen. Befreiung von der Verwendung der gregorianischen Zeiteinteilung von 12:60 oder der Maya-Zeit von 13:20. Sie bringt uns in den göttlichen Zeitfluß, in dem man sich immer am perfekten Platz zur perfekten Zeit befindet.

Die subatomaren Teilchen oder die 'weichen Partikel' des Quantenfeldes, auch als Prana, Chi, die universelle Lebenskraft oder Gott bekannt, schwingen mit der 33^{33}-Oktave in ihrer feinstofflichsten Ausdrucksform – zumindest in diesem Quadranten dieses Universums des Ausdrucks.

Wenn wir uns auf diesen Takt stimmen – so wie wir am Radioknopf drehen, um eine bestimmte Frequenz zu empfangen –, bewegen wir uns wirklich in das Energiemuster der Einheit. Wir erkennen die göttliche Perfektion von allem. Wir verlieren alle Gefühle der Trennung und Erklärungen dafür. Alles ist miteinander verbunden, weil du dich bewußt auf das, was in uns und in allem ist, konzentriert hast und dadurch werden kontinuierlich entsprechende Teilchen durch das Gesetz der Resonanz in dein Energiefeld gezogen, um deinen erweiterten Bewußtseinszustand zu spiegeln.

Es ist ein faszinierender Weg für mich. Als metaphysische Beraterin, die anderen ihren Weg erleichtert, reise ich durch die ganze Welt, wobei mir Leute Fragen stellen, und ich dann, wie ich inzwischen beobachtet habe, zurückfragen muß: »Auf welcher Ebene möchtest du diese Information?« – was von ihrem Takt abhängt und ihrer Fähigkeit, Zugang zu den verschiedenen Realitätsebenen zu bekommen.

Am einfachsten stimmen wir uns ein, wenn wir bitten, daß alles, was wir einem Wesen mitteilen, für dessen höchstes Gut und unser höchstes Gut ist, wodurch dann garantiert ist, daß der wechselseitige

Austausch energetisch passend und synchronisiert ist mit dem höchstmöglichen Energiemuster, das beide zusammen erreichen können.

Bewußtes Stimmen ist wie das Üben von Tonleitern auf dem Klavier. Am Anfang bilden sie die Grundlage und anschließend werden Rhythmus und Taktkombination eingeführt. Wenn man auf ähnliche Weise daran arbeitet, sein Bewußtsein auszudehnen – durch den Herzenswunsch, sein volles Potential zu verwirklichen – zieht man verschiedene Ebenen der Verfeinstofflichung an, was mit verfeinerten Notenkombinationen verglichen werden kann.

Schließlich bemerkt man, daß man die Macht hat, selbst zu schöpfen und zu jeder Realitätsebene zu gelangen, die man sich wünscht – und die man sich ständig geschaffen hat, um zu lernen und sich durch alle Verkörperungen hindurch zu entwickeln. Dies geht sogar bis zu der Stufe, daß man parallele Wirklichkeiten erschaffen kann. Logischerweise führt uns der Universelle Geist, d.h. die Intuition oder unser Instinkt, dahin, das Spiel zu vereinfachen und uns einfach auf das höchste Leitbild zu stimmen, das wir erreichen können, nämlich den Takt Gottes. Dies ist die Symphonie, die die Entfaltung des göttlichen Plans antreibt. Und wenn ein Wesen zu einem Teil dieses Orchesters wird, indem es seinen freien Willen mit göttlichem Willen in Übereinstimmung bringt, werden sich garantiert alle Türen öffnen.

Der einzige Zugang dazu ist, wie viele herausgefunden haben, die göttliche Zeit, d.h. darüber hinaus gestimmt zu sein auf das zeitliche Ineinandergreifen von allem, was ist. Man kann ein Instrument im göttlichen Orchester sein und dennoch entweder nicht im Takt oder aber synchron sein. Wie nun viele erfahren haben, garantiert die folgende Programmierung Übereinstimmung mit der göttlichen Zeit.

❑ »Lieber Mutter-Vater-Schöpfer-Gott, ich bitte, daß sich mein nächster perfekter Schritt meines Teils im Göttlichen Plan mir klar offenbart und die Ressourcen und die perfekten Leute zu mir kommen, die erforderlich sind, um diesen Teil in der physischen Realität JETZT manifest werden zu lassen.«

So fließt man buchstäblich in ein Meer der Ein-heit. Wie Sai Baba sagt: *Da das Individuum und das Universelle Eins sind, ist die Welle das Meer. Verschmelzung bringt die Erfüllung. Wenn man verschmolzen ist, löst sich das Ego auf; alle Symbole und Zeichen des Einzelnen wie Name, Form, Kaste, Farbe und Glaubensbekenntnis, Nationalität, Kirche, Sekte und die Rechte sowie Pflichten, die sich daraus ergeben, werden verschwinden. Für solche Individuen, die sich aus der Enge der Individualität befreit haben, ist die einzige Aufgabe die Erbauung der Menschheit, das Wohlergehen der Welt und das Verströmen von Liebe. Selbst wenn sie still sind, verströmt der Zustand der Glückseligkeit, in dem sie sich befinden, Glückseligkeit in die Welt. Liebe ist in allem, Liebe kommt von allem, Liebe ist alles.*

Der Schwingungsaspekt von dem Gefühl dieses Taktes ist reine Liebe, Göttliche Liebe mit deren Variationen, von der 33 ^{33}- bis zur gröberen 7 ^{7}-Schwingung und dem niederen Ausdruck des emotionalen Körpers. Göttliche Liebe ist nicht nur die Quelle und der Baustein aller Schöpfung auf der energetischen Ebene, sondern auch die stärkste Verwandlungskraft, über die wir verfügen. Wenn man sich darauf einstimmt, sie sich zugänglich macht und sich darauf konzentriert, wird sie alle niederen Emotionen absorbieren, verfeinern und mit dem feinstofflichsten Takt in Einklang bringen, den man in der Verkörperung erreichen kann. Wie gesagt, es bringt Freiheit.

Dem Göttlichen Einen zu befehlen, unsere Energiefelder in Übereinstimmung zu bringen und sich in unserer physischen Realität vollständig auszudrücken, stimmt uns automatisch auf den Universellen Takt. Alle Schleier der Illusion und Trennung fallen – wie wenn man bei einer Zwiebel die Schichten abschält bis alles, was übriggeblieben ist, nur noch die Essenz von Allem ist - perfekt gestimmt.

Das habe ich als »Einstöpseln in den kosmischen Schaltkreis« bezeichnet. Dahin nämlich führt uns die Diskussion von Pranismus und Liquidpranismus. Denn die Fähigkeit, von Licht zu leben, ist ein natürliches Nebenprodukt davon, daß wir uns die Erlaubnis geben, von der uns innewohnenden Göttlichkeit erhalten zu werden. Ähnlich läuft es mit dem Stimmen zur Überwindung des Schlafbedürfnisses oder dem Stimmen, so daß man keine extremen

Temperaturen mehr empfindet und seine Körpertemperatur ganz einfach an die physische Umgebung anpassen kann - eine Fähigkeit, die ich immer noch trainiere.

All das ist jedoch nur rohes menschliches Potential, das uns dabei hilft, an den Punkt zu gelangen, an dem es keinen Unterschied mehr macht, ob wir in einem physischen Körper sind oder *auf dem Schoß Gottes in Seinen Armen sitzen,* da alles eins ist. Wir sind eins mit allem. Dies nennen indische Asketen »Jai Sat Chit Anand« – Wahrheit, Bewußtsein, Glückseligkeit – ich erkenne mich in dir. Das ist das Leitbild der Einheit und des grenzenlosen Seins.

Die sieben Elemente
und der 33er-Takt des Universums

Die nachfolgenden Informationen ergeben sich ganz natürlich aus den vorhergehenden Kapiteln. Ich war dabei, mich zu programmieren, daß

❑ »das nächste Stück von meinem Teil im göttlichen Plan sich mir jetzt klar offenbart und alle Wesen zu mir kommen, die bei der physischen Manifestation dieses Teils in der Realität jetzt helfen würden.«

Wenn jemand in mein Magnetfeld gezogen werden sollte, dann Leonard Orr.

Für diejenigen, die das Werk von Leonard Orr nicht kennen, hier eine kurze Erläuterung. 1974 gründete er die Rebirthing-Bewegung, die inzwischen weltweit mehr als zehn Millionen Mitglieder zählt. Als wir in Australien unterwegs waren, traten wir miteinander in Verbindung und entdeckten dabei jeweils die Werke des anderen. Wir tauschten Bücher aus und vereinbarten, gemeinsam durch Europa und einen Teil Südamerikas zu reisen.

Ein Teil seines Werkes über die spirituelle Reinigung ist im Kapitel über die großen Immortalisten enthalten. Beim Studium der Werke Leonard Orrs verstand ich einen anderen Aspekt meiner selbst, indem ich die darin enthaltenen Verbindungsglieder zu mir erkannte. Ich entdeckte, daß ich intuitiv dazu angeleitet werde, Brücken zu bauen. Ich wußte bereits, daß ich gerne Netzwerkarbeit machte, Neues entdeckte, mich mitteilte und mich an Intelligenz und Grenzenlosigkeit erfreute. Wenn wir also eine Prise Rebirthing in unser Verständnis mit aufnehmen, können wir sehen, wie sich durch das Einstimmen wirksame Brücken bauen lassen. Einstimmen auf die Elemente und die Reinigung der Energiefelder mit Hilfe der Elemente.

Was ich als Einstimmen bezeichne – normalerweise des Vierkörpersystems – physisch, emotional, mental und spirituell, bezeichnet Leonard als spirituelle Reinigung, die mit Hilfe der vier Elemente erreicht wird. Die folgenden Aufzeichnungen setzen unsere Diskussion über Schwingungsfrequenzen und den Takt des Universums fort.

Das erste Element ist Feuer – die Praxis, *mit einer offenen Flamme zu leben* im physischen Feld des 7^7-Takts. Feuer verbrennt in erster Linie all den emotionalen Abfall aus jedem Energiefeld, das auf den Geist wirkt.

Das zweite Element ist Erde – das Stimmen auf das Erdelement beinhaltet die Praxis des Fastens, die Meisterschaft über die Nahrungsaufnahme und Gymnastik.

Das dritte Element ist Luft – das Stimmen auf dieses Element erfolgt durch bewußtes Energieatmen. Indem man das Einatmen mit dem Ausatmen verbindet, tief und gleichzeitig sanft, bis man in die Erfahrung eintaucht, geatmet zu werden. In seiner feinstofflichen Form ist es eine Erfahrung von Akasha, dem sechsten Element. Bewußt verbundenes Atmen schlägt die Brücke vom Physischen zum Ätherischen, indem man die Erfahrung der Verfeinstofflichung in den physischen Körper einbringt.

Das vierte Element ist Wasser – Baden, lange heiße Bäder stimulieren das Nabelchakra und alle Chakren. Das Nabelchakra ist das Verbindungsglied des Emotionalkörpers zum physischen. Außerdem gleichen Bäder die Energiefelder des Körpers wieder aus, bringen sie zurück ins Gleichgewicht und lösen, nach Leonards Worten, die emotionale »Energieverschmutzung« auf, die sich durch den Aufenthalt im morphogenetischen Feld des Massenbewußtseins angesammelt hat. Selbst langes heißes Duschen reinigt die Aura, aber, nach Meinung der Rebirther, nicht so stark wie Bäder. Sie sind der Ansicht, daß zweimal täglich Baden und Rebirthing-Sitzungen das Zellgedächtnis auf vielen Ebenen reinigen können. Die Wirkung ist universell.

Das nächste, das fünfte Element ist das Astrale Licht der Solarschwingung 10^{10}. Das ist die Schwingung des Lebens durch Prana und der Nutzung der Photonen-Energie.

Danach folgt das sechste Element: Akasha, die 12^{12}- Schwingung der Galaxie, das Quantenfeld. Akasha ist das erste Element jenseits der Leere – die Quelle, als die Schöpfung erstmals umfassend atmete. Es ist halb manifestiert – das Element, in dem sich alles ereignet und auch die Essenz von allem, das sich ereignet.

Das siebte Element mit der universellen Schwingung 33^{33} ist das kosmische Feuer, auch bekannt als das Prinzip. Im sich ausbreitenden Takt das erste Element, im sich zusammenziehenden das siebte.

Die fünf Elemente einschließlich dem astralen Licht entsprechen auch unseren fünf Sinnen: Feuer = Gesichtssinn; Erde = Geruchssinn; Luft = Tastsinn; Wasser = Geschmackssinn; astrales Licht = Gehör, und das sechste Element Akasha ist unser sechster Sinn = Intuition. Der Sinn für das Element des kosmischen Feuers muß noch entdeckt werden. Ich vermute, es ist der Sinn des Wissens.

Die Welten zu überbrücken heißt, die drei subtilen Elemente zu erkennen, sich an ihrem Wirken und ihrer Kraft zu erfreuen und sie dann bewußt in die lineare Zeit und physische Realität herüberzulenken.

Das Stimmen des Vierkörpersystems mit Hilfe der Elemente gibt dir auch Kraft auf der physischen Ebene, vorausgesetzt, du hast die geistige Meisterschaft erlangt und wendest sie in deinem Leben an. Dadurch gelangt auch in dein Zellenbewußtsein eine starke elementare Kraft, die dich auf den Takt von Mutter Erde stimmt. Je mehr wir auf den Takt Gottes gestimmt sind – und dann den Kräften der Elemente erlauben, uns auf den Takt unseres Planeten einzustimmen –, desto stärker und wirkungsvoller wird unsere Brücke zwischen den unterschiedlichen Schwingungen dieser Welten sein.

Welten werden dann überbrückt, wenn die inneren Türen durch spirituelle Reinigung geöffnet sind oder das Vierkörpersystem auf seinen synchronen und göttlichen Takt gestimmt ist. Wenn diese Tore geöffnet sind, kann reines Bewußtsein fließen, das von dir, dem Meister, gelenkt wird.

Meister sind sich bewußt, daß nur ein Aspekt ihres Bewußtseins in der physischen Realität ausgedrückt wird. Aber ein Meister ist mit allen Ebenen der Schöpfung verbunden, dem Mikrokosmos, dem Makrokosmos, dem darüber und dem darunter. Der atomare Aufbau unserer physischen Körper ist ein Mikrokosmos des Makrokosmos der Erde. Die Erde ist ein Mikrokosmos des Makrokosmos des Universums mit der Schlüsselnote 33. Alle Elemente und Schwingungen sind Spiegelungen auf verschiedenen Ebenen.

Durch Anwendung des Universellen Gesetzes der Resonanz, des Leitbilds *Was du säst, wirst du ernten*, erkennen wir, je mehr wir uns bewußt auf den Takt des Universums, 33^{33}, stimmen, desto stärker ziehen wir das Spiegelbild dieser Elemente an. Dies bringt dann Einheit im Physischen hervor, da es unsere Schwingung und unsere kreative Kraft spiegelt.

Prana – die Universelle Lebensenergie

Um zu verstehen, wie ein Wesen nur von Licht erhalten werden kann, müssen wir das verstehen, was es erhält, d.h. Prana, auch bekannt als die Universelle Lebensenergie oder »flüssiges Licht«.

Prana ist ein feines, subtiles Element, das jede Zelle in jedem lebenden Gewebe und jede Flüssigkeit im Organismus durchdringt, so wie in einer Batterie Elektrizität durch Atome fließt. Das biologische Gegenstück zu Prana, das Gopi Krishna als »Apana« bezeichnet, ist eine feine Essenz, die im Gehirn und im Nervensystem vorkommt und eine geringe Strahlung erzeugen kann, die sich mit Labormethoden nicht untersuchen läßt. Im Organismus zirkuliert es als Bewegungs-impuls und Empfindung und leitet alle Organfunktionen des Körpers. Dabei wird es von der überbewußten kosmischen Lebensenergie Prana durchdrungen und beeinflußt.

Der Begriff »Prana« bezeichnet sowohl die kosmische Lebensenergie als auch jenen subtilen biologischen Dirigenten im Körper, denn beide sind untrennbar miteinander verbunden. Die Extraktion von Prana zur Versorgung des Gehirns erfolgt durch eine begrenzten Anzahl von Nervensträngen, die in einem bestimmten Körperbereich arbeiten. Mit dem Erwachen der Kundalini findet eine radikale Veränderung statt. Andere, längere Nervenstränge kommen ins Spiel und transportieren eine konzentriertere Form der Pranastrahlung aus einem erheblich vergrößerten Bereich des Körpers ins Gehirn.

Man könnte vermuten, daß man einen bestimmten Grad spirituellen Erwachens erlangt haben müßte, um sich ausschließlich von Prana oder flüssigem Licht zu ernähren. Und daß die vollständige Aktivierung der Kundalini-Energie ermöglichen würde, daß dieser Prozeß mit maximaler Wirksamkeit funktioniert.

Es gibt drei Energiekanäle, sogenannte Nadis, entlang der Wirbel-säule, die die Kundalini-Energie transportieren können und die Chakren kreuzen.

Der Pingala Nadi, der Sonnennerv, reguliert den Wärmefluß und befindet sich auf der rechten Seite vom Susumna Nadi, der im Rückenmarkskanal verläuft. Der Idakalai Nadi befindet sich auf der linken Seite und ist für die Kühlung verantwortlich. Er entspricht dem

Mond und ist der richtige Kanal zum Leiten der Kundalini-Energie. Alle drei befinden sich im Astralkörper.

Die Medulla oblongata ist ein Teil des Gehirns, der sich an der Schädelbasis befindet, und wird als ein 'Neben'-Chakra bezeichnet, da es die Eintrittsstelle der spirituellen Energie aus den höheren Körpern ist. Wenn man beim Meditieren den Kopf aufrecht hält, kann die Medulla oblongata frei und ungehindert den Fluß der Prana-Energie aufnehmen. Die spirituellen oder Prana-Energien fließen durch den Hypothalamus in dieses Zentrum. Dadurch erhöht sich der Lichtquotient in unserem Wesen, was uns ermöglicht, empfänglicher für Telepathie zu sein.

Vor der Aktivierung der Kundalini-Energie würde ich empfehlen, die Chakren zu stimmen, sie vollständig mit Licht zu aktivieren und die vereinte Chakra-Meditation zu machen (diese Meditation wird am Ende dieses Kapitels beschrieben). Weiterhin würde ich empfehlen, dein ICH BIN anzuweisen, sich einzuschalten und die ätherischen und physischen Nervensysteme miteinander zu verbinden. Damit bist du elektromagnetisch in vollständige Übereinstimmung gebracht, obwohl dies bereits durch die vereinte Chakra-Meditation erfolgen sollte.

Es ist außerdem sehr wichtig, das ICH BIN anzuweisen, die Aktivierung der Kundalini-Energie zu überwachen, um ein eventuelles »Burn out« zu verhindern. Indische Asketen berichten, daß, wenn man sein Bewußtsein nicht vorbereitet und sein physisches Vehikel nicht in Übereinstimmung gebracht hat, das zu frühe Erwecken der »schlafenden Schlange« (der Kundalini) große Schäden hervorrufen kann, wie das Ausbrennen der elektrischen Schaltkreise des Körpers und sogar den Tod. Weitere Informationen hierzu gibt Gopi Krishna in seinem Buch über die Kundalini. Das Erwachen der Kundalini kann schnell oder langsam erfolgen, so wie es von deinem ICH BIN geführt wird. Das hängt von den Instruktionen und Wünschen eines jeden Individuums ab.

Um die Kundalini zu erwecken, programmiere einfach folgende Affirmation, während du meditierst:

❏ »Ich rufe meine Kundalini-Energie an und aktiviere sie vollständig, unter der Führung meiner Monade und mächtigen ICH BIN Präsenz.«

Wenn man die Zufuhr von pranischer Lebenskraft erhöht, indem man aus der kosmischen Lebensquelle trinkt, kann man auch den Tod überwinden.

Durch langsames, rhythmisches Atmen wird mehr Prana aufgenommen und kann dann im Gehirn und den Nervenzentren gespeichert werden. Prana versorgt die Nerven mit Elektrizität, magnetisiert das Eisen im Körper und erzeugt die Aura als natürliche Ausstrahlung.

Auszug aus »Babaji, Kriya Yoga und die 18 Siddhas«: *Das Geheimnis der Langlebigkeit liegt in der Technik, die Atmung in die feinstofflichen Kanäle und Zentren umzuleiten. Yogis und Siddhas, die bei ihrer Yoga-Übung nicht durch Hunger oder Durst gestört werden, haben Zugang zu einer besonderen Technik, bei der ein spezieller Nektar durch die Öffnung hinter dem Zäpfchen aus dem Gehirn ausgeschieden wird. Der Adept konzentriert sich dabei auf die physischen Zentren und die geheimnisvolle Drüse in der Region des Hypothalamus, um Amirdha (flüssiges Ambrosia) zu erhalten. Dieses Lebenselixier stärkt das menschliche System und macht es gegenüber Zerfall, Abbau, Krankheit und Tod immun.*

In seinem Buch »Kundalini« schreibt Gopi Krishna: *Alle Yogasysteme basieren auf der Annahme, daß lebende Körper ihre Existenz einer extrem feinstofflichen immateriellen Substanz verdanken, die das Universum durchdringt und Prana genannt wird. Es ist die Ursache aller organischen Phänomene, steuert den Organismus durch das Nervensystem und Gehirn und manifestiert sich selbst als vitale Energie. Prana, in der modernen Terminologie als Lebensenergie bezeichnet, beinhaltet verschiedene Aspekte, um verschiedene Funktionen im Körper auszulösen, und zirkuliert im menschlichen System in zwei getrennten Strömen – einer mit wärmendem und der andere mit kühlendem Effekt, für Yogis im Zustand der Erleuchtung klar wahrnehmbar.*

Er sagt weiterhin: *Aus meiner eigenen Erfahrung kann ich ebenfalls bestätigen, daß es mit Sicherheit hauptsächlich zwei Arten von Lebensströmen im Körper gibt, die entweder eine kühlende oder eine wärmende Wirkung auf das System haben. Prana und Apana existieren nebeneinander in jedem Gewebe und jeder Zelle. Beide fließen durch die höheren Nerven und ihre kleinen Verzweigungen als zwei voneinander getrennte Ströme, obwohl ihr Fluß im normalen*

Bewußtseinszustand nicht wahrgenommen wird, da die Nerven seit frühestem Beginn des Lebens daran gewöhnt sind.

Wenn man verstanden hat, daß Prana die Lebensessenz ist, dann kann man vielleicht auch verstehen, wie ein Organismus aus dem ätherischen Reich allein durch Prana erhalten werden kann. Einige Menschen haben dies erreicht, indem sie ihr Bewußtsein auf höhere Schwingungsfrequenzen ausgedehnt haben, wodurch sich wiederum die Molekularstruktur ihres physischen, emotionalen und mentalen Körpers verändert hat, und dadurch sind sie von der Notwendigkeit befreit, Substanz aus dem atmosphärischen Reich aufzunehmen. Diese Menschen werden als Pranier (engl. Breathairians) bezeichnet. Andere, die ich Liquidpranier (engl. Liquidairians) nenne, haben sich entschieden, nur von diesem flüssigen Licht zu leben, aber sie trinken noch aus Freude und für die Geschmacksempfindung.

Auszug aus »Seasons of the Spirit« von dem aufgestiegenen Meister Hilarion: *Es ist falsch, sich vorzustellen, daß die Energie, die den physischen Körper des Menschen antreibt, aus der Nahrung stammt, die er zu sich nimmt. Dies ist eines der großen Mißverständnisse der heutigen Welt... Die Energie des menschlichen Körpers muß aus einer viel subtileren und feinstofflicheren Quelle stammen als die Kohlenhydratmoleküle, denen man heute die Ernährung zuschreibt. Der Lebensprozeß im Menschen findet nicht nur auf der rein chemischen Ebene statt. Sonst wäre der Mensch nichts anderes als ein Becher, in dem reaktionsfähige Chemikalien gemischt werden und hätte nicht mehr Lebens-Intelligenz oder Geist als man in einem solchen Becher finden kann. Nach Ablauf der chemischen Reaktion wäre der Becher still, leblos, leer, und ebenso wäre es mit dem Menschen.*

Nein, die Kraft, die die menschliche Maschine antreibt, ist nicht chemisch, sondern ätherisch. Der Äther ist eine Form allumfassender Substanz, die noch verdünnter ist als die subtilste Chemikalie des Menschen. Und tatsächlich ist dies der Stoff, aus dem sich alle wissenschaftlich bekannten Elemente kondensieren so wie Wassertropfen aus Wasserdampf in der Luft. Gemischt mit dem Äther, der alle dreidimensionalen Räume des Menschen füllt (sogar die zwischen den Protonen und den Elektronen der Materie, was von der Wissenschaft als »leerer Raum« betrachtet wird), ist eine Substanz, die wir als Prana bezeichnen, um das östliche Wort für Lebensenergie zu ver-

wenden. Tatsächlich kennen die östlichen Religionen diese wundersame Substanz und verstehen ihre Rolle beim Erhalt des »Lebens« des Menschen sehr gut.

Wenn ein menschlicher Körper Luft in seine Lungen einatmet, wird Prana im ätherischen Ebenbild dieser Luft in das ätherische Ebenbild des Körpers aufgenommen und dann in die verschiedenen Energien, die im täglichen Leben benutzt werden, umgeformt: Mentale Energie, emotionale Energie und physische Energie. Der Sauerstoff, der über die Lungen im Blut aufgenommen wird, spielt eine Rolle im Stoffwechsel, aber verglichen mit der Bedeutung der Pranaaufnahme ist es nur eine Nebenrolle.

Anrufung des Vereinten Chakra
von Tony Stubbs »An Ascension Handbook«

Ich atme Licht durch das Zentrum meines Herzens
öffne mein Herz zu einer wunderschön leuchtenden Sonne
und lasse zu, daß ich mich immer weiter ausdehne.

Ich atme Licht durch das Zentrum meines Herzens
und lasse zu, daß sich diese leuchtende Sonne immer weiter
ausdehnt, bis sie mein Kehlkopfchakra
und mein Solarplexuschakra
in einem einzigen Lichtfeld
in mir, um mich und durch mich hindurch vereint.

Ich atme Licht durch das Zentrum meines Herzens
und lasse zu, daß sich diese leuchtende Sonne immer weiter
ausdehnt, bis sie mein Stirnchakra
und mein Nabelchakra
in einem einzigen Lichtfeld
in mir, um mich und durch mich hindurch vereint.

Ich atme Licht durch das Zentrum meines Herzens
und lasse zu, daß sich diese leuchtende Sonne immer weiter
ausdehnt, bis sie mein Kronenchakra
und mein Wurzelchakra
in einem einzigen Lichtfeld
in mir, um mich und durch mich hindurch vereint.

Ich atme Licht durch das Zentrum meines Herzens
und lasse zu, daß sich diese leuchtende Sonne immer weiter
ausdehnt, bis sie mein Alphachakra über meinem Kopf
und mein Omegachakra unter meiner Wirbelsäule
in einem einzigen Lichtfeld
in mir, um mich und durch mich hindurch vereint.
Ich lasse zu, daß die Welle von Metatron
zwischen ihnen schwingt.
Ich bin eine Einheit aus Licht.

Ich atme Licht durch das Zentrum meines Herzens
und lasse zu, daß sich diese leuchtende Sonne immer weiter
ausdehnt, bis sie mein achtes Chakra über meinem Kopf
und meine Oberschenkel in einem einzigen Lichtfeld
in mir, um mich und durch mich hindurch vereint.
Ich lasse zu, daß mein Emotionalkörper
mit meinem physischen Körper verschmilzt.
Ich bin eine Einheit aus Licht.

Ich atme Licht durch das Zentrum meines Herzens
und lasse zu, daß sich diese leuchtende Sonne immer weiter
ausdehnt, bis sie mein neuntes Chakra über meinem Kopf
und meine Waden in einem einzigen Lichtfeld
in mir, um mich und durch mich hindurch vereint.
Ich lasse zu, daß mein Mentalkörper
mit meinem physischen Körper verschmilzt.
Ich bin eine Einheit aus Licht.

Ich atme Licht durch das Zentrum meines Herzens
und lasse zu, daß sich diese leuchtende Sonne immer weiter
ausdehnt, bis sie mein zehntes Chakra über meinem Kopf
und unter meinen Füßen in einem einzigen Lichtfeld
in mir, um mich und durch mich hindurch vereint.
Ich lasse zu, daß mein spiritueller Körper
mit meinem physischen Körper verschmilzt.
Ich bin eine Einheit aus Licht.

Ich atme Licht durch das Zentrum meines Herzens
und lasse zu, daß sich diese leuchtende Sonne immer weiter
ausdehnt, bis sie mein elftes Chakra über meinem Kopf
und unter meinen Füßen in einem einzigen Lichtfeld
in mir, um mich und durch mich hindurch vereint.
Ich lasse zu, daß meine Überseele
mit meinem physischen Körper verschmilzt.
Ich bin eine Einheit aus Licht.

Ich atme Licht durch das Zentrum meines Herzens
und lasse zu, daß sich diese leuchtende Sonne immer weiter
ausdehnt, bis sie mein zwölftes Chakra über meinem Kopf
und unter meinen Füßen in einem einzigen Lichtfeld
in mir, um mich und durch mich hindurch vereint.
Ich lasse zu, daß meine Christus-Überseele
mit meinem physischen Körper verschmilzt.
Ich bin eine Einheit aus Licht.

Ich atme Licht durch das Zentrum meines Herzens
und bitte die höchste Ebene meines Geistes
aus dem Zentrum meines Herzens zu strahlen und
mein vereintes Lichtfeld völlig auszufüllen.
Ich strahle an diesem Tag immerfort.
Ich bin eine Einheit des Göttlichen Geistes.

Die Geschichte von Giri Bala

Vor vielen Jahren las ich ein wundervolles Buch mit dem Titel »Autobiographie eines Yogi«. Es berichtet aus dem Leben von Paramahansa Yogananda. Für mich war es das erste Buch, bei dem ich das Gefühl hatte, daß eine Energie voll Liebe und Wissen geradezu aus den Seiten herausfließt. Es war auch das erste Mal, daß ich von jemandem las, der einfach vom Licht der Göttlichkeit lebte.

Die Geschichte von Giri Bala wurde Yogananda erzählt, als er sie im Alter von 68 Jahren kennenlernte. Zu dieser Zeit hatte sie seit über 56 Jahren weder gegessen noch Flüssigkeiten zu sich genommen. Sie lebte noch immer als bescheidene und einfache Dorfbewohnerin. In ihrer Jugend war sie, nachdem Gerüchte über sie aufgekommen waren, zum Palast des Provinzfürsten gebracht worden. Dort wurde sie unter strenger Beobachtung eingesperrt und schließlich mit der Bestätigung entlassen, daß sie tatsächlich allein vom Licht existierte.

Sie erzählte Yogananda, wie sie sich als Kind eines unersättlichen Appetits erfreut hatte und dafür oft schwer gerügt und geneckt worden war. Im Alter von neun Jahren wurde sie dann verlobt und wohnte bald darauf schon im Haus der Familie ihres Ehemannes. Giri setzte das Gerede ihrer Schwiegermutter und das Spotten über ihre Gefräßigkeit so sehr zu, daß sie eines Tages ausrief: *Ich werde dir bald beweisen, daß ich, solange ich lebe, kein Essen mehr anrühre.*

Als sie weiterhin gehänselt wurde, rannte sie schließlich aus dem Dorf. In großer Verzweiflung rief sie aus tiefster Seele nach Gott und bat, ihr einen Guru zu senden, der sie lehren könnte, allein von Gottes Licht zu leben. In diesem Moment materialisierte sich ihr Guru vor ihr und sie wurde in der Kunst einer besonderen Kriya-Yoga-Technik initiiert, um den Körper von der Notwendigkeit der physischen Erhaltung zu befreien.

Der Guru sagte zu ihr: *Liebe Kleine, ich bin der Guru, den Gott dir schickt, um deine dringende Bitte zu erfüllen. Er war tief berührt von deinem sehr ungewöhnlichen Wunsch. Von heute an sollst du vom astralen Licht leben. Deine Körperatome werden durch den unendlichen Strom wieder aufgeladen.*

Seit diesem Tag hat sie weder gegessen noch Flüssigkeiten zu sich genommen und hatte auch keine Körperausscheidungen mehr. Yogananda sagte: *Sie tut dies, um zu beweisen, daß der Mensch in Wahrheit Geist ist und auch um zu beweisen, daß der Mensch vom ewigen Licht Gottes leben kann.* (Zitat aus Dr. Stones Werk »Forty of the World Great Saints and Spiritual Masters«.)

>>Der Mensch ist auf der ewigen Suche
nach *etwas anderem,*
von dem er hofft, daß es ihm Glück bringt,
für immer und niemals endend,
doch für die einzelnen Seelen,
die Gott gesucht und gefunden haben,
ist die Suche vorüber.
Er ist dieses etwas andere.«

Paramahansa Yogananda

Die Geschichte von Therese Neumann

In seinem Buch »Autobiographie eines Yogi« berichtet Yogananda auch von seinem Zusammentreffen mit Therese Neumann. Dr. Stone erzählt über dieses Treffen in seinem Buch über die Meister. Therese Neumann wurde am Karfreitag des Jahres 1898 in Nordbayern geboren. Im Alter von zwanzig Jahren hatte sie einen Unfall, nach dem sie blind und gelähmt war. Im Jahr 1923 erfuhr sie durch ihre Gebete an die Heilige Therese von Liseux auf wundersame Weise Heilung. Seit jener Zeit nahm Therese bis auf eine kleine Hostie pro Tag weder Nahrung noch Getränke zu sich.

Stigmata, die heiligen Wundmale Christi, erschienen jeden Freitag an ihrem Kopf, Brust, Händen und Füßen, während sie die Passion Christi erlebte. Yogananda erzählte später, sie sei in ihrem vergangenen Leben Maria Magdalena gewesen und sei hier, um (wie Giri Bala) zu zeigen, daß es möglich sei, von Gottes Licht zu leben.

Während der 36 Jahre, in denen bei Therese die Stigmata erschienen, kamen Tausende von Touristen in ihre kleine Hütte, um dort das Wunder mit eigenen Augen zu sehen. Therese Neumann starb im Jahre 1962. Paola Giovettis Buch »Therese Neumann« liefert den interessierten Lesern eine detaillierte Beschreibung.

Die Geschichten von Giri Bala und Therese Neumann können leicht als Erfahrungen von »heiligen« Menschen abgetan werden. Doch beide waren einfach Menschen, die ein großes Gottvertrauen und einen starken Glauben hatten.

Aus meinen Untersuchungen ergibt sich, daß, obwohl Giri und Therese allein von flüssigem Licht erhalten wurden, keine von beiden je die in engem Zusammenhang stehende Idee der physischen Unsterblichkeit aufnahmen und beide in Würde alt wurden.

Physische Unsterblichkeit

Es ist interessant, festzustellen, daß Altern und Tod sowohl von Praniern als auch von Liquidpraniern weiterhin erfahren werden können. Die Menschheit ist in dem Bewußtsein und Glauben der Beschränkung über Jahrtausende lang eingesperrt gewesen.

Die mentale Erwartungshaltung und der Glaube an die Notwendigkeit des Todes sind so dominant gewesen, daß Drüsen wie die Hirnanhangdrüse und die Zirbeldrüse »Todeshormone« produzieren, statt ihre Aufgabe der natürlichen Lebenserhaltung und Regeneration zu erfüllen. Das Buch »New Cells, New Body, New Life« von Virginia Essene beschäftigt sich mit diesem Thema in dem Kapitel von Joanna Cherry.

Genaue Untersuchungen zeigen auch, daß der Körper die komplexeste sich selbst erhaltende Molekularstruktur aufweist, die man sich vorstellen kann. Neue Zellen werden milliardenfach produziert (z.B. eine neue Magenschleimhaut alle fünf Tage), und angeblich ist der Mensch auf der Zellebene alle zwei Jahre vollständig erneuert.

Warum altern wir dann und sterben, wenn wir die angeborene Fähigkeit haben, uns zu erneuern und alle Zellstrukturen zu erschaffen? In seinem Buch »Die heilende Kraft« behauptet Dr. Chopra, daß es an unserer Programmierung und unseren Glaubenssätzen liege, und daß Zellen nur in Materie gekleidetes Gedächtnis seien. In seinem Buch »Ende der Sehnsucht - Anleitung zum Leben im Paradies« vertritt Leonard Orr die Meinung, daß Menschen vor allem deshalb sterben, weil sie es erwarten.

Nachdem ich etwa ein Jahrzehnt in der Geschäftswelt verbracht hatte, oft mit fünfzig oder sechzig Arbeitsstunden pro Woche, als Alleinerziehende meine Töchter aufzog, mich zudem der Meditation und meinen esoterischen Interessen widmete, mußte ich mich bewußt mit Zeitmanagement auseinandersetzen, um meine Gesundheit bei dem von mir gewählten Lebensstil zu erhalten. Dabei bin ich irgendwann zu dem Schluß gekommen, daß physischer Tod auf schlechtem Zeitmanagement beruht.

Nach zwanzig Jahren von anfangs vegetarischer und später praktisch veganischer Ernährung, plus Gymnastik und entsprechenden Nachforschungen über die Möglichkeiten zur Aufrechterhaltung einer optimalen Gesundheit stellte ich fest, daß der Körper eine sich selbst erhaltende, wunderbar sich regenerierende Maschine ist, die sich nur bei einem hohen Toxizitätsniveau abnutzt. Diese Toxizität wird durch falsche Ernährung und negative Gedanken und Glaubenssätze verursacht (denken wir nur daran, daß unsere Gedanken unsere Emotionen erschaffen und emotionales Un-Behagen Krankheiten hervorruft).

Mein Wunsch nach höchster Gesundheit war einfach dadurch motiviert, daß ich mir den Luxus, krank im Bett zu liegen, nicht leisten konnte und, da ich sehr wenig *Frei*zeit hatte, fand ich, daß es für mich bessere Möglichkeiten gab, meine Zeit zu verbringen, als krank zu sein.

Neben dem hervorragenden Management meiner Zeit wuchs in mir immer mehr die Idee, physisch unsterblich sein zu können, da ich mich nicht mit dem Gedanken anfreunden konnte, daß ich eine bestimmte Bewußtseinsebene erreiche oder erwache und dann das physische Vehikel auseinanderfällt, weil ich mich nicht darum gekümmert habe. Um dann wieder ein neues Vehikel und passende Bedingungen für das nächste Leben vorzubereiten, geboren zu werden, Windeln zu tragen, Eltern zu haben, in die Schule zu gehen, heranzuwachsen, all das konnte mich ebenfalls nicht begeistern.

(Übrigens hatte ich eine wunderbare Kindheit, Eltern etc., eine anspruchsvolle und lehrreiche Jugend mit der Freiheit, zu wachsen, mich zu entwickeln und dann zu *erblühen*, so wie ich es wollte. Mir war schon klar, daß ich vor meiner Geburt das Gartenbeet, in das mein Samen des Bewußtseins gepflanzt werden sollte, und sozusagen die Gärtner bewußt ausgesucht hatte.)

Dies alles noch einmal zu durchlaufen und sich dann schließlich an das zu erinnern, was ich bereits in Jahren der Suche und Erfahrung in diesem und vorangegangenen Leben verstanden habe, erschien meinem logischen Verstand lächerlich.

In diesem Stadium war ich zu einer vagen Vorstellung über die physische Unsterblichkeit gelangt und hatte endgültig begriffen, daß ich die Chance habe, daß dies meine letzte Inkarnation auf der Erdebene ist. Ich wußte auch, daß ich *Arbeit* zu leisten und eine *Rolle* zu spielen hatte und beschloß, daß ich ergründen wollte, wann ich meine Arbeit erledigt hatte und fertig war. Ich war nicht mehr daran interessiert, wegen schlechter Behandlung oder Unkenntnis des physischen Vehikels zu sterben.

Das Annehmen der physischen Unsterblichkeit liegt jenseits der Angst vor dem Tod. Alle Immortalisten, die ich kenne, sehen den Tod als einen sanfteren, angstfreieren und angenehmeren Prozeß als die Geburt. Es ist bestimmt weniger Schmerz damit verbunden, aber das ist eine andere Geschichte.

Es genügt zu sagen, daß das Leben auf dieser Existenzebene mit einer Schule verglichen werden kann und die Zeit, die man außerhalb der physischen Verkörperung verbringt, mit wunderbaren Ferien. Oft wird der Wunsch des Individuums nach physischer Unsterblichkeit mit Angst vor dem Tod und vor dem Unbekannten gleichgesetzt. In einigen Fällen mag dies so sein.

Trotzdem wird in der Evolution eines Wesens ein Punkt erreicht, wo physische Unsterblichkeit nicht nur gutes Zeitmanagement bedeutet, sondern eine natürliche Konsequenz ihrer Resonanz ist. Physische Unsterblichkeit ist nicht machbar ohne entsprechende Resonanz oder den Glauben, daß diese Möglichkeit für uns besteht.

Um unsterblich zu werden (auf einer physischen Ebene, was eine logische, bewußte Ausdehnung der Unsterblichkeit der Seele ist), muß man folgendes tun:

1. Den Glaubenssatz, daß wir sterben müssen, loslassen.

2. Alle Negativität – in deinen Gedanken und Gefühlen – aus den Energiefeldern des Körpers gehenlassen.

3. Den physischen, emotionalen und mentalen Körper meistern.

Sich von dem Glauben zu lösen, daß wir sterben müssen, ist relativ leicht, wenn man wirklich versteht, daß wir ganz einfach Energiesysteme sind und daß die Stufe des zellulären Abbaus und/oder der Regeneration davon abhängt, welche Stufe der geistigen Meisterschaft wir erreicht haben.

Wie man alle Negativität mit Hilfe von Visualisierungsübungen gehen läßt, ist in meinem Buch »The Art of Resonance« beschrieben. Im wesentlichen führt die Meisterschaft über den mentalen Körper also zur Meisterschaft über den emotionalen Körper, der wiederum den physischen Körper beherrscht.

Aber es gibt auch praktische Methoden, die man anwenden kann und von denen berichtet wird, daß sie den Alterungsprozeß umkehren und/oder aufhalten. Im folgenden Kapitel möchte ich solche Methoden gerne detailliert mit den Informationen aus einem wunderbaren kleinen Buch von Peter Kelder mit dem Titel »Die Fünf Tibeter« erläutern.

Regeneration und Verjüngung – »Quelle der Jugend«

Meinem Verständnis und meiner Überzeugung nach steigt mit der Zunahme des Lichtquotienten innerhalb des Körpers die natürliche Fähigkeit zur Zellregeneration auf der reinsten Stufe. Je freier unsere zelluläre Struktur von allen Formen von Toxizität ist und je mehr Licht und je höher die Schwingung oder Oszillationsrate unserer Energiefelder ist, desto geringer ist die Möglichkeit von Krankheiten, Verfall und Degeneration. Licht zieht Licht an – Licht verwandelt und löst was nicht aus Licht ist. Auch während wir vielleicht unsere Drüsen neu programmieren, damit sie nur lebensspendende Hormone produzieren, und/oder die Übungen der »Fünf Tibeter« anwenden, muß folglich unser Hauptaugenmerk auf der Erhöhung des Lichtquotienten innerhalb der zellulären Struktur liegen.

Im Buch »The Complete Ascension Manual« schreibt Dr. Stone, daß ein Lichtquotient von 80 bis 83 Prozent das Aufsteigen ermöglicht, 96 bis 98 Prozent die Dematerialisierung, Teleportation und Rematerialisierung, wobei man die zelluläre Struktur des physischen Vehikels mit einem einzigen Befehl oder seiner Absicht manipuliert. In diesen Stadien ist physische Unsterblichkeit eine natürliche Folge, da flüssiges Licht durch die Systeme fließt und die Chakren in einer Säule aus Licht vereint werden. Mit einem vervollständigten Lichtkörper und einer fest verankerten Monade (dem ICH BIN) wird alles auf natürliche Weise von selbst erhalten.

Auszug aus »Die Fünf Tibeter« von Peter Kelder: ...*der Körper hat sieben Energiezentren, die man sich als wirbelnde Kraftfelder vorstellen kann. Die Hindus nennen sie Chakras. Das sind kraftvolle elektrische Felder, unsichtbar für das Auge, aber nichtsdestoweniger real. Jeder dieser sieben »Wirbel« hat einen bestimmten Bezug zu einer der sieben Hormondrüsen im endokrinen System des Körpers, und seine Funktion besteht darin, den Hormonausstoß der jeweiligen Drüse anzuregen. Diese Hormone sind es, die alle Funktionen des Körpers regeln, einschließlich des Alterungsprozesses.*
Der unterste, erste Wirbel ist mit den Nebennieren verbunden, der zweite mit den Geschlechts- oder Keimdrüsen, der dritte am

Solarplexus mit der Bauchspeicheldrüse, der vierte Wirbel hat eine Beziehung zu der Thymusdrüse in der Herzregion, der fünfte sitzt an der Schilddrüse am Hals, der sechste (das »Dritte Auge«) steht in Beziehung zur Hypophyse oder Hirnanhangdrüse an der vorderen Gehirnbasis, und der siebte, höchste Wirbel (das Scheitel-Chakra) ist mit der Epiphyse oder Zirbeldrüse an der rückwärtigen Gehirnbasis verbunden.

In einem gesunden Körper dreht sich jeder dieser Wirbel mit hoher Geschwindigkeit und ermöglicht es dadurch der vitalen Lebens-energie, auch Prana oder ätherische Energie genannt, durch das endokrine System aufwärts zu fließen. Wenn aber einer oder mehrere dieser Wirbel anfangen, sich langsamer zu drehen, dann ist der Fluß der vitalen Lebensenergie behindert oder blockiert und – nun ja, das ist einfach eine andere Bezeichnung für Altern und schlechte Gesundheit.

Diese sich drehenden Wirbel dehnen sich bei einem gesunden Menschen so weit aus, daß sie aus dem Körper herausragen, bei einem alten, schwachen und kränklichen dagegen ereichen sie kaum die Körperoberfläche. Die schnellste Art, Jugend, Gesundheit und Vitalität wiederzugewinnen ist, diese Energiezentren dazu zu bringen, sich wieder normal zu drehen.

In dem Buch werden dann sechs »Riten« oder einfache Übungen beschrieben, die man machen kann, um diese Zentren zu stimulieren. Diese Werkzeuge zur Langlebigkeit werden seit Ewigkeiten von Lamas in einem Kloster hoch oben im Himalaja praktiziert.

Die Lamas sind Vegetarier und essen oft nur eine Art von Nahrung pro Mahlzeit, und dies auch nur in geringen Mengen. Eine Mahlzeit besteht zum Beispiel aus Obst, eine andere aus Gemüse und wieder eine andere aus Brot. Ihre Praxis besteht aus dieser Ernährungsweise, physischer Arbeit und Körperübungen. Unabhängig von ihrem biolo-gischen Alter sehen sie etwa wie 25jährige aus.

Die Lamas sagen, indem sie die Stimme tief halten, bleibt durch die Vibrationen der unteren Oktave das Wurzelchakra in gesunden Schwingungen. Folglich singen sie regelmäßig, da es ihnen hilft, die sieben Wirbel auszurichten. Frauen wird nicht empfohlen, ihre Stimme zu tief einzustellen, da sie eine andere Resonanz besitzen als Männer. Weiterhin schlagen sie vor, jung zu denken und zu handeln, da man das anzieht, was man denkt.

Wegen des Urheberrechts können wir die Übungen der Fünf Tibeter nicht ausführlich beschreiben. Den interessierten Lesern empfehlen wir jedoch den Kauf dieses Buchs, da es sich als sehr lohnend erweist, die darin beschriebenen Übungen zu praktizieren. Viele, einschließlich meines inzwischen achtzigjährigen Vaters, haben positive Erfahrungen gemacht und Nutzen, Verjüngung und neue Energien aus diesen in Peter Kelders Buch beschriebenen Übungen gezogen.

Neuprogrammierung der Körperdrüsen für die Zellregeneration

Ich wurde in diese einfache Technik von Joanna Cherry von der »Ascension Mastery International« aus Mount Shasta in Kalifornien eingeführt. Sie beruht darauf, die Produktion aller Hormone so umzuschalten, daß sie lebenserhaltend wirken und die Lebenskraft nicht ableiten. Da der Geist der Meister ist und somit über die Materie herrscht, sind die Drüsen des menschlichen Körpers aufgrund des Glaubens an die Notwendigkeit des Todes bislang nicht in der Lage gewesen, die reine Regeneration der zellulären Struktur zu unterstützen. Solange wir glauben, daß der Tod natürlich ist, unterstützt unser Körper diesen Glauben, unabhängig von seiner Fähigkeit, anders zu funktionieren.

Eine einfache Technik zur Neuprogrammierung der Hormonproduktion innerhalb des Körpers wird im folgenden beschrieben. Sie funktioniert nur, wenn man die »Todes«-Mentalität vollständig losgelassen hat:

- Sitze in Meditation / Kontemplation.

- Stimme die Energiefelder mit Atmung und Licht.

- Visualisiere einen Lichtstrahl, der aus der höchsten Quelle kommt, durch das zwölfte Chakra hindurch geht, durch welches das ICH BIN mit deinem Wesen verbunden wird, weiter nach unten durch die anderen Chakren und durch das Kronenchakra in den Scheitel deines Kopfes eintritt.

- Laß diesen Strahl aus goldenem, weißem Licht jede Zelle deines

Gehirns ausfüllen.

- Weise das Licht an, sich vollständig zu verankern und die Hirnanhangdrüse und die Zirbeldrüse zu aktivieren.

- Instruiere diese Drüsen, alte Programmierungen und Glauben loszulassen und ab diesem Augenblick nur noch lebensspendende und lebenserhaltende Hormone zu produzieren, die die physische Unsterblichkeit unterstützen und fördern.

- Fühle, wie der Lichtstrahl in den Bereich deines Halses eindringt und jede Zelle mit Licht erfüllt.

- Weise die Schilddrüse im Kehlkopfchakra an, sich ebenso auszufüllen.

- Fühle oder visualisiere das Licht, wie es sich durch deinen Körper bewegt und jede Zelle ausfüllt.

- Weise deine Thymusdrüse, deine Nebennieren, deine Bauchspeicheldrüse sowie deine Keimdrüsen auf die gleiche Weise an wie deine anderen Drüsen.

Danke allen Drüsen für den wunderbaren Dienst, den sie dir bislang entsprechend deiner früheren Anweisungen geleistet haben, und bestimme jedoch, daß du ab jetzt den Zustand der physischen Unsterblichkeit annimmst, und verlange, daß sie in vollständiger Harmonie deinen neuen Glauben gemäß deines perfekten, Göttlichen Plans unterstützen.

Die großen Immortalisten

Meine Führung sagt mir, ich soll die Geschichte von Babaji und Saint Germain sowie Auszüge aus einem Channeling über die Arkturianer mit in dieses Buch aufnehmen, da sie allgemein als die Meister der Lichttechniken bekannt sind. Sie sind auch die Meister der Unsterblichkeit und in der Lage, Molekularstrukturen zu ändern sowie nach Belieben einen Körper anzunehmen.

In Dr. Norm Milanovics Buch »We, The Arcturians« heißt es, daß innerhalb von hundert Jahren die gesamte Menschheit auf der Erde allein vom Licht Gottes leben wird. Meine persönlichen Erfahrungen mit Arkturius begannen, kurz nachdem ich 1993 den 21-Tage-Prozeß durchlaufen hatte. Er nahm erst telepathischen Kontakt auf, dann visuellen Kontakt während der Meditation. Er ist seitdem eng mit mir verbunden und gab mir die Botschaft »Das Tor des Herzens«, als ich in Neuseeland war und über das Erhaltenwerden durch Licht berichtete. Er konzentrierte sich auf die Befehlsgewalt über die Molekularstruktur, was alle erreichen müssen, die wahre Meisterschaft anstreben.

Arkturius teilte auch mit, daß Babaji und Sai Baba – analog zu Giri Bala und Therese Neumann, die bewiesen haben, daß man vom Licht Gottes allein leben kann – durch ihre Fähigkeit, sich zu dematerialisieren und rematerialisieren, beweisen, daß man seine Molekularstruktur vollständig beherrschen kann.

Die Aufgestiegenen Meister sind der Ansicht, daß die reine Erhaltung durch Licht, die Fähigkeit, sich zu dematerialisieren und zu rematerialisieren, die physische Unsterblichkeit, Heilung durch Berührung und das Manifestieren nur durch Gedanken nicht durch Taten natürliche Fähigkeiten sind, die wir erlangen oder wiederentdecken, wenn wir den Gott in uns ganz erfassen.

Babaji

In seinem Buch »Ende der Sehnsucht – Anleitung zum Leben im Paradies« über die Unsterblichkeit schreibt Leonard Orr Folgendes:
Obwohl die meisten Menschen bei dem Wort Immortalist an Jesus und seine Auferstehung denken, kann man durch Studien viele Beispiele in der Geschichte finden: Saint Germain, Annalee Skarin, Elias, verschiedene Hopi-Indianer und europäische Alchimisten, um nur ein paar zu nennen. Nicht alle haben sich entschieden, auf dieser Ebene der Erde zu bleiben. Einer, der es getan hat, ist Babaji.
Viele Geschichten ranken sich um den großen Immortalisten Babaji. Im indischen Herakhan lebend war er in seinem ersten Leben ein Yogimeister und besiegte den Tod. Es heißt, daß er seinen physischen Körper behalten hat und, obwohl er Tausende von Jahren alt ist, stets jugendlich wie ein Mittzwanziger aussieht. Er soll Jesus persönlich unterwiesen haben. Man sagt, daß er seinen Körper in reines Licht verwandeln, dematerialisieren, rematerialisieren und willentlich älter oder jünger werden kann.
Es heißt, Babaji hat seinen vorherigen Körper im Jahr 1922 dematerialisiert und seinen neuen Körper im Jahr 1970 in einer Höhle rematerialisiert. In der Zeit von 1924 bis 1958 lebte er als einfacher Yogi in dem indischen Dorf Dhanyon bei Almora.
Leonard erzählt, daß eine von Babajis frühesten Gestalten die von Shiva, dem Yogi, war, dann Ram, und dann Krishna. Als Goraknath, verlieh er dann im Jahr 57 n.Chr. zwei Königen die physische Unsterblichkeit. Beide leben bis heute und sind aktiv: Gopchand, ein König in Nepal, und Bhartara in Rajasthan.
Leonard erzählt weiter, daß Babaji nicht nur Jesus angeleitet hat, sondern auch mit Moses und Elias gearbeitet hat. Es wird gesagt, daß Babaji versprochen hat, solange auf dieser Ebene zu bleiben, bis alle die Erleuchtung erlangt haben.

Anmerkung:

Hrsg:Halbig/Schnellbach, Babaji – In Wahrheit ist es einfach Liebe
KOHA-Verlag, ISBN 3-929512-11-4

Graf Saint Germain

Gleichgültig mit welchem großen Lehrer oder Meister man sich beschäftigt, stellt man interessanterweise fest, daß sie immer auf zwei Ebenen arbeiten. Zum einen in der Öffentlichkeit und zum anderen für das Göttliche Eine und die himmlischen Mächte, die momentan die Evolution der Menschheit auf dem Planet Erde überwachen.

Als Gesandter der Großen Weißen Bruderschaft, arbeitet Er auf dem siebten Strahl der zeremoniellen Ordnung und Magie und ist im ätherischen Reich bekannt als der Meister Ragoczy.

Viele würden Saint Germain als den eigentlichen Verfasser von William Shakespeares Dramen kennen. Frühere Verkörperungen umfaßten angeblich auch Merlin und Christopher Kolumbus. Weiterhin heißt es, daß Er Josef, der Vater von Jesus, war und der jüdische Prophet Samuel.

Heute ist Er hauptsächlich durch seine Bücher »Die ICH BIN Abhandlungen« bekannt, die durch Godfre Ray King in den dreißiger Jahren gechannelt wurden. Seinen größten Ruhm verdankt Er der Gründung der »Society of Rosicrusse Freemasons« (Bruderschaft der Rosenkreuzer und Freimaurer) in der Identität von Francis Bacon. Weiterhin soll Er die französische Revolution im voraus prophezeit haben.

Der Graf von Saint Germain verbrachte dann etwa 85 Jahre mit der Transhimalayischen Bruderschaft und den Meistern El Morya, Kuthumi und Djwal Khul. Sie channelten die ursprüngliche theosophische Literatur durch Madame Blavatsky. Weiterhin heißt es, daß Er bei der Formulierung der amerikanischen Verfassung und der Unabhängigkeitserklärung maßgeblich beteiligt gewesen sein soll.

Es wird angenommen, daß Er um das Jahr 1561 geboren wurde. Besser als der Graf von Saint Germain ist Er als der Regent von Europa bekannt und beschäftigt sich besonders mit dem dortigen Wachstum des Bewußtseins. Als meisterhafter Linguist sprach Er alle europäischen Sprachen, war ein guter Fechter, ein Meisterviolinist und besaß außergewöhnliche Geisteskraft sowie ein fotografisches Gedächtnis.

Er war sehr reich, und der Legende zufolge zeichnete Er sich als ein meisterhafter Alchemist aus, der einfaches Metall in Gold verwandeln konnte, das niemals seinen Glanz verlor. Weiterhin wird von ihm berichtet, daß Er weder aß noch trank und stets das jugendliche Aussehen eines Mannes von Mitte Vierzig behielt. Da Er eine so lange Zeit als Immortalist lebte, inszenierte Er dauernd seinen eigenen Tod und nahm dann die Identität anderer Persönlichkeiten an.

Er arbeitet mit Erzengel Zadkiel zusammen und lehrt die Menschheit, wie sie negative Energien, die sie angesammelt hat, durch die Violette Verwandelnde Flamme der Vergebung umwandeln kann.

Er hilft der Menschheit auch beim Annehmen des siebten Strahls der Spirituellen Freiheit, wenn wir aufsteigen.

Freiheit vom Kreislauf von Leben und Tod.

Freiheit, den Willen von Mutter-Vater-Schöpfer-Gott zu tun.

Freiheit, über die irdischen Begrenzungen hinaus zu wachsen.

Freiheit, die Göttliche Lebenskraft zu erkennen.

Freiheit, zu erkennen, daß die Göttliche Lebenskraft der Ausdruck Gottes in Myriaden von individualisierten Formen ist.

Freiheit, die Ganzheit zu erkennen, von dem alles ein Teil ist.

Freiheit, die Schleier der Illusion, Trennung und Ignoranz zu heben.

Spirituelle Freiheit ist die siebente Stufe auf der Leiter der Erleuchtung und wird verliehen, wenn man die Aspekte von Wille und Macht, Weisheit, göttlicher Liebe, Reinheit, Heilung und Frieden erlernt hat.

Das Yoga des immerwährenden Lebens –
Vrishvahan Samadhi (Soruba)
von Acharaya Leonard Orr Raja

Das höchste Ziel des Yoga ist der unsterbliche Yogi. Der unsterbliche Yogi ist ein vollständiger Meister über Seele, Geist und Körper. Unsterbliche Yogis können überleben und in vollendeter Glückseligkeit existieren, ohne Nahrung und ohne den Komfort der Zivilisation, den die meisten Menschen als wesentlich für das Überleben und Wohlergehen betrachten. Der unsterbliche Yogi ist frei, vollständig frei.

Für Menschen, die darüber nachdenken, ist der unsterbliche Yogi das Ziel der menschlichen Existenz.

Unsterbliche Yogis sind Meister über Erde, Luft, Wasser und Feuer. Sie sind Meister über Tod und Zeit und Raum. Sie entwickeln Lichtkörper, die sie dematerialisieren können, in Gedankenschnelle reisen lassen und rematerialisieren. Sie sind die Meister der Menschlichkeit. Sie lehren eher durch Beispiel als durch Lesen und Schreiben. Sie sind Meister ihres Geistes und ihrer Emotionen. Yogapraktiken, die den Tod des Körpers erlauben, sind nur der Schatten des Yoga des ewigen Lebens. Und das Yoga des immerwährenden Lebens und der vollkommenen Meisterschaft ist so einfach. Wenn du es erfährst, wirst du dich wundern, warum du nicht selbst darauf gekommen bist.

Jesus ist für die westliche Welt das bekannteste Beispiel eines unsterblichen Yogi. Jesus verbrachte sein halbes Leben in Indien und studierte mit den Unsterblichen. Das Wirken Jesu im Westen dauerte allerdings nur drei Jahre, und er hinterließ nicht viel Wissen, es sei denn, man zählt »Das Essener Evangelium des Friedens« hinzu, was eindeutig nach der Wiederauferstehung geschrieben wurde.

Nachdem ich alles, was mir möglich war, aus 22 Jahren Bibelstudium gelernt hatte, erschien mir der Engel Gottes und forderte mich auf, nach Indien zu gehen und mit den Unsterblichen zu studieren. Im Jahr 1977 traf ich meinen ersten unsterblichen Yogi. Seitdem habe ich acht weitere getroffen. Sie müssen mindestens 300 Jahre im selben Körper verbracht haben, um mich zu interessieren. Denn die meisten Lehrer der physischen Unsterblichkeit sind schon weggegangen. Von physischer Unsterblichkeit kann man erst dann sprechen, wenn eine Person den Körper mindestens 200 Jahre in gutem Zustand erhalten hat.

Das Yoga des immerwährenden Lebens wird nachfolgend in den wichtigsten Punkten beschrieben, es ist der gemeinsame Nenner der Praktiken aller Unsterblichen, die ich getroffen habe. Ich möchte darauf hinweisen, daß diese Hauptpunkte nicht intellektuell stimulierend wirken. Es handelt sich um Übungen. Man muß sie nicht studieren. Sie sind etwas, was man tut. Sie sind wie Wasser, das immer fließt, wie Feuer, das immer brennt. Wind, der sich immer bewegt. Die Erde, die sich immer ändert und ernährt. Die unsterblichen Yogis, die diese einfachen Übungen machen, sind immer wach und lebendig. Es ist das Fundament der persönlichen Lebendigkeit. Physische Unsterblichkeit ist Lebensqualität, nicht -quantität.

Für mich ist die menschliche Existenz ohne das Ziel der totalen Meisterschaft langweilig und sinnlos. Die Unsterblichen zu studieren ist der Schwerpunkt meines Lebens. Es verwundert mich, daß Menschen mit einem oberflächlichen Leben und anschließendem Tod zufrieden sind.

Im Sanskrit (der altindischen Sprache der religiösen Literatur) gibt es das Wort »Vrishvahan«. Es bedeutet, einen unsterblichen, unzerstörbaren Lichtkörper zu haben, der den menschlichen Körper nach Belieben verformen, dematerialisieren und rematerialisieren kann. »Soruba« ist ein tamilisches Wort mit derselben Bedeutung. Es meint, einen perfekten menschlichen Körper zu haben, in dem Seele, Geist und Körper vollständig integriert sind. Mit Hilfe der hier beschriebenen Basisübungen erreicht die Seele ganz natürlich einen hohen Zustand der Meisterschaft über den Körper. Einige Leute werden Jahrzehnte der Übung brauchen, andere ein paar Jahrhunderte. Das Yoga des immerwährenden Lebens mag einfach sein, aber nicht oberflächlich.

Die Geheimnisse der großen unsterblichen indischen Yogis sind so einfach und so offensichtlich, daß sie von den Philosophen übersehen werden.

Das ewige Sadhana (Übung, Praxis) von Shiva ist in die indische Kultur integriert. Da ich in den Vereinigten Staaten geboren und evangelischer christlicher Wissenschaftler wurde, ist es für mich vielleicht einfacher, das Offensichtliche zu sehen, als für Menschen, die in Indien geboren sind. Ich hatte das Privileg, Shiva – Goraknath – Haidakhan Baba zu studieren. In der Bibel ist er bekannt als der Engel des Herrn, er ist der ewige Vater ABBA in menschlicher Form, in den Gebeten von Jesus an den Herrn. ABBA ist das Wort für Vater im griechischen neuen Testament. Es ist ein Kosename von Baba in Sanskrit. Jesus lebte neun Jahre in Indien mit Babaji, dem Engel des Herrn.

Luft, Feuer, Wasser und Erde sind die Geheimnisse des immerwährenden Lebens, der Gesundheit und Jugend des Körpers. Mantra-Yoga ist das Geheimnis mentaler Gesundheit und der Meisterschaft über den Verstand und die Emotionen.

Jeder im Westen besitzt eine Toilette und warmes Wasser in seiner Wohnung. Also ist es für die meisten Leute normal, zweimal am Tag zu baden, was der Praxis der unsterblichen Yogis entspricht. Ich habe herausgefunden, daß es für mich wichtig ist, mindestens eine Stunde lang am Tag in warmem Wasser zu liegen, um mich von den negativen emotionalen Energien zu reinigen, die ich von anderen Menschen aufnehme. Warmes Wasser öffnet die Chakren und säubert sie. Kaltes Wasser schließt die Chakren automatisch. Ich beende mein Bad üblicherweise mit einer kalten Dusche.

Viele amerikanische Millionäre haben ihre geistige Inspiration und die Energie für ihren Erfolg dem Baden in warmem Wasser zu verdanken. Jeder in Indien, der immerwährende Gesundheit und die Jugend der unsterblichen Yogis schätzt, kann genug Geld verdienen, um sich eine Badewanne und einen Wasserboiler zu kaufen. Bei meinen Reisen durch den Himalaja benutze ich eine einfache Plastikfolie und erhitze das Wasser in einem Metalleimer. Ich lege die Folie über die Felsen und forme eine Badewanne. Es ist sehr preiswert. Ich bewerte das Bad in heißem Wasser als das höchste Geschenk der spirituellen Zivilisation. Wasser kann von der Sonne erwärmt werden, durch Solaranlagen oder durch einen Dhuni (heilige Feuerstelle).

Das höchste Geheimnis des ewigen Lebens liegt in der Reinigung des Energiekörpers. Tägliches Baden reinigt den Energiekörper. Wasser kann den Geist schneller reinigen, als der Geist den Geist reinigen kann. Die Taufe ist das christliche Symbol der Reinigung durch Wasser. Tägliches Baden heißt, dieses Symbol in die Tat umzusetzen. Von den indischen Sadhus (Wandermönche), die in einem Dhuni leben, lernte ich die Bedeutung der Feuerreinigung. Und natürlich durch die Gnade und das hohe Beispiel von Babaji – Shiva Yogi Goraknath von Herakhan–, habe ich die Meisterschaft über das Geheimnis des Feuers erlangt. Elias ist der große Feueryogi der Bibel. Ich glaube, daß ich mehr Nutzen daraus ziehe, jede Nacht wie die Saddhus am Feuer zu schlafen, als aus einem Yagna (Yagna ist ein altes indisches Feuerritual). Aber ich bin mir nicht sicher. Denn jedes Yagna war für mich eine immense mystische Bereicherung in den Tiefen meiner Seele. Bis 70 v. Chr. basierte auch die Religion der Bibel auf Feuerritualen.

Wenn wir an einem Feuer sitzen oder schlafen, werden die Räder unseres Energiekörpers durch die Flammen gereinigt. Die emotionale Verschmutzung, die wir in dieser Welt durch andere Menschen aufnehmen, wird verbrannt. Das Todesverlangen wird von Feuer und Wasser aufgelöst. Beide reinigen den Energiekörper und bringen ihn ins Gleichgewicht. Wasser- und Feuerreinigung sind die großen Geheimnisse des immerwährenden Lebens und der Jugend. Feuer und Wasser führen dem Körper Lebensenergie zu, genau wie Nahrung.

Luft bedeutet Atmen. Wir müssen lernen, Energie genauso wie Luft zu atmen – Pranayama. Das einfache Pranayama, das ich praktiziere, ist das Pranayama neugeborener Babys. Kinder verbinden Ein- und Ausatmung zu einem kontinuierlichen Kreislauf. Die Verbindung des Einatmens mit dem Ausatmen ist das einfachste und natürlichste Pranayama. Es ist das Pranayama des ewigen Lebens. Baba Goraknath lehrte mich auch, die drei verschiedenen Nasenlochreinigungen täglich zu praktizieren, damit die Nadis sauber bleiben.

Im Jahr 1974 gründete ich in den Vereinigten Staaten eine spirituelle Bewegung, der sich spontan über zehn Millionen Menschen weltweit anschlossen. Sie heißt Rebirthing. Rebirthing bedeutet, Pranayama-Übungen zu machen, während man sich in einer warmen Badewanne entspannt. Rebirthing heißt auch, den Geburts-Todes-Zyklus aufzulösen, Seele und Körper vom Geburtstrauma und Todesverlangen zu befreien. Rebirthing bedeutet, ein bewußter Ausdruck des ewigen Seins zu werden. Unseren physischen Körper in den bewußten Ausdruck des ewigen Seins mit einzubeziehen. Und unseren physischen Körper in das bewußte Leben des unsterblichen Selbst mit einzubeziehen. Babaji nannte Rebirthing das neue Yoga. Intuitives

Energieatmen in der Badewanne ist ein sehr hohes und praktisches Yoga.

Erd-Yoga bedeutet die Meisterschaft über Nahrung, Schlaf und Wohlstand. Die Grunddisziplinen beinhalten einen Fastentag pro Woche mit flüssiger Nahrung, zunächst Milch oder Fruchtsäfte. Sobald du dazu in der Lage bist, trinke nur noch klares Wasser am Fastentag. Täglich aufstehen, bevor die Sonne aufgeht, und einige effektive Körperübungen.

Die Unsterblichen der Bibel, Moses, Elias und Jesus, haben vierzig Tage ohne Nahrung und Wasser gefastet. Die unsterblichen Yogis können Jahre ohne Nahrung oder Wasser verbringen. Wir können die Meisterschaft über den Schlaf erlangen, indem wir bei Vollmond so lange wie möglich wach bleiben und täglich vor Sonnenaufgang aufstehen. Schlaf ist Tod. Wohlstand bedeutet Ideen, Waren oder Dienste zu liefern, die für andere und auch für uns von Nutzen sind. Wohlstand kommt von alleine, wenn wir anderen dienen. Wir erhalten von anderen Geld, wenn wir ihnen Ideen, Waren oder Dienste liefern, für die sie bereit sind zu zahlen.

Das große Yoga für das Kali-Yuga (das dunkle Zeitalter, in dem wir uns momentan befinden) ist das Karma-Yoga. Die Sadhus in diesem Zeitalter arbeiten einen Teil ihrer Zeit in der Welt und verbringen die andere Zeit in Zurückgezogenheit. Karma-Yoga – jede Arbeit – ist auch Genügsamkeit. Wahre Arbeit in der Welt ist Dharma (Lehre) und Sadhana (Praxis). Gott sagt, *Arbeit ist Gottesdienst.* Aber wir können in der Welt ohne spirituelle Praktiken nicht überleben. Menschen verlieren schnell ihre Gesundheit und ihre Körper in dieser geldgierigen Welt ohne spirituelle Reinigung mit Erde, Luft, Wasser und Feuer. Fasten, Atmen, Baden und Feuer reinigen den emotionalen Körper und heilen den physischen Körper.

Wenn wir uns nicht genügend spirituell reinigen, können wir einen »Guru-Bauch« entwickeln. Zuviel emotionale Energieverschmutzung sammelt sich im Solarplexus-Chakra an und produziert den Guru-Bauch, der auch als psychisches Fett oder emotionale Energieverschmutzung bezeichnet wird.

Es gibt acht Grundübungen für das Yoga des immerwährenden Lebens. Alle diese Übungen nähren und reinigen unsere Lebensenergie, unsere Seele und unseren Körper, die Regenbogen-

Körperaura. Atmen, Feuer, Baden, Meisterschaft über die Nahrungs-aufnahme und Arbeit sind die vier, die auf die Meisterschaft über den Körper abzielen.

Der Körper ist Erde, Luft, Wasser, Feuer und Geist. Die »Shiva Samhita« (eine heilige indische Schrift) berichtet, daß aus Akasha und Energie zuerst Luft, dann Feuer, dann Wasser und schließlich Erde entsteht.

Mantra-Yoga (heilige Worte rezitieren) zielt auf die Meisterschaft über den Geist. Babaji lehrte mich, daß »Om Nahama Shivaya« (Herr, Dein Wille geschehe) das Maha (große) Mantra ist. In hebräisch exi-stiert das gleiche Mantra rückwärts gesprochen, »Yava shim Omen«. Das Mantra »Om Nahama Shivaya« ist ständig in meinen Gedanken. Außerdem arbeite ich erfolgreich mit einigen anderen Mantras – »Bhole Baba Ki Jai, Om Maha Mrjitenjai, Jai Maha Maya Ki Jai« und »Om Jesus Christus, Jai Jesus Christus«.

Das sechste Prinzip ist die Gnade. Gnade ist, wenn deine Liebe für Gott auf seine Liebe für uns trifft. Die Gnade des immerwährenden Lebens kann im folgenden Gedanken ausgedrückt werden – *Ich bin jetzt lebendig, und deshalb ist mein Verlangen zu leben größer als zu sterben.* Solange ich mein Lebensverlangen stärke und mein Todesverlangen schwäche, werde ich in Gesundheit und Jugend-lichkeit leben.

Wir müssen lernen, im Herrn – unserer Seele – zu ruhen.

Praktiken der spirituellen Reinigung machen uns lebendiger, aber die Gnade des Lebens hält uns lebendig, während wir die Übungen aus-führen.

Das achte Prinzip des immerwährenden Lebensyogas ist der Respekt für die Heiligen. Das bedeutet, daß man von den großen unsterblichen Yogis lernt, die ihre Körper über 300 Jahre in Gesundheit und Jugendlichkeit erhalten haben. Mit diesen Menschen Zeit zu verbrin-gen, ist das größte Privileg des Lebens. Sie lehren uns, Gott in jedem zu finden, insbesondere in den Menschen, die uns nahe sind, unsere Familie und unsere Freunde.

Anmerkung: Leonard Orr

Ende der Sehnsucht – Anleitung zum Leben im Paradies ISBN 3-929512-07-6

Das Rebirthingbuch – Die Kunst des Atmens… ISBN 3-929512-08-4

KOHA-Verlag

Die Arkturianer
Botschaft von Arkturius
»Das Tor des Herzens«

»Ich begrüße Euch, ihr Lieben des Lichts. Arkturius ist in Eurer Versammlung. Es ist so einfach zu verstehen, oder etwa nicht, daß jemand die Fähigkeit hat, sich durch die Dimensionen und jenseits der Dimensionen von Raum und Zeit zu bewegen.

Denn wir haben Eurer Versammlung mitgeteilt, daß sich Euer Wesen in allen Dimensionen ausdrücken kann. Denn Ihr seid verbunden, oder etwa nicht, mit der Quelle der Schöpfung, die alle Wesen hervorgebracht hat, mit dem Feuer, der Energie und Liebe von Mutter-Vater-Schöpfer-Gott. Ihr habt in Eurem Verständnis das Wissen, daß Ihr nicht getrennt seid. Daß dieser Mutter-Vater-Gott in Eurem Wesen wohnt und nicht außerhalb.

Ihr habt einen Zipfel von dem Verständnis erhascht, und einige haben bereits das tiefere Verständnis, daß die Verschiebung der Dimensionen, der Zugang zu dem größeren Teil Eures Ausdrucks durch das innere Tor erfolgt.

Ihr habt verstanden, daß Ihr Meister seid, Mit-Schöpfer, und in dem Wort Mit-Schöpfung, meine Lieben, ist Schöpfen enthalten. Ihr könnt die Erfahrung, die Euer Herz begehrt, erschaffen, indem Ihr Eure Konzentration darauf lenkt. Es ist ganz einfach, sich jeden Tag darauf zu konzentrieren, Eurem physischen Körper ein Bad, eine Dusche des inneren Lichts zu geben, und so werdet Ihr Licht.

Versteht die immense Weite des Bewußtseins. Das Bewußtsein, das Ich, Arkturius, bin, ist individuell, ja. Es klingt wie eigenes Wissen, aber es ist dasselbe Bewußtsein, das in der Weite von Allem-Was-Ist ruht, das Ihr auch seid.

Es ist lange her, daß mein Bewußtsein sich mit unserem Sternensystem identifiziert hat. Es ist, als würde ein Aspekt meines Wesens das überwachen, was mit der Energiestrahlung der Herzen aller in diesem System in Resonanz ist. Es ist ein Aspekt meines Bewußtseins, der durch das Licht von dem Gott ICH BIN in Euren Herzen von Eurer Gruppe angezogen worden ist. Denn Ihr habt in Euch den Wunsch, die Arkturianischen Energien ein bißchen zu verstehen.

Das Bewußtsein ist so elastisch und wird vom Geist, der göttlichen Intelligenz, die in ihm wohnt, beherrscht. Ihr habt die Fähigkeit, in den Zustand der Allwissenheit zu gelangen. Es ist dieser Aspekt, den das innewohnende Licht erwecken wird, damit Ihr Eure Wahrnehmung, Euren Fokus verschiebt, auf dieser Reise der Wiederverbindung, wohin auch immer Ihr es wünscht. Wenn Ihr wünscht, wieder einmal auf dem Sirius-System zu sein, müßt Ihr einfach beabsichtigen, dort zu sein.

Es ist wie bei dem Fischer, der seine Angelleine in die Weiten des Ozeans auswirft. Es ist der Haken, der Schwimmer, der so weit von der Küste entfernt landet, und es ist aber die Absicht des Fischers, die Leine auszuwerfen, die diese Möglichkeit schafft, oder nicht?

Und genauso verhält es sich, wenn Ihr Euer Bewußtsein quer durch die Galaxien und Universen von dieser Dimension zu einer anderen bewegt. Es ist Eure Absicht, Eure Konzentration auf das, was Ihr erreichen wollt, wo Ihr hingehen möchtet. Es wird dann einen Aspekt Eures Bewußtseins geben, der dort ankommen wird. Dieser Aspekt ist wie der Haken, der Schwimmer. Er hat das Gewicht, dort in ein Meer von Energie einzutauchen, wo Ihr ihn hinschickt. Denn er hat die Kraft Eurer Gedanken, Eurer Konzentration und Eurer Absicht, die diesen Aspekt beflügelt durch Zeit und Raum schickt.

Eure Ausflüge, Eure Reisen zwischen den Dimensionen sind genau das. Der Wunsch, die Erkenntnis, daß Ihr eigentlich multidimensionale Wesen seid. Der Gedanke, das Wissen darum treiben Eure Energie vorwärts oder rückwärts, einfach durch Euer Denken. Ihr müßt lernen, Euer Denken zu disziplinieren, ist es nicht so? Denn Ihr könnt denken, daß Ihr begrenzt seid und Ihr könnt denken, daß Ihr unbegrenzt seid.

Unser Sternensystem, meine Lieben, ist ein System von Aufgestiegenen Wesen. Alle Wesen, die sich auf und innerhalb der Energiefelder bewegen, die als das Arkturianische System bekannt sind, verstehen die innewohnende Göttlichkeit. Verstehen die Macht des Geistes, zu erschaffen, und verstanden, wieviel Leid erschaffen wurde, als der Geist voller Unreinheiten war. Als wir den Geist durch Disziplin auf die Reinheit des kreativen Ausdrucks von Mutter-Vater-Gott konzentrierten, haben wir den Aufgestiegenen Zustand erreicht. Wir haben verstanden, daß wir das Licht des innewohnenden Göttlichen Wesens anzünden und ihm erlauben können, innerhalb unserer zellulären Gestalt zu wachsen, um eine neue Energiematrix zu schaffen – Ihr nennt es Euren Lichtkörper – und die Molekularstruktur der festen Form in Licht aufzulösen. Das haben wir vor Äonen von Jahren getan, und das ist die Herausforderung für die Wesen auf dieser Ebene an diesem Punkt Eurer linearen Zeit.

Das ist eine Reise, die Ihr alle vorher schon unternommen habt. Es ist in Eurem Zellgedächtnis gespeichert, daß Ihr es schon gemacht habt. Als Ihr Wesen wart, die vom Äther ernährt wurden, aus höheren Ebenen, von der Universellen Kraft. Bevor sich Eure Grundsubstanz geändert hat, von dem, was Ihr Silicium nennt, in Euren Kohlenstoff. Und nun kehrt Ihr diesen Prozeß um, und wenn Ihr diesen Prozeß umkehrt, werdet Ihr wieder die Reinheit der Energie von Silicium werden.

Das ist dieselbe Substanz wie Eure Kristalle. Denn die Wesen, die sich in denjenigen Energiestrahlen gebrochen sind, die man Kristalle nennt, haben grenzenlose Kraft. Sie sind Energieleiter. Sie erleuchten große Städte, sie halten das Gleichgewicht der Energiestrahlen großer Städte in vollständiger Harmonie. Sie bringen die Gedankenformen der Massen mit den individuellen Funken des göttlichen Bewußtseins und den Energien der höheren Bereiche in vollständige Übereinstimmung – durch den Ausdruck und das Anerkennen der Göttlichen Macht. Und der Schlüssel zu der Tür in die höheren Reiche, meine Lieben, ist nichts weiter als der Wunsch im Herzen.

Es ist interessant, Euer Planetensystem zu beobachten, denn viele erkunden neue Wege der Energie, von der Fusion, der Spaltung, der Atomspaltung bis hin zu dem Wunsch, Euren Weltraum zu erkunden. Ihr stellt Fahrzeuge aus Metall her. Ihr müßt wissen, daß alle Kulturen, die mit Metallfahrzeugen arbeiten, die Göttliche Energiematrix in ihrem Wesen noch nicht verstanden haben.

Denn es sind die Fahrzeuge des Lichts – das, was Ihr mit »Merkaba« bezeichnet, ist auch die Macht der Gedanken jenseits Eurer Merkabas, denn es war die Göttliche Intelligenz, die dies geschaffen hat, es ist, wenn Ihr Euch in die innere Matrix der göttlichen Energie einklinkt, daß Ihr die Freiheit erlangt, Zugang zu alle Dimensionen zu haben und derart frei zu reisen.

Es wird nicht eher passieren, bis die Wissenschaftler, Eure Physiker, damit beginnen, sich der inneren Göttlichkeit zu öffnen, die es ihnen ermöglichen wird, die Vehikel aus Licht zu schaffen, um die beschränkte Technologie zu überwinden, die sie gegenwärtig erforschen. Die Gaben sind so einfach, aber Ihr seid so lange in der physischen Ebene gefangen gewesen, daß Ihr die Einfachheit vergessen habt. Sagt man nicht, daß die Kinder diesen Himmel erschaffen und diesen Himmel erben? Es ist symbolisch, Ihr Lieben. Es ist symbolisch in der Sprache der Menschen, wenn es heißt, unschuldig wie die Kinder zu werden.

Zu begreifen, daß die Einfachheit der Schlüssel ist. Zu verstehen, daß die Reinheit des Herzens die Fähigkeit ist, einander bedingungslos zu lieben. Daß die Wissenschaft des höheren Lichts nur die Fähigkeit ist, Energie durch Euren Körper zu schicken, die Energie des Lichts und der Liebe, weil das das einzige ist, was Euch antreibt, Euch in die nächste Dimension einklinkt.

Und Ihr wißt in Eurem Herzen, was das Versprechen ist, denn Ihr seid schon dorthin gereist. Es führt dazu, daß alle Wesen die Fähigkeit haben, in Verehrung und Anerkennung des Lichtes zu leben, unabhängig von den physischen Ausdrucksformen.

Im Arkturianischen System sehen alle Wesen gleich aus. Auf der Ebene haben wir nicht den Wunsch, einander zu erkennen, denn wir stimmen uns, so wie wir es bei dem Treffen mit Euch machen, auf das Aussenden von Energie ein, auf das Aussenden von Signalen des Lichts und der Liebe, die aus dem Innern des Herzens ausstrahlen. Wir konzentrieren uns nicht auf Eure physische Form, wir lesen lediglich die Energiestruktur des Lichts, die Tiefe der Liebe, die aus der Herzensmitte kommt. Denn das Herz ist das Tor zu den höheren Dimensionen, ist es nicht so?

Wie Ihr in Eurem System setzen die Arkturianer ihre Entwicklung zurück in die Vollständigkeit ihres Seins fort. Jetzt ist dieses System fünfdimensional. Es beginnt, in eine höhere Oktave überzugehen, von der fünften in die sechste. Wir arbeiten in freiem Austausch mit Aufgestiegenen Meistern und den anderen Lichtwesen, die sich in allen anderen Ausdrucksdimensionen bewegen.

Dort gibt es freie Kommunikation, durch Telepathie und durch die Verwendung der Lichtsprachen, denn die Lichtsprachen befinden sich jenseits Eurer telepathischen Gedankenübertragung. Die Sprache des Lichts erlaubt, die Schwingung der Lichtstrahlung jeder individuellen

Seele zu erkennen, jeder individualisierten Einheit des Bewußtseins. Wenn man sich von der fünften Dimension in die sechste und siebte bewegt, verschiebt sich das Bewußtsein von einem individualisierten Zustand zu einem Kollektivbewußtsein, das in Einheit und Harmonie jenseits der Individualität arbeitet.

Euer Planetensystem und das System der vierten und dritten Dimension waren bislang individuelle Einheiten, gefangen in einer begrenzten Form, die vom Ego und Eurem niederen Verstand gelenkt wurde. Ihr fangt nun an, zu den Höchsten Qualitäten in Euch zu erwachen, zur unbegrenzten Natur Eures Wesens.

Und Ihr werdet gewahr, daß Ihr nicht ein einzelner, sondern ein Kollektiv seid und Ihr lernt harmonisch wie ein Orchester miteinander zu spielen. Ihr seid zwar einzelne Instrumente, aber auf Eurem Planeten gibt es eine große Veränderung.

Ihr lernt, Eure Energien abzustimmen, zusammenzuarbeiten, miteinander in Einklang zu bringen. Denn es gilt, ein Lied zu singen, eine Melodie zu spielen auf dieser Erde. Die Worte dieses Liedes, das Gefühl dieses Liedes, ist einfach das der Harmonie, der Einheit.

Ihr habt so lange mit Verurteilen gelebt, nicht wahr? Mit *das ist der einzige Weg, das ist mein Weg, du mußt es auf meine Art und Weise tun, sonst wirst du bestraft.* Es hat nicht funktioniert, nicht wahr? Sich gegenseitig zu verurteilen, erzeugt nur Trennung und Schmerz.

Die Versammlung hier ist eine Versammlung der Einheit der Herzen, oder nicht? Von Herzen, die Frieden im Inneren und Frieden im Äußeren suchen. Von Herzen, die wieder die Größe Ihres Wesens kennenlernen möchten. Die unbegrenzte Natur ihres Daseins.

Ihr habt schon Übung darin, oder? Im Reich der Nacht seid Ihr oft von Eurem physischen Körper befreit und könnt in die höheren Dimensionen des Lichts gehen, in andere Planetensysteme für großes Lernen und Wissen. Und Ihr erinnert Euch daran, nicht wahr? Und oft, wenn Ihr in Euren physischen Körper zurückgekehrt seid, habt Ihr immer noch das Gefühl, woanders zu sein – und Ihr seid es.

Ihr existiert bereits in jeder Ausdrucksdimension, und mit jedem Atemzug könnt Ihr mehr und mehr über den inneren Gott erfahren, bis Ihr das bewußt seid. Und Ihr habt die Macht, Euch auf allen Ebenen jeder Ausdrucksdimension frei zu bewegen, durch die Fokussierung Eures Denkens, durch die Kraft der Absicht Eurer Gedanken.

Wußtet Ihr nicht, meine Lieben, daß alles, was Ihr Eurem Wesen anweisen müßt, um aufzusteigen, in der Kraft eines konzentrierten Gedankens liegt. Singt zu Euch selbst einfach mit Eurem Herzen, Eurer Seele und mit der Kraft Eurer Absicht: *ICH BIN ein aufgestiegenes Wesen des grenzenlosen Lichts und der grenzenlosen Liebe* und Ihr werdet es sein!

Im wesentlichen müßt Ihr sonst nichts tun. Und außerdem macht es Spaß, diese Spiele im Vorbeigehen zu spielen, nicht wahr? Es ist ein Prozeß des Wiederentdeckens. Vielleicht möchte der eine oder andere etwas mitteilen oder fragen, wir möchten Euch dazu auffordern, Ihr Lieben des Lichts.

Frage: Zur Bilokation (gleichzeitige physische Präsenz an zwei Plätzen) und Teleportation, welche Erfahrungen hast Du damit?

Antwort: Wesen wie ich nehmen keine physische Form an, und so ist es nicht erforderlich, zu bilokalisieren oder zu teleportieren, da wir die Molekularstruktur nicht beeinflussen müssen. Wir hatten das Vergnügen, physische Verkörperungen zu sein, aber haben die physische Verkörperung seit Ewigkeiten nicht mehr gewählt. Unsere Wesen, unsere Energiefelder, unsere Erscheinung werden allein durch die universelle Ausdrucksform, durch die Kraft der Gedanken beeinflußt, was unmittelbar geschieht.

Ein Aspekt meines Bewußtseins ist in jeder atomaren Struktur zuhause, im gesamten Raum und zu allen Zeiten, denn wir haben verstanden, daß wir das All-Eine sind, wir sind die Schöpferische Energie. Aber wir können durch konzentrierte Gedanken Strahlen von Lichtenergie sammeln, die wir in eine Form projizieren und so Wissen in Wesen auslösen.

Im Arkturianischen System kann man einen *Körper* annehmen, der ziemlich klein und fein ist, aber wenn wir uns für Eure Welt materialisieren, nehmen wir vielleicht die Form von Engeln an, wenn es erforderlich ist, um Verbindung mit Euch aufzunehmen. Aber zurück zur Frage, denn wir schweifen ab.

Viele von Euch glauben, daß Euer Hauptaugenmerk eher auf Eurer physischen Form liegt als auf Eurer multidimensionalen Natur, nicht wahr? Könnt Ihr Euch jetzt nicht einfach daran erinnern, daß Ihr die Fähigkeit habt, Euch zu dematerialisieren, zu teleportieren und überhaupt nicht auf den physischen Körper beschränkt seid?

Wenn Ihr Eure Energiematrix ändert und damit Euer Bewußtsein, und wenn Ihr mehr vom höheren Wissen Eures unbegrenzten Wesens einbringt, werdet Ihr in der Lage sein, zu kommen und zu gehen, frei vom physischen Körper, ohne der physischen Form noch Beachtung zu schenken. Wenn Ihr Eure Konzentration auf den physischen Körper beschränkt, wird es Euch begrenzen.

Die Lektionen und die Kenntnisse, die Ihr Euch gerade aneignet, besagen, daß Ihr nach Belieben die physische Form verlassen könnt und daß Ihr Werkzeuge und Techniken beherrschen lernt, Euer Bewußtsein zu verlagern, was Ihr als Bilokation bezeichnet.

Die Wesen des Lichts auf dieser Ebene, die das innere Christus Selbst verkörpert haben und es immer mehr in den Vordergrund bringen, haben – zum Teil – die Rolle, zu lehren und die Herzen von vielen zu entzünden.

Wenn sie verstehen, daß sie die Möglichkeit haben, sich über die physische Form hinaus zu bewegen, entscheiden sich viele, keine Rolle in diesem irdischen Reich mehr zu spielen, da es auf dieser Erdebene nicht viel gibt, was Ihr nicht in dieser oder einer anderen Verkörperung erfahren habt.

Viele, die ihre Fähigkeiten erkennen, sich durch die Kraft des Geistes zu bilokalisieren, tun es einfach, um die Tore zu höheren Ausdrucksdimensionen des Seins zu erreichen. Um zu erforschen, was sie vergessen hatten. Das ist alles. Ist Deine Frage hiermit beantwortet? (Ja, danke, mehr als beantwortet).

Frage: Wenn man das Licht in sich hineinbringt, muß die Absicht weiter fokussiert bleiben?

Antwort: Das Licht ist grenzenlos, das Licht ist die Kraft Gottes. Ich habe festgestellt, daß viele von Euch, wenn sie mit Ihrer Manifestation beginnen, noch immer an Einzelheiten festhalten wollen, wie es manifestiert wird, nicht wahr? Kontrolle, nicht wahr?

Es handelt sich um einen Prozeß der Hingabe und des Vertrauens. In Eurer Meisterschaft müßt Ihr nur Klarheit in Eurer Konzentration und Klarheit über Eure Absicht besitzen. Was möchtet Ihr als Meister auf dieser Ebene schaffen? Und dann geht einfach davon aus, daß es so ist. Wenn Eure Erwartung, Euer Wunsch, einzig darin besteht, den inneren Gott zu erwecken, das Licht und die Liebe Gottes in jede Zelle Eures Wesens zu bringen, befiehlt es! Wenn Ihr es tut, wird es geschehen. Und das Nebenprodukt, meine Lieben, ist die Wiederausrichtung, die, gleichgültig auf welchem Weg, immer zum Höchsten führt.

Frage: Kannst Du bitte die Bedeutung des Aufsteigens ausführen, die Veränderungen, durch die wir gehen?

Antwort: Aufsteigen ist ein Zustand des Seins, der Zustand der Vollkommenheit, der einem die Freiheit gibt, sich durch jeden Frequenzbereich in jeder Dimension zu bewegen. Aufsteigen ist das Erfassen der vollständigen Natur unseres Selbst. Es geht darum, wieder mit Licht ausgefüllt zu sein, denn Licht ist der Aspekt des inneren Gottes.

Viele Wesen steigen dauernd auf. Du steigst von der einen Dimension zur nächsten auf. Es ist wie die Schulausbildung vom Kindergarten zum Gymnasium und dann zur Universität.

Und wenn Du die Abschlußprüfung bestehst, findest Du Dich in den Armen des Göttlichen wieder als ein vollständig vereinter Punkt des Bewußtseins, der kein Punkt des Bewußtseins mehr ist, da er sich in der Weite des All-Einen aufgelöst hat. Das ist Dein Abschlußprüfungsgeschenk. Macht das Sinn? (Ja.) Habt Ihr noch Fragen hierzu?

Frage: Vielleicht noch etwas über die damit verbundenen Veränderungen?

Antwort: Veränderungen, meine Liebe, die vierte Dimension ist die letzte Dimension, in der Du einen Körper benötigst, in der Du Dein Bewußtsein in einer physischen Form herumträgst. Wenn Du Dich in die Energiematrix der fünften Dimension bewegst, schaffst Du einen Körper nach Belieben. Und wenn Du den Übergang von der dritten in die vierte geschafft hast, steht das Tor für Dich offen.

Gegenwärtig hast Du Deine Konzentration auf Deine Form in dieser Dimension gelenkt und Du weißt von Toren und dem Zugang zu anderen Dimensionen. Wenn Du in der fünften bist, dann wird es umgekehrt sein. Der Schwerpunkt Deines Bewußtseins liegt in der fünften mit dem Zugang zurück zur vierten und zur dritten, je nachdem wie Du von Deinem Herzen, Deinen Verträgen und Deinem Dienst geleitet wirst. Denn jede Dimension hat vertragliche Vereinbarungen mit dem Göttlichen.

Und wenn Du in der fünften Dimension bist, beginnst Du die Türen zu den höheren Dimensionen zu öffnen, was Du auch jetzt machen kannst. Denn viele der aufgestiegenen Meister sind auf der siebten

Dimension zuhause und gehen durch die Tore zurück, durch verschiedene Realitäten, und stimmen sich auf die Massenrealität ein, die sich jede Dimension schafft.

Die Massenrealität dieser Dimension war Getrenntheit mit durch Ihre Verurteilungen und Disharmonie begrenzten Wesen. Es ändert sich, da die höheren Energien und der Wunsch in den Herzen aller eine neue Formel des Seins durchbringen.

In der fünften Dimension wird alles unmittelbar durch Gedanken erschaffen. Wie Du denkst, so wird es sein. Wenn Du einen Tempel besichtigen möchtest, ist der Tempel sogleich da. Wenn Du es denkst, manifestiert es sich. Und das erfordert Disziplin der Gedanken, universelle Anerkennung von Harmonie und Wissen um das Göttliche ICH BIN in allen Wesen, so daß niemandem geschadet wird, so daß alles für das Höchste geschieht. In dieser Ausdrucksebene nimmt man den Körper an, der erforderlich ist, den Du Dir wünschst. Es gibt dort nicht so etwas wie Bilokation, wie Dematerialisierung, denn alles ist Gedanke und geschieht sofort.

Es gibt eine Energie der vollständigen bedingungslosen Liebe und auch der Begeisterung, eine Energie der Anerkennung, daß jedes Wesen den Wunsch hat, das Göttliche ICH BIN in jedem Moment zu erfassen. Das Wesentliche ist, zu sein, wir verstehen diese Ausdrucksebene.

Und auf der sechsten Ebene geht es weiter auf dem Weg, immer reinere Ausdruckspunkte der schöpferischen Energien zu sein. Hat Dir das weiter geholfen? (Ja, danke.)

Frage: Kannst Du den Unterschied zwischen physischem Tod und Aufsteigen mit diesem Körper ein bißchen erklären?

Antwort: Man sagt, es sei unsere Natur, oder? Sterben ist dort, wo wir herkommen, auf unserer Ausdrucksebene, wirklich ein *alter Hut*. Denn wir wissen, daß wir den Körper geschaffen haben, also können wir ihn nach Belieben wieder abschaffen oder auch neu schaffen. Du wirst der physischen Form auf dieser Ebene so verhaftet, weil Du die grenzenlose Natur Deines Göttlichen Wesens oder die Fähigkeiten Deiner Göttlichen Essenz noch nicht erkennst.

Wenn Ihr sie erkennen würdet, meine Lieben, könntet Ihr einen Körper nach Belieben annehmen und ihn nach Belieben fallenlassen. Wenn Ihr blonde Skandinavier sein wolltet, könntet Ihr das erschaffen. Wenn Ihr große Schwarze sein wolltet, könntet Ihr das kreieren. Nur so zum Spaß, wie wenn man die Kleidung wechselt.

Es kommt von der Begrenzung, daß man so eng und heftig an der physischen Form hängt. Der Prozeß der Geburt auf dieser Ebene ist wesentlich schwieriger als der des Sterbens. Die karmischen Auswirkungen, das Verständnis vom unabänderlichen Tod ist einfach Begrenzung...

Man mag genügend erwacht sein, um die Unsterblichkeit der Seele zu verstehen, wie Eure Buddhisten. Viele Buddhisten spüren, daß der physische Körper unwichtig ist, denn die Seele ist ewig. Aber wenn jemand wirklich die Meisterschaft erreicht, kann man dann nicht die Energiefelder der physischen Form aufrecht erhalten, die diesen Aspekt Eures Bewußtseins in sich trägt, während Ihr Euren Dienst leistet und so lange, bis Ihr Euren Dienst vollbracht habt?

Nach dem Tod könnt Ihr Euch immer noch in die Frequenz einer höheren Dimension bewegen und aufsteigen. Denn das, was auf dieser Ebene geschieht, ist, daß genügend Energie aufgebaut wird, um die gesamte Energiematrix auf die nächste Ebene zu schießen. Das gilt für diejenigen, die ohne Körper dieser Ebene verhaftet sind, und diejenigen, die verkörpert sind.

Aber Aufsteigen in diesem Körper heißt einfach das Jetzt zu meistern. Zu verstehen, daß Dein Vertrag besagt, einige Zeit hier zu verbringen, in dieser Zeit die physische Form in bestem Zustand zu erhalten und, wenn der Vertrag abgelaufen ist, den physischen Körper ins Licht zu übergeben. Sein Gedächtnismuster, seine Energiematrix im ätherischen Reich aufzubewahren, damit Du dieses *Gewand*, dieses molekulare visionäre Konzept, wieder aufgreifen und es willentlich benutzen kannst, wenn es erforderlich ist.

Die Mutter Gottes, die vielen erscheint, ist ein Wesen aus schimmerndem Licht, bestehend aus Energiefeldern goldenen Lichts. Sie arbeitet zusammen mit den Engelhaften, sie ist die Mutter der Engelhaften. Und doch hat Sie das Muster, die Gestalt ihrer früheren Verkörperung auf dieser Ebene beibehalten, denn, wenn Sie sich in dieses Gewand Ihrer molekularen Gestalt hüllt, spricht Sie das Herz an.

Wenn sie als kleines, grünes, behaartes Monster mit roten Augen erscheinen würde, würden die Leute nicht mit: *Oh, das ist die Mutter Gottes* reagieren. (lautes Gelächter) Aber wenn Sie in Ihre blauen

Kleider gewandet und mit Ihrem engelhaften Gesicht erscheint, reagieren sie mit: *Oh, Mutter Gottes, ich erkenne Dein Bild.*

So ist es mit dem Einen, den Ihr als Lord Sananda kennt, meine Lieben. Das Bewußtseins dieses Einen ist so unvorstellbar groß. Es ist nicht Sananda, der die Verkörperung von Jesus annahm, nur ein Aspekt von ihm, der die Schwingung auf der höchsten und feinsten Frequenz hielt. So konnte derjenige, der als Jesus bekannt ist, als Heiliger Kelch aller Aufgestiegenen Reiche benutzt werden, um den Eindruck zu dieser Zeit auf Eurer Ebene zu bewirken. Um die Botschaft zu verkünden.

Aber dieses Wesen hatte sein eigenes individuelles Bewußtsein, macht das Sinn? (Ja.) Verfolgte seine eigene Entwicklung, war aber nur im Dienste der Größeren Ursache – der Ersten Ursache –, erhalten vom Funken Lord Sanandas. Und wenn dieser Eine ein Abbild erzeugt, dann das Bild des Christus, des Herrn Jesus, denn dies löst das Wissen im Herzen aus. Wir sind abgeschweift, doch ist Deine Frage damit beantwortet? (Ja, danke.)

Frage: Ich habe noch eine Frage, bitte. Bei den Veränderungen, die wir zur Zeit durchmachen – die meisten von uns lassen mehr Licht in ihren Körper – geraten wir manchmal in Bereiche, die einen Konflikt, wie z.B. Angst, mit dem Ego hervorrufen. Kannst Du uns praktische Ratschläge geben, was man in so einem Fall tun kann, um den Intellekt von diesem Konflikt zu befreien, damit auch diese Seite von uns zu Frieden kommt?

Anwort: Es einfach zulassen, meine Liebe, süßes Kind des Lichts. Du hast großen Schmerz erfahren, nicht wahr? (Ja.) Dieser Körper hat eine Erinnerung an großes Leid und Schmerz. Viele Körper befinden sich im Zustand eines verängstigten Kindes. Es ist nicht der physische Körper, meine Liebe, es ist das Energiefeld, das vom Emotionalkörper darübergelegt wird.

Aber der Emotionalkörper hat volles Verständnis und Gefühl für jede Erfahrung in jeder Verkörperung. Er ist vom Verstand geleitet worden, der Hand in Hand mit dem Ego gearbeitet hat. Er bewegt sich in eine Energiematrix, wo Kontrolle aufgegeben werden muß – wo der niedere Verstand in den höheren Ausdruck des Göttlichen übergehen muß. Daher fühlen sich der Emotionalkörper und das Ego ein bißchen verunsichert über das, was geschieht, als würden sie ihrer Macht, ihrer

Position irgendwie beraubt. Liebe einfach jeden Deiner Aspekte. Und wenn diese Ängste auftauchen, programmiere einfach mit Deinem höheren Wissen: *Ich gehe in Sicherheit – in Freude, in Harmonie, in Sicherheit betrete ich jetzt das Unbekannte*, wissend, daß das Unbekannte auch das Bekannte ist, das vielleicht nur noch nicht in Deiner bewußten Gedächtnisdatenbank ist, noch nicht frei wurde.

Es geht um Selbstermächtigung mit Liebe. Wenn diese Ängste auftauchen, nimm sie sofort an. Wisse, daß Du nun die Möglichkeit hast, die Angst zu überwinden, der Angst entgegenzuwirken durch das Wissen, daß Ihr weite, grenzenlose liebende Wesen seid, daß Ihr sicher Eurer eigenen Göttlichkeit entgegen gehen könnt. Hat das geholfen, meine Liebe? (Ja, danke.)

Frage: Ich habe eine Frage zu Schwingungen. Ich habe kürzlich »Holistic Pulsing« praktiziert. Ich frage mich, was sind die höheren Bereiche dieser Schwingung, die wir im Körper erzeugen. Ist es nützlich, dies zu tun?

Antwort: Liebe, Liebe, was Dich Dein Herz auch immer zu tun veranlaßt, hast Du für Dich zu tun. Du bist ein einzigartiges Energiemuster, und wenn Du Deiner inneren Führung folgst, zeigt sie Dir sozusagen einen neuen angenehmen Geschmack.

Wenn Deine innere Führung Dich also zu diesem Tun veranlaßt, dann geschieht das, weil Du etwas in Dein eigenes Energiefeld aufnehmen mußt, und nachdem Du es erfaßt hast, teile Dein Wissen mit anderen, zu denen Anziehung besteht.

Versteht, daß es sich um einen doppelten Prozeß handelt, meine Lieben des Lichts. Es gibt Eure eigene Entfaltung und Eure planetarische Entfaltung. Ihr arbeitet in Verbindung mit einer Massenenergiematrix. So wie Ihr Euch verändert, ändert Ihr auch andere.

Da Ihr geführt werdet, solche Dinge zu erforschen, meine Lieben, ermöglicht jede Arbeit, die Eure Frequenz feinstofflicher macht und erhöht, auf energetischer Ebene einfach, daß sich die Tore für den Lichtkörper öffnen, um Euren Körper überlagern.

Viele von Euch haben Blockaden in ihren elektrischen Schaltkreisen. Diese Blockaden wurden verursacht, weil Ihr den freien Fluß der Energie nicht zulaßt und die Notwendigkeit eines freien Energieflusses nicht versteht. Sie entstehen auch aus früheren Verkörperungen des Schmerzes und des Leidens, in denen sie hervorgerufen wurden.

Wenn Ihr, meine Lieben des Lichts, also von Eurem inneren Ruf geführt werdet, etwas zu tun, nehmt es als Geschenk, als etwas, das es Euch ermöglicht, ein bißchen feinstofflicher zu sein und mehr in Übereinstimmung. Seid Euch aber bewußt, daß alles von der inneren Stimme her kommen muß, meine Lieben, vom inneren Lehrer. Es muß mehr das im Herzen gefühlte Wissen sein, daß es so ist, statt nur eine Anregung von anderen.

So, meine Lieben, noch eine Frage, dann ist es Zeit für eine Pause.

Frage: Kannst Du uns etwas über unsere Beziehung zu Tieren erklären und die Rolle mit den anderen Aspekten der Natur auf dieser Ebene?

Antwort: Zu welcher Zeit? Vielleicht ist das eine Scherzfrage, meine Liebe. Meine Lieben, Ihr müßt verstehen, als die Menschheit, die Humanoiden sich vor Millionen von Jahren hier auf dieser Ausdrucksebene verkörpert haben, war das so, als ob Ihr von Mutter-Vater-Schöpfer-Gott das unglaublichste Paradies erhalten hättet.

Denn dieser Erdenplanet, Mutter Gaia, besaß von allem, was sich die Vorstellungskraft denken konnte, im Überfluß. Das Beste von allen Schöpfungen, die auf anderen Planetensystemen geschaffen worden waren, wurden in ihrer Gesamtheit auf diese Ebene gebracht – Eure Lebensformen, Eure Tiere, Eure Vögel, der vollkommene Ausdruck der Natur war hier.

Als die Menschen ihre Verkörperung annahmen und auf dieser Ebene zu Energie wurden – diese Geschichte ist relativ kompliziert, hier aber nicht weiter von Bedeutung –, bekamen sie die Vormundschaft über diese Schönheit des Ausdrucks. Sie erkannten, daß jede Kreatur einen Funken der göttlichen Energie in sich trug, der auch in Eurem eigentlichen Kern pulsiert. Sie waren Eure Brüder, Eure Schwestern, eine andere Form, aber Eure Brüder und Schwestern. Vielleicht hatten ihre Körper nicht all die Komplexität, die Ihr habt, aber sie haben trotz allem Lebenskraft.

Es war eine wunderbare Zeit, doch Ihr habt dies vergessen. Die Tiere arbeiteten auf der intuitiven Ebene verbundener Wesen, denn sie waren so glücklich in der Reinheit ihres Seins, war es nicht so?

Die Dissonanz mit dem Tierreich entstand erst durch das Menschenreich, das im Namen des Überlebens ausbeutete und testete und verleumdete und tötete und verzehrte. Wenn Ihr nur das wahre

Wesen der Energie verstehen würdet, die Euch erhält, würdet Ihr solche barbarischen Wege nicht länger mitmachen.

Wir sind jedoch nicht in der Verurteilung, meine Lieben. Was sich auf dieser Ebene entfaltet hat, war auch Teil der göttlichen Vollkommenheit. Denn so wie Ihr Euch von Eurer Göttlichkeit wegbewegt habt, könnt Ihr nun mit bewußtem Verständnis diese Göttlichkeit voller Freude im Herzen annehmen, die Ihr so lange nicht gefühlt habt. Alles ist Vollkommenheit.

Die Verbundenheit, die Ihr mit jenen (den Tieren) habt, ist nur das tiefe Wissen darum, daß sie einen eigenen Aspekt darstellen. Wenn Ihr Euch sehr nahe auf einander einstimmt, meine Lieben, kann sich dieser Aspekt mit Euch vermischen und erlaubt Euch, vollständiger in Eurem Ausdruck zu sein.

Es gibt einen gegenseitigen Energieaustausch. Eure liebende Akzeptanz heilt die Energiematrix des Leidens aus früheren Zeiten und sie vermitteln Eurem Energiefeld ebenfalls einen Aspekt ihrer Schwingung.

Denkt daran, meine Lieben, wozu Ihr auch immer angeleitet werdet, wenn Ihr dem vertraut, dann deshalb, weil Ihr eine Resonanz in der Schwingung spürt, die Euch erlaubt, noch herrlicher, noch schöner zu sein, als Euch jetzt schon bewußt ist.

So, meine Lieben des Lichts, vielleicht war unsere Botschaft einfach, aber noch einmal: der Ausdruck Eures wahren Wesens ist einfach und machtvoll zugleich, seine Essenz ist die Liebe. Es ist die Liebe, die die Molekularstruktur des gesamten Ausdrucks harmonisch zusammenhält. Ihre Erscheinung ist das große Licht. Die Dunkelheit kann vom Licht geliebt werden, und alle Dunkelheit ist von dem Einen geschaffen.

Liebt und ehrt alles, liebe Kinder des Lichts. Seht den Funken des Göttlichen in allem. Wenn Ihr Euch das nächste Mal in Verurteilung oder in Ärger über Eure Mitmenschen fühlt, geht über diesen Verständnisrahmen hinaus und sucht den Funken göttlichen Ausdrucks in ihren Augen und in ihrer Seele und in ihrem Herzen. Und jeder, der sieht, daß Ihr ihn mit den Augen bedingungsloser Liebe anseht, wird diese Liebe zu Euch zurücksenden.

Und versteht Ihr nicht, daß es die Essenz der Liebe ist, die eine Veränderung auf dieser Ebene schaffen wird, die viel kraftvoller ist als die Eurer Verurteilung? Wir lieben und ehren das Licht Gottes in Euch allen. Hier spricht Arkturius, meine Lieben.«

Die Revolution des Glaubens

Nachdem wir uns mit der Betrachtung von Energie und Prana eine Vorstellung erarbeitet haben, wie ein Wesen von Licht leben kann, wird in den folgenden Kapiteln die praktische Anwendung dieses Wissens mitgeteilt. Obwohl die anfängliche Anziehung, die diese Reise auf uns ausübte, zutiefst persönlich war, waren verschiedene Menschen, ich selbst ebenfalls, im Rückblick sowohl Versuchs-kaninchen als auch Pioniere für diesen Prozeß im Westen.

Zu Lernen, sich durch Prana zu erhalten, ist nicht neu. Diese Praxis ist so alt wie die Veden und sogar noch älter, denn bei Nachforschung über die Zeiten von MU stellt sich heraus, daß damals alle Wesen aus den ätherischen Bereichen ernährt wurden und wir erst nach dem »Sündenfall« damit begannen, Nahrung aus dem atmosphärischen Reich aufzunehmen. Wir hatten den Auftrag, über die Reiche der Mineralien, der Pflanzen und der Tiere zu wachen, sie zu lieben, zu ehren und friedlich mit ihnen zu koexistieren. Irgendwann auf diesem Weg wurden wir jedoch weniger feinstofflich, weniger zivilisiert, weniger sensibel und ehrten die anderen Lebewesen weniger.

Deshalb ist für mich persönlich dieser Prozeß, der mir erlaubt, wieder aus dem ätherischen Reich erhalten zu werden, ein Rückkehren in die Zivilisation.

Ich verstehe die Göttliche Vollkommenheit von allem und erkenne, was in der Evolution der Menschheit geschehen ist. Um ein natürli-cher, vorherbestimmter Teil dieses Wegs zu sein, öffne ich mich auch der Idee, das Leben JETZT in diesem Moment in unserem höchsten Potential zu leben. Mir gefällt die Idee, auch allen anderen Lebensformen die Freiheit des vollkommenen Ausdrucks zu erlauben. Ein Leben ohne Angst oder Bedrohung, *Abendessen des Menschen* zu sein, und ohne sinnlose Schlachterei aus Unwissenheit. Aber mir ist klar, daß diese Art zu denken dem Massenbewußtsein auf diesem Planeten zur Zeit weit voraus ist.

Ich habe aus erster Hand erfahren, daß dieses Konzept für die westli-che Kultur gänzlich neu ist und bedrohlich wirkt, da es die Tendenz hat, die am tiefsten sitzenden Glaubenssätze des Massenbewußtseins im Westen umzustoßen. In diesem Buch stellen wir folgende Glaubenssätze in Frage:

»Wenn du nicht ißt, wirst du sterben.«

»Auf zwei Dinge kann man sich verlassen, jeder Mensch wird geboren und jeder Mensch muß sterben.«

Als ich vor einiger Zeit in Hongkong interviewt wurde, kam mir folgender Gedanke: Wenn wir Wissenschaftler in einem Labor wären und an der Lösung des Problems für den Welthunger forschten, wäre uns die Unterstützung der Weltpresse, der Regierungen, privater Sponsoren etc. wahrscheinlich sicher.

Nachdem wir diese Lösung gefunden und mit menschlichen Versuchskaninchen experimentiert haben, würden wir vielleicht sogar eine angesehene Auszeichnung wie den Nobelpreis – für unseren positiven Beitrag und die Lösung dieses großen weltweiten Problems – erhalten. Zwei Drittel der Weltbevölkerung leiden an Mangelernährung und Hunger.

Nichtsdestotrotz sind wir jedoch keine Wissenschaftler, sondern nur Individuen, die auf ihre innere Führung hören und ihr menschliches Potential unter dem Banner der Spiritualität erforschen. Unser Erfolg ist nicht zu leugnen, die Ergebnisse können bewiesen werden und haben weltweite Auswirkungen, was im Kapitel »Das künftige Potential« noch erläutert wird.

Diese Informationen sind revolutionär und fordern Menschen dazu auf, bewußt anzufangen, den Weg der Selbst-Meisterschaft zu beschreiten, damit er vollständig umgesetzt und in die Gesellschaft integriert werden kann.

So, nun möchte ich in den nächsten Kapiteln von meinen persönlichen Forschungen und der Reise berichten, die ich unternommen habe.

Leben von Licht und Prana – ein persönlicher Bericht

Soweit es möglich ist, möchte ich objektiv von einem Prozeß berichten, den ich durchlaufen wollte, um von Prana erhalten zu werden.

Ich finde, daß diese Entscheidung eine sehr persönliche ist und entsprechend den Wünschen des eigenen Herzens erfolgen muß. Viele werden diese Entscheidung zum jetzigen Zeitpunkt nicht so treffen, aber einige nehmen den Gedanken vielleicht bereitwillig auf. Unabhängig von der individuellen Entscheidung müßt ihr wissen, daß es möglich ist, einzig und allein durch Licht erhalten zu werden und keinerlei Nahrungsmittel zu sich zu nehmen. Das Wissen darüber und vor allem selbst zu erleben, daß wir von Licht ernährt und erhalten werden können, ist eine faszinierende und erhebende Erfahrung.

Anfang 1993 bekam ich die Gelegenheit, einen speziellen Prozeß zur Wiederausrichtung zu durchlaufen, den ich in den folgenden Kapiteln beschreiben möchte. Ich muß allerdings von zwei Standpunkten aus berichten, mit meinem damaligen Verständnis und mit meinem Verständnis im nachhinein.

Damals hatten offensichtlich nur etwa ein halbes Dutzend Leute weltweit an einem solchen Prozeß teilgenommen. Daher war alles noch in den Anfängen und als Pionierarbeit zu betrachten. Die Informationen oder das Wie wurde telepathisch empfangen. Es gab keine Handbücher oder Richtlinien, nur ein inneres Wissen und die Bestätigung, was im Herzen jedes einzelnen, der diesen Weg gewählt hatte, als »richtig« empfunden wurde.

Die Geschichte dieses besonderen Prozesses begann im Spätherbst 1992 in Byron Bay, im Norden von Neu-Süd-Wales in Australien. Zu dieser Zeit wurden die New-Age-Gemeinschaften in Australien von zahlreichen Kassetten überflutet. Diese Kassetten wurden als »Kassetten zum Aufsteigen« bezeichnet und waren von Eric Kliene aus den USA gechannelt. Später erfuhr ich, daß die Herstellung und Verteilung dieser Kassetten vom »Geist« oder höheren Mächten angeleitet worden waren, um ein Massenerwachen der Lichtarbeiter hervorzurufen, was ja auch geschah.

Obwohl ich seit über zwanzig Jahren meditiere, weil es das Leben einfacher und freudiger machte, berührten die Informationen und die Energie dieser Kassetten eine Saite tief in meinem Herzen und ermöglichten mir einen Einblick in einen wesentlich größeren Zusammenhang.

Viele andere fühlten genau wie ich eine starke Bestätigung im Herzen, als sie die Botschaft und den Ruf des Aufsteigens hörten. Irgendwie fanden wir zueinander und warteten voller Begeisterung auf weitere Informationen. Anfang des Jahres 1993 erhielten wir dann die Mitteilung, daß eine Frau in Byron Bay aufgestiegen sei!

Kurze Zeit später kam ihr Ehemann und sprach zu einer kleinen Gruppe darüber, wie es geschehen war. Sie war scheinbar lange Zeit hellsichtig und hatte begonnen, von den Aufgestiegenen Meistern telepathische Botschaften über den speziellen Prozeß zu erhalten, der die Schwingungsfrequenz eines Wesens schnell und dauerhaft erhöht. Die Energiefelder der Körper würden neu ausgerichtet, um den Abstieg des höheren Selbst zu ermöglichen und das daraus folgende Aufsteigen des Individuums.

Als ich von diesem Prozeß erfuhr, war ich zwar dafür offen, brachte mich selbst jedoch nicht damit in Verbindung. Es schien mir eine nähere Untersuchung wert zu sein. Nach einigen Nachforschungen und einem Treffen mit diesen Leuten entschied ich mich, damit anzufangen. Rückblickend würde ich erwarten, daß jeder, der sich entscheidet, diese Reise anzutreten, eine gute Unterscheidungskraft haben und bei jedem Schritt des Weges seiner eigenen, klaren, inneren Führung folgen sollte.

Der Prozeß selbst war ganz einfach und mit einer Zeit der Vorbereitung verbunden, in der man mindestens 51 Prozent der Karmaschuld getilgt und das Aurafeld geheilt haben mußte.

Es folgte nun der Prozeß, in dem man

❑ sieben Tage lang weder ißt noch trinkt;

❑ während der nächsten sieben Tage in kleinen Schlucken Wasser oder stark verdünnte Säfte zu sich nimmt und ruht. Während dieser Phase heilt der Körper und stabilisiert die Veränderungen aus den ersten sieben Tagen;

❑ weitere sieben Tage ruht, damit die Energie des göttlichen Selbst integriert wird.

Nun, was war das Ziel dieses 21-Tage-Prozesses, und was passierte wirklich? Zunächst einmal sind die drei Zeitabschnitte von jeweils sieben Tagen mit der heiligen Geometrie verbunden und ein Wesen muß sich diese Zeit frei und ohne Unterbrechung hingeben. Für mich war es eine heilige Initiation, ich fühlte mich geachtet und nicht schnell durchgeschleust.

Obwohl es für mich eindeutig nicht nur ein Prozeß war, um mit dem Essen aufzuhören, machte dieser Prozeß mir und vielen anderen Wesen in Australien möglich, nach Vollendung der 21 Tage nur von Prana erhalten zu werden. Wir haben seitdem keine feste Nahrung mehr zu uns genommen. Wir werden vollständig aus dem ätherischen Reich genährt und erhalten. Das ist eine Tatsache. Wir sind gesund, voller Energie und – unlogischerweise – billig, was die Versorgung betrifft.

In den Monaten, die folgten, fühlte ich mich großartig. Mein Energieniveau war hoch, und ich hatte alle Anzeichen guter Gesundheit. Aber meine Lieben und meine Verwandten waren nicht überzeugt. Um ihre Bedenken zu zerstreuen, unterzog ich mich, nachdem ich fünf Monate lang nur von leichten Flüssigkeiten ohne Vitamine gelebt hatte, verschiedenen Tests und erhielt zu ihrer Beruhigung nicht nur ein gutes Attest, sondern die Bestätigung, daß ich, seitdem ich erwachsen bin, noch nie in meinem Leben so gesund war. Gute Nachrichten für meine Lieben und für mich die Bestätigung auf ganzer Linie.

Eines möchte ich noch erwähnen: Wie bei allen Pionieren gibt es keinen Maßstab, an dem man die Dinge nachmessen könnte. Jedes Mal, wenn ich irgendwelche Schmerzen hatte, blieb mir nichts anderes übrig, als mich in Bezug auf das, was passierte, vollständig auf meine innere Führung zu verlassen.

Ich konnte weder einen Arzt aufsuchen, noch zu einem alternativen Therapeuten gehen, um zu fragen, was die Beobachtungen bedeuten. Ganz allgemein finden sich die meisten westlichen Ärzte gerade erst mit dem Gedanken ab, daß die meisten Erkrankungen durch emotionelles Unbehagen und schlechte Ernährung hervorgerufen werden, was irgendwann die Energiefelder der Körper stört, bevor es sich dann schließlich im physischen Körper widerspiegelt. Alternative Therapeuten behandeln Menschen ganzheitlicher und fordern zu frischer, gesunder Ernährung, Übungen usw. auf. Für beide kann die Vorstellung, nur durch Lichtenergie ernährt zu werden, aufgrund ihrer vorherigen Ausbildung und ihrer Ideen, was der Körper benötigt, um bei voller Gesundheit zu bleiben, ein starke Überstrapazierung sein.

Ich trieb sogar einen Ayurveda-Therapeuten auf, von dem ich annahm, daß er aufgrund seines Hintergrundes und seiner Ausbildung der Idee offen gegenüberstehen würde. Nachdem wir über die Doshas gesprochen hatten und er hörte, daß bei Untersuchungen seit dem Prozeß mein Pita 13, mein Vata 14 und mein Kapha 15 betrug, wurde ich mit Skepsis empfangen und er teilte mir mit, daß nur sehr wenige Menschen so ausgeglichene Doshas besitzen. Weitere Skepsis zeigte er bei der Vorstellung, daß man ganz allein von Licht leben kann.

Die verschiedenen Stufen des Unglaubens, auf die ich im Bereich der nicht traditionellen Medizin traf, hatte ich nicht erwartet. Aber ich weiß jetzt, daß es daran lag, daß man dort keine Gelegenheit hatte, sich damit auseinanderzusetzen. Wieviele Liquidpranier oder Pranier treffen mit einem westlichen Arzt oder alternativen Therapeuten in deren alltäglicher Praxis zusammen?

Schließlich entwickelte ich mit Hilfe von Kinesiologie mein eigenes System, um körperliche Veränderungen festzuhalten, und verwendete sie in Verbindung mit meiner eigenen inneren Führung.

Wir leben in einer Gesellschaft, in der die meisten Menschen mit enormem Unglauben auf die Vorstellung, nicht zu essen, reagieren. Oder mit völligem Desinteresse, sich jemals diesem Prozeß zu unterziehen.

Die Motive derjenigen, die diesen Prozeß mitgemacht haben, sind genauso einzigartig und verschieden wie sie selbst. Für mich war es ein natürlicher Schritt. Ich war im Hinblick auf die Wahl der Brennstoffe für das physische Vehikel schon zwanzig Jahre lang eine Puristin gewesen. Bereits im Alter von zwei Jahren lehnte ich Fleisch ab, und mit fünfzehn kontrollierte ich meine Ernährung selbst, fastete zur Reinigung und lernte, auf die Bedürfnisse meines Körpers zu hören. Ich bemerkte, daß er eine besondere Sprache sprach, die ich leicht interpretieren konnte. Ich beschäftigte mich mit Gesundheit,

Proteinquellen und experimentierte. Für mich wurde leichte, lebendige Nahrung wichtig, und mein Körper reagierte positiv darauf.

Ich habe mir Krebs kreiert und konnte mich selbst heilen. Dadurch lernte ich, welche Auswirkungen negative, unerlöste Emotionen, die wir in unserem Körper ansammeln, auf den physischen Körper haben. Ich wurde gezwungen, nicht nur meinen physischen Körper zu reinigen, sondern auch die Energieblockaden im Emotionalkörper zu lösen, mich neu auszurichten und meine Zellerinnerungen loszulassen. Dank meines Lebensstils, der Meditation, meiner Ernährungsweise und der regelmäßigen Gymnastik blieb der Tumor klein und wuchs langsam. Durch Streß, ungelöste emotionale Probleme und wohl auch wegen meiner Lernaufgabe war er noch immer da und sehr gegenwärtig. Es dauerte vier intensive Monate, ihn aufzulösen und zu entfernen.

Als ich den 21-Tage-Prozeß begann, war mein System folglich sehr gereinigt. Ich hatte mich in den vorangegangenen Wochen leicht ernährt, von Suppen und Obst. Ich wollte eine angenehme Erfahrung machen. Vom Fasten her wußte ich, daß das Freiwerden von Giften (falls vorhanden) Kopfschmerzen, Übelkeit, Muskel- und Gelenkschmerzen, Schwindel etc. auslösen konnte.

Ich war hauptsächlich motiviert durch den Wunsch aufzusteigen, mein ganzes Potential in diesem Körper zu realisieren, ein reiner Kanal oder Instrument zu sein, durch das der göttliche Wille sich manifestiert. Dieses Motiv war für mich ein natürlicher Schritt nach zwanzig oder mehr Jahren der regelmäßigen täglichen Meditation und der metaphysischen Studien. Durch diese Praktiken hatte ich eine relativ klare innere Stimme entwickelt für das, was für mich »richtig« war. Und diese Entscheidung fühlte sich »richtig« an. Für mich waren die Einsichten und was ich daraus gelernt habe, phänomenal.

Aufgrund der Vorbereitung, die ich gemacht hatte, flog ich durch die ersten sieben Tage mit einem hohen Energielevel. Ich ruhte wie angewiesen und hing an einem ätherischen Tropf mit flüssigem Licht, so daß ich, wenn ich hungrig war, nur um eine Erhöhung der Tropfrate bat; es geschah immer wie gewünscht, und der »Hunger« verschwand. Wie auch andere, habe ich während dieser Zeit genauestens Tagebuch geführt – und führe es bis zum heutigen Tag. Aber mein Wunsch ist einfach, daß durch die Erzählung meiner Geschichte andere die Macht des Lichtes oder von Prana, uns zu erhalten, verstehen und die Freiheit, die ich dadurch bekam.

Im nachhinein erkenne ich, daß die 21 Tage ein Prozeß der großen Reinigung (in den ersten sieben Tagen), der Heilung und Wiederausrichtung (in den zweiten sieben Tagen) und des Einströmens von höheren Energien (in den dritten sieben Tagen) waren, was sich vergleichen läßt mit dem Reinigen und Sterilisieren einer alten Glasflasche, um sie dafür vorzubereiten, wieder benutzt und mit einer neuen Substanz gefüllt zu werden.

Meine Untersuchungen haben mir gezeigt, daß dieser Prozeß, der dem Höheren Selbst erlaubt, in das physische Vehikel hinabzusteigen, mit der dritten Einweihung des siebenstufigen Einweihungsprozesses verglichen werden kann, wie er von Dr. Stone in »The Complete Ascension Manual«, den Theosophen und von Alice Bailey beschrieben wird.

Meine innere Führung und Nachforschungen lassen mich folgendes annehmen: Aufgrund der verschiedenen Schwingungsfrequenzen des physischen Körpers (der Persönlichkeit), des Höheren Selbstes (der Seele) und der ICH BIN Präsenz (der Monade), kann weder die Seele noch die Monade in das Vehikel auf dieser Ebene einziehen, solange nicht das Vierkörpersystem (der physische, emotionale, mentale und spirituelle Körper) vollständig in Übereinstimmung gebracht ist.

Der 21-Tage-Prozeß beschleunigte lediglich diese Neuausrichtung, um der Seele den Aufenthalt zu ermöglichen. Und nach Beendigung erhält das Höhere Selbst oder die Seele einfach das neue Zuhause mit Hilfe von Lichtenergie – daher hört das Bedürfnis nach fester Nahrung auf.

Der 21-Tage-Prozeß meisterte allerdings nur den physischen Körper und bis zu einem gewissen Grad den emotionalen und mentalen Körper, da man sowohl emotionale als auch mentale Standfestigkeit braucht, um überhaupt durch einen derartigen Prozeß zu gehen. Im nachhinein betrachtet ist es nichtsdestoweniger eine Stufe auf der »Leiter des Aufsteigens«, und, obwohl ich nicht die vollen Kräfte eines Aufgestiegenen Wesens, wie ich es mir vorstelle, erhielt, war der Nutzen für mich unermeßlich.

Ich entdeckte auch bald, daß für mich und für viele andere Essen eine emotionale Grundlage hat. Nach einem Jahr erfuhr ich eine große emotionalen Belastung durch den plötzlichen Tod eines Elternteils. Mein Energieniveau sank, und mein »inneres Kind« suchte im Essen Trost. Also setzte ich mit neuer Intensität die Reise der Zellbefreiung, der Neuprogrammierung und des Brechens mit alten Mustern fort.

Da der Emotionalkörper zu jedem Zeitpunkt auch dem Mentalkörper dient (wir sind tatsächlich gemacht, um zu denken bevor wir fühlen), kam ich dazu, meine Lehre in geistiger Meisterschaft zu intensivieren, um eine Realität zu schaffen, die sogar die bewußte Wahrnehmung von Nahrung hinter sich läßt.

Ich lernte, daß ich meinen Körper programmieren kann, ein bestimmtes Gewicht zu halten und auch seine Form willentlich zu ändern. Ich habe gelernt, daß mein Körper meinen emotionalen Zustand widerspiegelt, und daß mein Emotionalkörper direkt auf meine Denkprozesse reagiert.Weiterhin habe ich gelernt, daß der Emotionalkörper wie ein williges Kind ist. Nur weil wir entschieden haben, das Haus von jetzt an sauberzuhalten (durch geistige Meisterschaft), heißt das nicht, daß wir nicht emotionalen Ballast aus vergangenen Denkprozessen zu entfernen haben, der sich im Zellgedächtnis befindet (oder dem Schrank auf dem Dachboden). Der innere Frühjahrsputz ist unbedingt erforderlich, nur dann kann das Haus – unser Wesen – sauber sein und mit voller Leistungskraft funktionieren.

Dieser Prozeß öffnete für mich auch eine andere Tür, die meine Schwingungsfrequenzen so fein werden ließ, daß Channeln, Heilen, Hellsehen, Bilokation und Materialisieren nur durch Gedanken mir jetzt natürlich und relativ einfach erscheinen. Ich habe gelernt, alle Aspekte meines Wesens zu ehren und zu lieben, die Entscheidungen anderer zu ehren und zu lieben, mit verschiedenen Lichtwesen frei zu kommunizieren und mich mit meinem ICH BIN eng zu verbinden. Mein Leben ist voller Freude, außerordentlich reich und sinnvoll. Ich weiß nicht nur, wie Realität geschaffen wird, sondern schaffe mir die Realität, die ich mir für mein Leben wünsche, und mein Leben ist genau wie ich es mir vorstelle.

Seit Juni 1993 lebe ich von Tee und Wasser und nasche hin und wieder zum Vergnügen »weiße« Nahrung (eine Kartoffelphase aus Langeweile und mangelnder geistiger Meisterschaft) oder dieses kleine Stück Schokolade für den Geschmack. Trotz dieser Nachgiebigkeit weiß ich, daß ich nur vom Licht ernährt und erhalten werde.

Ich bin nicht magersüchtig, ich erfreue mich bester Gesundheit, bin energiegeladen und brauche oft nur zwei Drittel des Schlafs, den ich vorher brauchte. Nach diesem Übergang ist es für mich eine Tatsache, daß ich durch Prana erhalten werde. Trotzdem können es sich viele nicht vorstellen und halten es für absurd. Doch es ist weder das eine noch das andere.

Anmerkung im Mai 1996: Bei meiner inneren Unterhaltung wurde mir mitgeteilt, daß dieser Prozeß gechannelt wurde, um den Menschen zu ermöglichen, ihr Höheres Selbst zu integrieren. Zu diesem Zeitpunkt – drei Jahre später, im Jahr 1996 – haben bereits viele diese Einweihung in das ätherische Reich bewußt oder unbewußt erhalten. Da das Höhere Selbst Licht ist, kann alles von Licht erhalten werden, wenn man »die dritte Einweihung bekommen hat«. Trotzdem glauben viele nicht, daß sie ganz einfach aufhören können zu essen und dann allein durch die Kraft der Absicht und der Erwartung erhalten werden. Also wird der Prozeß weiterhin angeboten und erlaubt dem physischen Körper einen sanften Übergang. Durch ihn beschleunigt sich auch die Integration von den Energien der ICH BIN Präsenz (die fünfte Einweihung).

Wir gehen davon aus, daß in Australien und Neuseeland über 200 Menschen den 21-Tage-Prozeß durchschritten haben, einige mit ein wenig Wissen über die Aufgestiegenen, andere nur mit der Anleitung ihrer »Führer«. Unabhängig vom persönlichen Verständnis- und Glaubensmodell braucht man lediglich den »Glauben«, daß wir als Lichtwesen vom Licht erhalten werden können. Es ist einfach die Meisterschaft des Geistes über die Materie.

Anmerkung im November 1996: Viele haben meinen Erklärungs- ansatz für den Prozeß als »Aufstiegsparadigma« bezeichnet und es war der Aufgestiegene Meister Serapis Bey der ursprünglich diesen 21-Tage-Prozeß des »inneren Aufsteigens« channelte. Da viele am Konzept der Pranier nicht nur von dem Standpunkt der Ernährung aus interessiert sind, wird dies im Kapitel »Andere Wege« behandelt.

Fragen und Antworten

In diesem Kapitel werden die Fragen behandelt, die mir, seit ich mich dem Prozeß unterzogen habe, am häufigsten gestellt werden. Es ist auch ein Interview mit dem Bangkok Metro Magazine (Januar 1997) enthalten, das noch zusätzliche Fragen behandelt, die vorher nicht angesprochen worden sind. Die nachfolgenden Fragen bilden auch die Grundlage für das Kapitel »Die Erfahrungen anderer«.

Frage 1: Was veranlaßte dich zu dem 21-Tage-Prozeß?
Antwort: Ich hörte im Januar/Februar 1993 von dem Prozeß. Ich erhielt die Information im Zusammenhang mit der Aussage, daß die Person, die das gechannelt hatte, tatsächlich aufgestiegen war. Zu dieser Zeit hatten viele in Australien die Kassetten zum Thema »Aufsteigen« von Eric Kliene gehört und waren mit etwas erfüllt, was ich heute als »Aufstiegsfieber« bezeichnen würde.
Ich ging davon aus, daß ich durch die Teilnahme an dem Prozeß meinen Aufstieg erreichen könnte, erkannte aber bald, daß es sich um eine Stufe auf der Leiter des Aufstiegs handelte.
Da ich mich bereits auf einer sehr bewußten Ebene der Ernährung befand, war es für mich rückblickend auch der nächste natürliche Schritt und somit ein Teil meiner eigenen natürlichen spirituellen Weiterentwicklung. Daß ich davon hörte und es mit den Aufgestiegenen Meistern assoziierte, beschleunigte den Weg nur.

Frage 2: Hattest du vor dem Durchlaufen des Prozesses irgendwelche besonderen Herausforderungen, z.B. persönlich, in der Familie, mit Freunden?
Antwort: Die erste und wohl auch schwerwiegendste Herausforderung, die ich hatte, war mein Ego. Ich erinnere mich, daß ich fest davon überzeugt war, aufzusteigen. Meine unmittelbare Reaktion, nachdem ich beim Meditieren das Datum erfahren hatte, wann ich mit dem Prozeß beginnen sollte, war: *Warum ich? Was ist an mir besonders?* und *ich kann unmöglich aufsteigen, ich bin einer solchen Ehre gar nicht würdig.* Rückblickend war es eine glänzende Lektion in falscher Bescheidenheit.

Ich erfuhr telepathisch, daß wir viele Gelegenheiten im Leben durch ein Muster versäumen, das die aufgestiegenen Meister als falsche Bescheidenheit bezeichnen. Unser Ego und unser Verstand hätten so lange unser Leben kontrolliert, daß die Vorstellung, sich der Führung des göttlichen Selbstes zu überlassen und in das All-Eine einzutauchen, ziemlich erschreckend sein könnte. So würden wir uns oftmals selbst in Schach halten, indem wir uns einreden, nicht wertvoll genug zu sein.

Zweitens, beschäftigte ich mich hauptsächlich damit, wie ich als Alleinerziehende einen Monat Urlaub bekommen könnte, und was ich während dieser Zeit mit meinen Töchtern im Teenageralter machen sollte. Ich wollte die 21 Tage in einer Umgebung absoluter Ruhe und Ungestörtheit verbringen und überließ beide Probleme schließlich einfach höheren Mächten, vertraute, und sie wurden auf wundersame Weise gelöst.

Frage 3: Wie hältst du dein Körpergewicht?
Antwort: Die Vorstellung, Gewicht zu verlieren und/oder zu sterben, wenn wir nichts essen, ist nur ein Glaubenssatz. Die Gesellschaft lehrt uns, daß wir eine ausgewogene Ernährung, Vitamine usw. brauchen, um gesund zu bleiben. Wegen ihrer Glaubenssätze ist das für die Allgemeinheit auch richtig. Von Prana zu leben, hat jedoch mehr mit unserem spirituellen Weg und Erwachen zu tun, und als Folge davon können wir tatsächlich vom Licht erhalten werden.

Der physische Körper ist der Diener des Mentalkörpers, der wiederum dem spirituellen Körper dient. Wenn wir unsere Glaubenssätze und unsere Geisteshaltung ändern, können wir uns einfach darauf programmieren, ein bestimmtes Gewicht zu halten, und dann wird es so sein.

In Indien gibt es noch heutzutage Yogis, die eine solche Befehlsgewalt über ihre Molekularstruktur und geistige Meisterschaft haben, daß sie ohne körperliche Beeinträchtigen wochenlang lebendig begraben sein oder Gift trinken können.

Ich entschied für mich auch, daß magersüchtig auszusehen, keine gute Werbung für den Prozeß wäre. Also programmierte ich meinen Körper, ein bestimmtes Gewicht zu erreichen und zu behalten. Von diesem Zeitpunkt an hielt ich mein Gewicht auf 47 bis 48 Kilogramm unabhängig davon, wieviel Flüssigkeit ich trank oder mit wieviel

Mundvoll Geschmack ich experimentierte.

Anmerkung im März 1996: Da ich immer noch Berichte von Menschen mit starken Gewichtsverlusten erhalte, muß ich nochmal betonen, daß dieser Tatsache meist folgendes Glaubensmuster zugrunde liegt: Wenn man sieben Tage lang nichts ißt und trinkt und danach nur Wasser zu sich nimmt, wird man ausgezehrt. Dieser Glaubenssatz ist unbegründet, und wenn man ihn angeht und umprogrammiert, braucht man überhaupt nicht abzunehmen. Nach dem Prozeß zunehmen zu wollen, ist schwieriger, als einfach den zugrunde liegenden Glaubenssatz anzugehen und gar nicht erst abzunehmen. Die einfachste Programmierung ist, darum zu bitten, daß der Körper das perfekte Gewicht ereicht, wie von der ICH BIN Präsenz gewünscht. (Ich habe auch Leute beobachtet, die mit Hilfe des Prozesses ihre Gewichtsprobleme lösen und den Prozeß als »Mittel zur Diät« benutzen wollten, die jedoch überhaupt nichts abnahmen. Ehrliche Absicht, Bewußtheit und Aufrichtigkeit sind die Schlüssel in diesem Prozeß.)

Frage 4: Wie ist dein Energieniveau, bist du müde?
Antwort: Meine Energie ist im Vergleich zu früher ständig auf einem höherem Niveau. Manchmal fühle ich mich etwas weniger energiegeladen. Wenn ich mich dann an meine innere Führung wende, wird mir meist mitgeteilt, daß einer meiner Körper neu ausgerichtet wird, in der Regel der Emotionalkörper.

Frage 5: Benötigst du genauso viel Schlaf?
Antwort: Ich stelle fest, daß ich durchschnittlich vier bis sechs Stunden pro Tag schlafe, während ich vorher acht bis zehn Stunden schlief. Ich gehe gerne ins Bett und schlafe, weil ich diese Zeit benutze, in anderen geistigen Reichen und Dimensionen zu lernen und zu arbeiten. Ich bin mir sicher, ich könnte auf Schlaf genauso verzichten wie auf Essen und Trinken. Trotzdem würde ich mich momentan nicht dafür entscheiden.

November 1996: Dieses Jahr habe ich gelernt, ohne Schlaf auszukommen, ohne körperliche Nebenwirkungen. Dies ist für mich wieder eine neue Stufe der Freiheit. Es bringt einen Menschen wirklich in seine eigene Kraft, wenn er die Freiheit hat zu entscheiden, wie er sich ernährt und wieviel er schläft.

Wir im Westen genießen schon seit langem mehr oder weniger die Freiheit zu entscheiden, was, wann und wieviel wir essen oder schlafen. In diesem neuen Paradigma geht es jedoch darum, der Meister des physischen Vehikels zu sein. So daß es nur unseren Willen ausführt und nicht mehr Sklave seiner Bedürfnisse ist.

Wie ich bemerke, ist mein Energieniveau inzwischen gleichbleibend hoch, Energiemangel ist eine absolute Seltenheit. Ich beobachte, daß ich mich problemlos meiner Arbeit, d.h. meiner Verpflichtung ans selbstlose Dienen widmen kann, oft bis zu zwanzig Stunden täglich, bevor ich überhaupt den Wunsch verspüre zu schlafen. Ich habe bemerkt, daß meine Fähigkeit, ohne Schlaf auszukommen, von der Art der Energie abhängt, auf die ich gerade eingestimmt bin. Wenn ich »arbeite« und bewußt in das, was ich den kosmischen Stromkreis nenne, eingeschaltet bin, bin ich so voller Energie, daß ich keinerlei körperliches Verlangen nach Schlaf habe.

Frage 6: Wie verhält es sich mit Menstruation und Körperausscheidungen?

Antwort: Nachdem ich zwei Jahre lang tatsächlich nur Wasser und Tee geschmeckt hatte, ab und zu in Gesellschaft ein bißchen verdünnte Suppe, experimentierte ich zwischen August 95 und Januar 96 mehr mit Geschmack. Ich wußte, daß das, woran ich knabberte nicht zu meiner Ernährung beitrug. Denn oft aß ich einen Schokoladenkeks oder etwas sehr Geschmacksintensives, das ich früher wegen »fehlender Nährstoffe« nie gegessen hätte. Zu dieser Zeit hatte ich wöchentlich Ausscheidungen.

Wenn ich maximal drei Gläser Flüssigkeit täglich zu mir nahm, beobachtete ich, daß ich Flüssigkeit ausschied und etwa alle drei Wochen etwas, das man als Hasenköttel bezeichnen könnte. Das empfand ich als unangenehm. Mir wurde telepathisch mitgeteilt, daß dies durch Schadstoffe und tote Zellen käme, da ich in der Stadt lebte. Später fand ich heraus, daß ein bißchen Pflaumensaft einmal pro Woche diese geringe Ausscheidung angenehmer machte.

Hinsichtlich der Menstruation beschloß ich, da ich keine weiteren Kinder bekommen wollte, daß es praktischer wäre, den Körper so zu programmieren, daß die Blutungen aufhören. Als es nicht funktionierte, bat ich die Meister um Rat. Sie teilten mir mit, daß eine regelmäßige Menstruation ein »traditionell« akzeptiertes Zeichen für einen gesunden Körper ist und es jetzt und auch in Zukunft wichtig wäre, alle Zeichen einer vollkommenen Gesundheit weiterhin zu demonstrieren.

Frage 7: *Nimmst du Vitamine?*
Antwort: Nein. Eine der ersten Sachen, die ich erkannte, war, daß ich mich von der Vorstellung lösen mußte, durch irgendetwas anderes als Licht ernährt zu werden. Wenn ich meine Denkart ändern und völlig darauf vertrauen wollte, daß Licht allein mich erhalten kann, dürfte ich dann auch keine Vitamine zu mir nehmen, da es ja nicht nötig wäre. Das fiel mir anfänglich nicht leicht, da ich über zwanzig Jahre Vegetarierin war und immer Vitamine genommen hatte, insbesondere Spirulina und Vitamin B_{12}. Wenn du dem Licht vertraust, daß es deinen Körper ernährt und regeneriert, wird es das tun.

Frage 8: *Welche physischen Veränderungen hast du bemerkt?*
Antwort: Der Magen ist geschrumpft, der Stoffwechsel hat sich verlangsamt. Bis ich anfing ab und zu etwas knabbern, wurde ich nie hungrig (es war merkwürdig, das Hungergefühl wieder zu spüren, als sich der Magen etwas ausdehnte). Ich fühle mich sehr »leicht«, weiträumiger, irgendwie multidimensionaler. Manchmal dachte ich beim Laufen, ich merke nur noch an meinen Fußstapfen und meinem Schatten, daß ich einen physischen Körper habe. Einige dieser Phänomäne können auch mit dem momentanen Energiezustrom zu unserem Planeten zusammenhängen, der auch viele andere Menschen beeinflußt.
Ich stellte fest, daß mir beim Haarewaschen und Kämmen etwas mehr Haare ausgingen. Das hatte ich auch von anderen gehört. Dies ist vorübergehend und wird nach etwa einem Monat wieder normal.

Frage 9: *Was war bei dem Prozeß dein größtes Problem?*
Antwort: Für mich bestand die Herausforderung, wie ich es nennen würde, in Langeweile. Dank meiner bisherigen Praxis konnte ich den physischen Körper relativ leicht meistern. Aufgrund meiner europäischen Erziehung, die auf gemeinsames Essen und Beisammensein besonderen Wert legt, war es nicht so einfach, mit der emotionalen

Verhaftung an das Essen fertigzuwerden. Man braucht nur zu beobachten, was und wann Menschen essen, um festzustellen, daß 90 Prozent der Nahrungsaufnahme auf emotionalen Aspekten beruhen. Auch das gesellschaftliche Abendessen ist sowohl physisch als auch emotional motiviert.

Am schwierigsten war es, den Mentalkörper zu meistern. Bei jedem längeren Fasten werden die Sinne enorm geschärft. Der Geruchssinn, der Tastsinn, das Gehör, der Gesichtssinn und der Geschmackssinn. Das Leben befriedigt sie alle auf natürliche Weise. Wenn man aber aufhört zu essen oder zu schmecken, wird der Geschmackssinn ignoriert.

Andere, die auch diesen Weg gegangen sind, haben alle möglichen geschmacksintensiven Getränke zusammengemischt, um ihren Wunsch nach Geschmack zu befriedigen. Da ich hauptsächlich bei Wasser und Tee blieb, angetrieben vom Wunsch, über das durch Nahrung bestimmte Bewußtsein hinauszugelangen, wurde Langeweile durch den fehlenden Geschmack für mich immer mehr zum Thema. Ich glaube, die erfolgreiche Programmierung, daß ich über das durch Nahrung bestimmte Bewußtsein hinausgelange, wird mir auch ermöglichen, auch über die Langeweile hinauszugehen.

Inzwischen habe ich herausgefunden, daß die ayurvedische Tradition eine wundervolle Palette von Kräutern und Gewürzen bereithält, die alle unsere Geschmackswünsche vollständig befriedigen. Diese exakte Wissenschaft des Heilens bringt darüber hinaus unsere Geschmacksknospen mit Organen in Verbindung. Ich hoffe, weiter über diese Verbindung forschen zu können, sowie über die Rahmenbedingungen von Langeweile bzw. von Geschmackswünschen, die alle, die diesen Prozeß durchlaufen und weiterverfolgen, an irgendeinem Punkt zu erfahren scheinen. Eine weitere Herausforderung für viele ist das Gefühl, isoliert zu sein, da viele Sozialkontakte rund ums Essen stattfinden. Die soziale Reaktion wird am Ende dieses Buches behandelt, weil es für sich alleine schon ein Riesenthema für viele ist, die diesen Prozeß durchlaufen.

Interessanterweise bin ich kürzlich umgezogen und habe jetzt Zugang zu einem Schwimmbecken. Ich habe herausgefunden, daß ich jetzt lieber schwimmen gehe statt einen Tee zu trinken, wenn ich eine Pause von der Arbeit brauche, und damit ist der Langeweilefaktor kleiner geworden. Ich wußte gar nicht, wie tief die Sitte, »Tee«-Pausen zu machen – Morgentee, Mittagessen, Nachmittagstee, Abendessen und eine Kleinigkeit vor dem Zubettgehen –, in der Gesellschaft verwurzelt ist. Nur Gewohnheiten und eingebildete Bedürfnisse, die niemand hinterfragt, bis man so etwas wie diesen Prozeß mitmacht!

Frage 10: Welche weiteren Vorteile hat die Ernährung durch Licht?
Antwort: Jeder Verdauungsvorgang verbraucht Energie. Wenn diese nicht länger benötigt wird, kann sie für andere Zwecke verwendet werden. Für mich schienen sich die telepathischen Fähigkeiten zu verbessern oder zu beschleunigen. So setzte einen Monat, nachdem ich die 21 Tage durchlaufen hatte, der Prozeß des Channelns ein. Da ich jetzt so eng und bewußt mit den aufgestiegenen Meistern zusammenarbeite, kann ich unmöglich sagen, was für die Wunder verantwortlich ist, die ich täglich in meinem Leben erfahre.

Meditation, starke innere Führung, Konzentration auf meine eigene Entwicklung und mein selbstloses Dienen, von Licht leben, alles ist ineinander verwoben. Vielleicht haben der Prozeß und das, was ich hinsichtlich der Macht des Geistes über die Materie gelernt habe, das Tor zur physischen Unsterblichkeit weiter geöffnet und mir die Möglichkeit gegeben, diese Idee anzunehmen.

Einen solchen Prozeß zu durchlaufen, ist keine unbedingte Voraussetzung für das Aufsteigen, es ist nur ein Nebenprodukt, das jedem zugänglich ist, der sich davon angezogen fühlt. Der Segen, sich einfach mit den Aufgestiegenen Meistern und unserer glorreichen ICH BIN Präsenz zu verbinden, ist unermeßlich.

Ich neige dazu, die Erfahrung des Erwachens zu unserer Göttlichkeit (wie auch immer wir versuchen, sie zu erreichen) damit zu vergleichen, daß man endlich mit den »großen Kindern« (den Aufgestiegenen Meistern) spielen darf, die schon alle Tricks kennen und die einfach nur Spaß haben.

Im nachhinein sehe ich den 21-Tage-Prozeß lediglich als einen Weg, die vier niederen Körper zu meistern. Obwohl es sich am deutlichsten im physischen Körper manifestiert, beginnt man wirklich auch eine intensive Arbeit am emotionalen und mentalen Körper, während man vom inneren spirituellen Wesen den ganzen Prozeß hindurch geführt wird.

Unabhängig von dem Weg, den wir wählen, um es zu erreichen, müssen alle Wesen, die zur Zeit auf dieser Ebene leben, Meisterschaft über sich selbst erlangen und ihre vier Körper in Übereinstimmung bringen. Aus meiner Sicht der Wirklichkeit ist es sowieso nicht länger eine Frage der persönlichen Entscheidung, da sich der Planet – vom göttlichen Plan geführt – auf einem vorbestimmten Evolutionsweg befindet. Je eher wir unseren freien Willen mit dem göttlichen Willen in Übereinstimmung bringen, desto eher werden wir das finden, wonach wir schon lange gesucht haben.

Pranismus – eine heilige Reise nach Innen
Interview mit dem Bangkok Metro Magazine im Januar 1997

Was genau ist es, und wie funktioniert es? Wo und wann ist es entstanden?
Pranismus gab es seit Anbeginn aller Zeiten. Der Universelle Geist –
die Akasha-Chronik – berichtet, daß es eine Zeit gab, in der alle
Wesen von der Kraft des Prana erhalten wurden. Pranismus ist die
Fähigkeit, alle Nährstoffe, Vitamine und Substanzen, die wir zur
Gesunderhaltung des physischen Vehikels benötigen, aus der Universellen Lebenskraft, auch Chi genannt, zu absorbieren. Menschen,
die Pranismus praktizieren, brauchen nichts zu essen. Um Pranier zu
sein, muß man wie ein gestimmtes Instrument sein, das sich darin übt,
den Geist zu meistern – das bedeutet eine bewußte Neuprogrammierung des Zellgedächtnisses, die alle beschränkenden Glaubenssätze auflöst.

Wie wird man Pranier und was sind die Voraussetzungen dafür?
Wie bereits erwähnt, geht es darum, eingestimmt zu sein. Der Mensch
hat ein Vierkörpersystem, bestehend aus physischem, emotionalem,
mentalem und spirituellem Körper, das mit einer viersaitigen Gitarre
verglichen werden kann. Jede Saite hat ihren eigenen Ton, und wenn
die Gitarre gestimmt ist, ist die gespielte Musik (und das gelebte
Leben) wunderbar. Der Mensch wird harmonischer und grenzenlos.
Wenn Menschen nicht gestimmt sind, was mit einem verstimmten
Instrument verglichen werden kann, erleben sie verschiedene Formen
des emotionalen, physischen oder mentalen Unbehagens. Pranier zu
werden, erfordert nur den im Herzen empfundenen Wunsch, grenzenlos zu sein und sein Leben auf dem höchstmöglichen Potential zu
führen. Es geht darum, uns selbst genügend wertzuschätzen, mit offenem Geist begeisternde Möglichkeiten zu erforschen und mit
Begeisterung zu leben. Darum, im Herzen voller Freude und Dankbarkeit zu sein, für das Geschenk, das uns gegeben wurde, gleichzeitig Schöpfer und Zeuge der Großartigkeit der Schöpfung zu sein.
Alles, was wir uns wünschen, aus allen Dimensionen zu absorbieren
– durch unsere fünf physischen Sinne und unsere beiden feinstoffli-

chen Sinne, die Intuition und das innere Wissen. Vom Licht zu leben ist nur eine natürliche Begleiterscheinung des Erfahrungsweges, ein passioniert unfehlbares Wesen zu sein.

Wie viele Pranier gibt es weltweit und wo leben sie?
Meines Wissens haben über 200 Personen im südlichen Pazifik damit experimentiert. Es ist nun beinahe vier Jahre her, daß ich mit diesem besonderen Aspekt meines Weges begonnen habe. Meine derzeitige Arbeit ist sehr vielfältig, aber da ich durch meine Reisen viel herumkomme, kenne ich die Geschichten und Erfahrungen vieler in diesem Prozeß. Wir kennen nicht alle Orte und Personen auf der ganzen Welt, niemand hat dokumentiert, wie weit die Bewegung inzwischen verbreitet ist. Für die Immortalisten und Yogis in Indien und im Himalaja ist es jedoch eine normale Übung, ohne Nahrung und Schlaf auszukommen und die Körpertemperatur nach Belieben zu ändern.

Welche Vorteile und Nachteile gibt es?
Für mich war der schönste Vorteil die unglaubliche Leichtigkeit des Seins, das Gefühl, unbegrenzt zu sein, voller Energie, erweitert, multidimensional. Das sind die Merkmale des inneren Göttlichen Funkens. Wenn die Menschen sich dem grenzenlosen inneren Göttlichen Funken, der ebenso außen ist, anvertrauen können, nehmen sie dessen Qualitäten an. Ich erinnere mich an den Tag, als ich das erste Mal empfand, nicht länger auf die physische Realität begrenzt, sondern völlig frei zu sein. Frei zu entscheiden. Frei zu kreieren. Frei zu lernen, zu forschen und dann diese neuen Wege des Seins und Denkens zu beschreiten. Ich fühle jeden Tag, was das Leben für ein Geschenk ist, und danke der Kreativen Kraft für die Freude an der physischen Erfahrung. Ich habe mich entschieden, mich immer daran zu erinnern, daß ich ein spirituelles Wesen bin, welches gerade die Erfahrung des Menschseins macht. Ich bin nun offen für die Wunder in allem, denn wenn du dich selbst als spirituelles Wesen begreifst, ziehst du diese Essenz an – über das Gesetz der Resonanz, das auf allen Ebenen in unterschiedlichem Maß elektromagnetisch arbeitet. Hinsichtlich anderer Vorteile berichten viele von einem erhöhten Energieniveau und Fähigkeiten wie Heilen, Hellsehen und Hellhören. Andere berichten, daß ihre Haare wieder wachsen oder graue Haare

wieder ihre ursprüngliche Farbe bekommen. Bitte sei Dir darüber im klaren, daß es nicht darum geht, zu essen oder nicht zu essen, sondern darum, die freie Wahl zu haben. So glaubt zum Beispiel keine einzige Zelle meines Körpers, daß sie Nahrung braucht, um zu leben. Mit diesem sowohl intellektuellen als auch durch Erfahrung belegten Wissen bin ich frei zu entscheiden, ohne Angst vor negativen Folgen. Ob ich esse oder nicht ist Nebensache. Ich ziehe es vor, von Licht zu leben. Diese Fähigkeit ist einfach als Tatsache in der Datenbank meiner Erinnerungen abgelegt. Für andere jedoch, die sich in einer früheren Phase des Prozesses befinden, gehen meine Nachforschungen und Dokumentationen weiter, um diesen Menschen den Weg zu erleichtern. Ich selbst beschäftige mich nicht mehr so sehr mit dem Prozeß, ich konzentriere mich ganz darauf, MAPS – Movement of an Awakened Positive Society – (Bewegung einer erwachten positiven Gesellschaft) weltweit bekannt zu machen.

Denjenigen, die intuitiv diesen Erfahrungsweg wählen, helfe ich, indem ich mehr über unser wahres menschliches Potential an die Öffentlichkeit bringe. Dadurch kann die schwächende Energie des Unglauben, die als Folge von Angst und Unwissenheit entsteht, in das Licht des Verstehens verwandelt werden.

Hier auf meiner Reise durch den Südpazifik würde ich gerne folgendes mitteilen:

Bei dieser Arbeit sind wir Versuchskaninchen und erforschen eine mögliche Lösung für das Problem des Welthungers. Bei dem, was wir tun, handelt es sich um uralte Praktiken, die in unserer modernen industrialisierten Welt in Vergessenheit geraten sind. Die größte Herausforderung für uns ist, daß unsere Forschungen die Menschen über die Grenzen des bekannten und akzeptierten Realitätsmodells hinausstoßen. Insofern bildet der Unglaube ein kraftvolles Energiefeld mit dem Potential, unsere erfolgreiche weltweite Umsetzung dieses Programms zu verlangsamen.

Viele von uns haben mehrere Leben lang metaphysische Studien zuerst intuitiv, später dann bewußt betrieben. Während wir uns nun an dieses Wissen erinnern und ihm vertrauen, realisieren wir, daß unsere Denkprozesse, Gefühle des Unbehagens im Massenbewußtsein auslösen. Dies sind Themengebiete, denen sich nur Menschen auf der Ebene des höheren Wissens zuwenden können, die begonnen haben, die anderen vier Fünftel ihres Gehirns zu aktivieren, denn die sind erforderlich, um unsere Ideale und Visionen zu verstehen. Wir gehen mit diesen Informationen in die Öffentlichkeit, obwohl viele noch nicht einmal Reinkarnation verstehen. Damit hoffen wir, Samen der Hoffnung, Liebe und Freude in den Herzen derer zu säen, die intuitiv spüren, daß diese Realität wert ist, von der Menschheit gemeinsam erschaffen zu werden. Es geht nicht um essen oder nicht essen. In den wirtschaftlich entwickelten und industrialisierten Kulturen geht es um die Freiheit, in unserer Kraft zu stehen, und um die Freiheit, ohne Angst zu entscheiden. Für die Kulturen und Länder, die Hunger leiden, geht es um die Freiheit von der Notwendigkeit, am Mangel physischer Nahrung zu sterben. Wir laden die Menschheit dazu ein, miteinander ein Realitätsmodell zu erschaffen, das die persönliche und planetarische Transformation ins Positive manifestiert in einer Art und Weise, die alle Lebensformen respektiert. Wie lange das dauert, hängt alleine davon ab, wie viele Herzen und Ohren diese Nachricht hören, sie weitergeben und auch danach handeln.

Der jetzige Fokus von uns als Botschaftern von MAPS – und mein persönlicher Geschäftsbereich ist GRENZENLOSES SEIN.

Wir lernen zusammen, tauschen uns aus und helfen uns gegenseitig. Für meine »Mitreisenden« ist der größte Nachteil die soziale Vereinsamung. In der westlichen Kultur wird viel aus emotionalen Gründen und gesellschaftlichen Anlässen gegessen. Hinzu kommt noch ein kleines Problem mit dem Gefühl der Langeweile, weil einem der Geschmack fehlt, zumindest für die, die sich entschieden haben, nicht einmal aus Vergnügen einen Mundvoll Geschmack zu sich zu nehmen. Viele Pranier wollen ab und zu etwas schmecken, um die Geschmacksknospen zufrieden zu stellen – in Form von einem Schokoladenkeks pro Monat, oder was auch immer sie gerne schmecken.

Wenn man weiß und es physisch demonstriert hat, daß die gesamte Ernährung aus den feinstofflichen Frequenzen der Prana-Energie stammt (was wir als Photonen-Energie bezeichnen), hat man erstaunlich Freiheit von der eingebildeten Notwendigkeit, zu essen. Man kann die Geschmacksknospen des bloßen Vergnügens wegen verwöhnen, ohne daß die Notwendigkeit dazu besteht. Wir sind immer noch dabei, die Tiefe und Komplexität der menschlichen Psyche zu erforschen in Bezug auf die Verbindung von Essen aus emotionalen

Gründen und diesem Aspekt der Langeweile. Es ist wie Sai Baba sagt: »Wenn man den Geschmackssinn gemeistert hat, dann hat man alle Sinne gemeistert.«

Gibt es Gesundheitsrisiken, Probleme oder Mangelerscheinungen (Eisen, Vitamin B$_{12}$)?
Um an die vorherige Frage anzuknüpfen, die Essenz des Lebens ist Prana. Wenn sich jemand dafür entscheidet, kann er sich mit der Kraft des Pranas verbinden und wird von ihr ernährt. Sie enthält alle Vitamine und Nährstoffe, um einen unsterblichen, sich selbst regenerierenden Körper zu erhalten. Man wird nur dann Müdigkeit empfinden oder gesundheitliche Probleme bekommen, wenn man es erwartet. Das hieße, daß diejenige Person ihr Zellbewußtsein, ihr mentales Glaubenssystem und ihre Geisteshaltung nicht geändert hat. Ich persönlich würde diesen Weg niemandem empfehlen, der sich nicht bewußt und vollständig eingestimmt hat und dem Metaphysik, die Gesetze des Kosmos und die Grundlagen der Quantenphysik nicht vertraut sind. Um diese Sache erfolgreich und ohne Schaden zu praktizieren, muß man seinem Intellekt durch entsprechende Studien gerecht werden und alle einschränkenden Glaubensmuster auflösen.

Gibt es physiologische Veränderungen des Körpers?
Wenn man durch bewußte Programmierung seinen Geist meistert, kann man die Form des Körpers beliebig ändern. Das nennen wir »Re-Imaging«. In unserer Arbeit beschäftigen wir uns damit, vier Fünftel des Gehirns, in dem das höhere Bewußtsein liegt, zu aktivieren und zu nutzen. Viele Menschen sind zu sehr mit Angelegenheiten des niederen Bewußtseins wie dem Überleben in der physischen Realität beschäftigt, um ihr volles menschliches Potential entfalten zu können. Sobald die Probleme des Überlebens gemeistert sind, ist man jedoch frei, das höhere Bewußtsein durch Meditation und andere überlieferte Techniken zu trainieren. Diese Art von bewußtem Einstimmen erlaubt es uns dann, grenzenloses Sein zu genießen.
Physiologisch gesehen erhöhen die Hirnanhangdrüse und die Zirbeldrüse ihre Leistung, und dadurch wird Telepathie für viele Menschen ganz normal. Wir würden diese Arbeit gerne mit einer Spezialkamera, die Energiefelder liest, in Zusammenarbeit mit namhaften Therapeuten

des New Age und der traditionellen Medizin dokumentieren. Ähnlich wie das Projekt, das der XIV. Dalai Lama 1991 an der Harvard-Universität durchgeführt hat. Wir suchen bei der Umsetzung dieses Projekts ganz offen die Unterstützung interessierter Medien.

Was passiert mit den Verdauungsorganen, verkümmern oder schrumpfen sie?

Wenn man sich zu einer inneren Vision in seinen Körper begibt, kann man den Energiefluß beobachten, der wie eine Welle den Körper magnetisiert. Das passiert als Antwort auf unsere Anweisung an die Universellen Kräfte, uns durch Prana zu ernähren. Das Prana strömt dann durch unsere Hautporen herein. (Es erinnert mich an Wale, die tonnenweise Wasser sieben, um Plankton aufzunehmen.) Sich dann die Organe, die Knochen und den Blutstrom anzuschauen ist unglaublich. Was ich »sehe«, spiegelt im Normalfall vibrierende Gesundheit wider. Diese innere »Diagnose« durch intuitives Lesen von Energiefeldern geschieht mit Hilfe unseres aktivierten sechsten Sinnes. Die Diagnose kann unterschiedlich ausfallen, je nachdem, ob man auf der Zellebene Schlacke verbrennt oder nicht. Schlacke besteht aus toxischem Denken, toxischen Gefühlen und toxischer Ernährung.

Auf traditioneller Ebene ist leicht nachzuweisen, wie sich der Stoffwechsel verändert und der Magen schrumpft, da er nicht mehr die normale Verdauung bewältigen muß. Viele von uns haben sich sowohl schulmedizinisch als auch alternativmedizinisch untersuchen lassen – mit positivem Resultat. Das Problem ist, daß viele westliche Ärzte keine Erfahrung mit uns Praniern haben, daher haben sie auch keine Maßstäbe, auf die sie sich im Vergleich beziehen können. Es ist generell auch so, wenn man Schwingungen und Energiefelder darauf eingestimmt hat, von Prana erhalten zu werden, daß kaum noch Beschwerden auftreten, wegen denen man einen Arzt oder Therapeuten aufsuchen müßte. Verdauung und Ernährung sind zwei verschiedene Themen. Wenn Organe, Blut und Knochen ernährt werden, egal, ob ätherisch (Prana) oder physisch (Nahrung), bleiben sie bei voller Gesundheit und erhalten ihre Vitalität.

Wer sich energetisch selbst diagnostizieren möchte, dem empfehle ich, die Erinnerung an ein Leben in sich wachzurufen, in dem er diese subtile Kunst der Energiearbeit beherrschte, und dieses Bewußtsein anzuzapfen. Es ist einfach die Intuition, die sich auf den Universellen Geist bzw. das höchste Gruppenbewußtsein einstimmt und sich mit ihm verbindet. Sie kann niemals mißbraucht werden, da wir nur eine Schwingung anziehen können, die unser eigenes Bewußtsein widerspiegelt.

Kurz gesagt werden die Organe erst erhalten, dann immer perfekter, um schließlich den Höhepunkt der Gesundheit zu erreichen und zwar in dem Maß wie der Meister dieses Körpers – du selbst im Vollbesitz deiner Kraft – den wachsamen Prozeß geistiger Meisterschaft und bewußter Schöpfung grenzenloser Realität beginnt. Das Spiel der Prana-Ernährung ist das Wirksamste, was ich kenne, um die Macht des reinen Energiefunkens – der uns wirklich erhält – zu beweisen. Ohne ihn wären wir nicht am Leben. Ohne ihn würden wir kein Vergnügen, keine Freude und keine Grenzenlosigkeit kennen. Wenn wir ihn erwecken, befehlen wir der mächtigen ICH BIN Präsenz:

❑ »Liebe mächtige ICH BIN Präsenz, ich fordere absolute Meisterschaft über alle meine niederen Körper, damit du dich jetzt darin völlig manifestieren kannst. Ich bin jetzt der Ausdruck von göttlicher Magie, der Ausdruck von Meisterschaft und der Ausdruck vom Himmelreich auf allen Ebenen – wie oben so auch unten. So sei es!«

Was für ein großartiger Beschluß! Erstklassige Programme und erstklassiges Denken ermöglichen eine erstklassige Lebenserfahrung.

Was geschieht mit den Geschmacksknospen? Haben Sie Verlangen nach Geschmack oder Gaumenfreuden?
Die größte Hürde für viele dieser Pioniere ist das Verlangen nach Geschmack und Gefühl im Mund. Es ist wichtig, dies nicht abzulehnen und während wir die Energiemuster emotionaler Abhängigkeit vom Essen weiter erforschen, werden wir uns auch weiterhin ab und zu ein Geschmacksvergnügen gönnen. Wir haben herausgefunden, daß Menschen, die das Essen aufgeben, entweder Lust auf Scharfes oder sehr Süßes bekommen oder zwischen beiden Geschmacksrichtungen hin- und herwechseln. Ein Mundvoll von dem gewünschten Geschmack befriedigt diese Attacken meistens. Wir erpro-

ben derzeit auch Methoden der Neuprogrammierung, um so schließlich ganz über das Bewußtsein der Nahrungsaufnahme hinweg zu gelangen. Wir möchten eine Entwicklung voller Freude machen und dabei nicht den Weg des Verzichts gehen.

Ist es möglich, wieder zum Essen zurückzukehren, und gibt es hierbei Probleme?

Die meisten Menschen, die sich dem Prozeß unterzogen haben, können relativ problemlos zur Nahrungsaufnahme zurückkehren. Sie beginnen meist mit festeren Flüssigkeiten, wie etwa Suppen, dann Obst und Gemüse, um dann schließlich langsam wieder zu ihren normalen Eßgewohnheiten zurückzukehren. Die meisten Leute, die zum Essen zurückkehren, tun dies jedoch nicht aus Notwendigkeit, sondern weil sie es leid sind, anders zu sein und aus sozialem Druck. Der Prozeß bringt eine Lebensführung mit sich, für die sich nur wenige Menschen begeistern können. Die meisten, die von unserer Arbeit hören, betrachten das Ganze entweder als unmöglich oder reagieren mit: »Warum tut ihr das, wo man doch so viel Freude am Essen haben kann?«

Gibt es Probleme aufgrund von Wasserentzug? Was trinken Pranier, nur Wasser oder auch aromatisierte Getränke? Wie steht es mit Koffein, Alkohol und anderen Stimulanzien?

Es gibt Menschen, die weder essen noch trinken. Aber die meisten Pranier sitzen immer noch gerne bei einem Täßchen Tee zusammen, sie tun dies vor allem um der sozialen Kontakte wegen. Die meisten trinken jedoch keinen Alkohol, da sie finden, daß er die Schwingungen der Energiefelder der Körper auf ein niedrigeres Energieniveau bringt. Viele machen es so, daß sie durch geistige Meisterschaft alles, was sie in den Körper aufnehmen, in Licht verwandeln. Ich persönlich liebe noch immer eine gute Tasse Tee!

Wie wirkt es sich auf die Mutterschaft aus? Können Pranier stillen?

Ich weiß nur von einer Frau, die als Pranierin ein Kind geboren hat. Sie hatte keine Probleme beim Stillen, und das Kind kam vollkommen gesund auf die Welt. Man muß seine Gedankenwelt von Grund auf ändern, um zu verstehen, daß der menschliche physische Körper vital und gesund bleibt, wenn die Ernährung aus der Universellen Lebenskraft stammt.

Kann man von Geburt an Pranier sein, oder gibt es ein Mindestalter?
Viele Kinder, die heutzutage auf die Welt kommen, verspüren keinen Wunsch zu essen. Dies ist eine natürliche Folge ihrer höheren Schwingung und der bewußten Wahrnehmung ihrer Ganzheit. Im Hinblick auf ein Mindestalter hängt es davon ab, welche Unterstützung die Familie und das soziale Umfeld bieten. Viele Kinder sind leicht zu beeinflussen. Sie werden in ihren natürlichen intuitiven Fähigkeiten oft von weniger bewußten Erwachsenen beschränkt. Auch wird den Kindern suggeriert, daß die Erwachsenen aufgrund der Tatsache, daß sie erwachsen sind, mehr wüßten. (Eine sehr umstrittene Vorstellung im esoterischen Denken.)

Werden das Wachstum, die Entwicklung, die Körpergröße beeinflußt? Gibt es übergewichtige Pranier?
Pranier sind eingestimmte Instrumente, die entweder bereits eine große Macht über ihre Molekularstruktur besitzen oder dabei sind, sie zu entwickeln, und ihre Körpergröße und -form nach Belieben durch Neuprogrammierung ändern können. Der Körper ist ein Biocomputer, der Geist ist die Software, das Leben ist der Ausdruck von beidem. Wenn jemand sein Leben oder einen Aspekt davon nicht mag, dann kann er das Softwareprogramm neu schreiben. Erstklassiges Denken führt zu einem erstklassigen Leben, grenzenloses Denken führt zu einem grenzenlosen Leben.
Hinsichtlich der Frage nach übergewichtigen Praniern, gibt es Menschen, die den Prozeß mit der Absicht begonnen haben, abzunehmen. Da dies jedoch eine Art Einweihung für den »spirituellen Krieger« ist, konnten sie den Prozeß nicht durchhalten und haben wieder angefangen zu essen. Die Absicht muß rein sein. Unabhängig davon, ob man zur Nahrungsaufnahme zurückkehrt oder nicht, der Erfolg ist mit dem neuen Wissensmuster erreicht. Die Erfahrung, daß man über Monate und Jahre durch Prana ernährt werden kann, wird dann im Zellgedächtnis gespeichert und eine subtile, aber mächtige Ebene der Freiheit ist erreicht.

Welchen Einfluß hat es auf den Schlaf? Meditieren alle Pranier? Sind sie voller Energie?

Die meisten Pranier brauchen nur noch halb so viel Schlaf wie zuvor, oder sie haben das Schlafbedürfnis vollkommen gemeistert. Sie schlafen nur noch dann, wenn sie wollen, hauptsächlich um den Körper zu verlassen und sich in anderen Dimensionen zu bewegen.

Um sich einzustimmen, ist die Meditation das effektivste Mittel. Sie ermöglicht uns den Zugang zur grenzenlosen Natur des reinen Energiefunkens in uns. Viele Pranier sind mit ihrem Bewußtsein im ewigen Jetzt eingebettet und wählen die »formale« Meditation wegen der Freude, in Stille ohne die äußere Ablenkung sein zu können, die unsere geschäftige westliche Kultur prägt. Das Energieniveau ist fantastisch, vor allem wenn man es erwartet. Denk daran, bei diesem Weg regiert der Geist über die Materie.

Wie sind die Auswirkungen auf die Lebenserwartung? Ist es ein Jungbrunnen oder wird man dadurch älter? Wie wirkt es sich auf die physische Schönheit aus?

Ich kann nicht für alle Pranier sprechen, nur von meinem persönlichen Weg, bei dem physische Unsterblichkeit Hand in Hand mit Pranismus geht. Giri Bala aus Indien und Therese Neumann, die die Wundmale Christi trug, waren beide Pranier, die in Würde alt wurden; Therese Neumann ist inzwischen gestorben. Das Leben als Pranier ist keine Garantie für physische Unsterblichkeit. Es sei denn, man programmiert die Zirbeldrüse und die Hirnanhangdrüse neu, so daß sie nur noch lebenserhaltende Hormone produzieren. Um physisch unsterblich zu sein, muß man sich von dem Glaubensmuster lösen, daß man sterben muß. Man muß auch aus den Energiefeldern der Körper alle gedankliche, emotionale und nahrungsbedingte Toxizität entfernen. Es ist ein Weg der Reinigung, ein Weg dahin, ein erhabenes und genauestens gestimmtes Instrument im göttlichen Orchester zu werden und ein Weg, all dies in der physischen Realität zu manifestieren. Daher ist es von der Geisteshaltung abhängig, ob man diesen Jungbrunnen erreicht. Ich persönlich habe die Meisterschaft über mein Vehikel (den physischen Körper) und bin nicht sein Sklave. Es ist meine Absicht, meinen Lebenszweck zu erfüllen und dann den Körper ins Licht zu bringen oder fallen zu lassen, sobald ich meine Arbeit beendet habe, jedoch nicht ihn durch Vernachlässigung oder Mißbrauch sterben zu lassen. Einige wenige Menschen haben schamanistische Fähigkeiten und können zum Beispiel die Form ihrer Erscheinung wechseln. Physische Schönheit ist nicht wichtig, sondern alleine die Schwingungsausstrahlung.

Welchen Einfluß hat Pranismus auf das sexuelle Verlangen und auf sexuelle Beziehungen?
Viele Pranier, die in einer Partnerschaft leben, praktizieren Tantra- oder Taosex, dessen Energiefluß einen Orgasmus sowohl im Gehirn als auch im Körper hervorrufen kann. Bewußt praktiziert verbindet er die sexuelle Energie (Wurzel- und Nabelchakra) mit der spirituellen Energie (Kronen- und Stirnchakra) und der Energie bedingungsloser Liebe (Herzchakra) durch die Technik des mikrokosmischen Orbits (wie in Mantak Chia's Werk beschrieben, dem Autor der taoistischen Geheimnisse der Liebe).
Andere leben jedoch lieber enthaltsam. Dies ist keine Enthaltsamkeit aus Mangel an Gelegenheit zu Sex, sondern die absichtliche, bewußte Umformung der sexuellen Lebensenergie in eine höhere, feinstofflichere, schöpferische Schwingung. Ein gesunder Körper ist ein sexueller Körper. Die sexuellen Energien müssen in höhere Schwingungen transformiert, zur Fortpflanzung benutzt oder in tantrischem Austausch ausgelebt werden.

Können zwei Pranier Kinder bekommen? Ist das je vorgekommen?
Ja, und nochmals ja.

Gibt es eine internationale Organisation der Pranier und wenn ja, mit welchem Programm? Handelt es sich um einen Kult oder eine religiöse Bewegung?
Nein, und nochmal nein. Wenn ich von mir persönlich spreche, macht es vielleicht zwei Prozent von mir aus, daß ich Pranierin bin und ansonsten ist es etwas, das ich und andere in glücklicher Pionierarbeit erfahren. Wegen der potentiell kraftvollen, positiven und weltweiten Bedeutung für das Hungerproblem in der Welt ermöglichen wir den Menschen einfach, Zeugen einer anderen Seinsmöglichkeit zu werden, durch die sie frei vom Bedürfnis nach Nahrung, Schlaf und sogar

den Zwängen der Zeit werden können.

Die Fähigkeit, die Körpertemperatur selbst zu bestimmen, das fehlende Bedürfnis nach Nahrung oder Schlaf sind nur Begleiterscheinungen davon, ein unbegrenztes Wesen zu sein und unser volles Potential zu entfalten. Diese drei Fähigkeiten werden von unzähligen Yogis praktiziert. Jesus sagte: *»Alles, was ich getan habe, könnt ihr tun und mehr.«*

Wie bereits erwähnt, bin ich eine Botschafterin für MAPS, der Bewegung für eine positiv erwachte Gesellschaft. Diejenigen, die an einer positiven persönlichen und globalen Transformation zum Guten des Ganzen interessiert sind, sind bei der Unterstützung dieser Vision herzlich willkommen, unabhängig von ihrem religiösen Hintergrund. Unsere Zeitung »The ELRAANIS Voice« recherchiert und berichtet über besondere persönliche und globale Leistungen in den Bereichen Soziales, Wirtschaft, Erziehung oder Politik.

Gibt es berühmte Pranier?

Graf Saint Germain, der Shakespeares Stücke geschrieben hat, wurde in der Öffentlichkeit nie essend oder trinkend gesehen und behielt über Jahrhunderte eine nicht alternde physische Form. Meister wie Sai Baba, Babaji und andere Yogis im Himalaja können die von ihren Anhängern in Liebe dargebrachten Speisen annehmen, aber sie benötigen keine Nahrung, um sich zu erhalten. Viele andere spirituelle Meister haben sich vierzig Tage lang vollkommen zurückgezogen, ohne dabei Nahrung oder Wasser zu sich zu nehmen. Der Immortalist, dessen Spur sich am besten zurückverfolgen läßt, soll Bhartriji sein, ein zweitausend Jahre alter Yogi. Laut Leonard Orr, dem Gründer der weltweit zehn Millionen Anhänger zählenden Rebirthing-Bewegung, ist sein Wohnort in einem Ashram im Dorf Bhartara, Distrikt Alwar in Rajasthan, Indien.

Einige Vorteile der Ernährung durch Licht:

* Das Geld, das man für Essen spart, kann man für Kleidung ausgeben. Das wird besonders Frauen Spaß machen!

* Großartiger Zeitgewinn, da das Schlafbedürfnis auf die Hälfte reduziert wird oder völlig verschwindet.

- Großartiger Zeitgewinn, da man weder Lebensmittel einkaufen, noch kochen oder die Küche putzen muß.

- Gesteigerte Fähigkeiten des Hellsehens und Hellhörens sowie eine erstaunliche Leichtigkeit des Seins.

- Grenzenlose Energie und mehr.

Nach zwei Jahren ohne Nahrung aus dem atmosphärischen Reich war mein Wunsch nach Geschmack immer noch eine Herausforderung. Wie bereits erwähnt, war es für mich wichtig, nichts zu unterdrücken, sondern alle Aspekte meiner Körper zu respektieren, so wie sie sich im Übergangsprozeß darstellten.

Vor einiger Zeit hatte ich mir überlegt, daß es toll sein müßte, nur den Geschmack zu genießen und anschließend das Essen wieder auszuspucken, denn der physische Körper war zu diesem Zeitpunkt definitiv nicht mehr an Nahrung interessiert. Diese Idee schien mir jedoch gesellschaftlich absolut inakzeptabel. Ich stellte mir eine Runde von Liquidpraniern vor, kauend und spuckend – wie zu Zeiten, als das Kauen von Tabak modern war und überall Spucknäpfe herumstanden. Die Vorstellung, gekautes Essen auszuspucken, fand ich sehr unzivilisiert, insbesondere in der Gegenwart anderer. Es passiert vor allem in Gesellschaft, daß man, um sich anzupassen, vom Emotionalkörper gedrängt wird zu essen – ausgelöst durch den Wunsch, Teil des sozialen Geschehens zu sein, das sich in der westlichen Gesellschaft so oft ums Essen dreht.

Ich experimentierte mit Geschmack, indem ich einen geschmacksintensiven Happen zu mir nahm, mich programmierte, ihn in Licht umzuformen und ihn dann schluckte. Dabei bemerkte ich intuitiv, daß ich anfing, mich innerlich verwirrt zu fühlen.

In der Meditation erfuhr ich dann, daß mein Körperelemental – das Körperbewußtsein – verwirrt war. Nachdem ich so lange nur Prana zu mir genommen hatte, war es nun verunsichert und wußte nicht, wie es die kleinen Mengen geschluckter Nahrung verwerten sollte. Sollte es jetzt etwa wieder mit dem Verdauungsprozeß beginnen oder weiter Photonen-Energie über die Photosynthese aufnehmen oder beides gleichzeitig?

Ich machte mir noch einmal klar, daß es bei dem Prozeß nicht um Essen oder Nicht-Essen geht, sondern darum, die Meisterschaft über die vier niederen Körper zu erlangen, damit sie im Sinne des grenzenlosen Göttlichen Selbstes handeln. Ich setzte mir also selbst den Hut des Meisters auf, rief mir mein Körperelemental ins Bewußtsein und stellte mir vor, wie es salutierend vor mir stand, wie ein Soldat in meiner Armee. Dann befahl ich:

❑ »Ich fordere die volle Aufmerksamkeit und Präsenz meines Körperbewußtseins. Ich befehle, daß du vom jetzigen Moment an alle Vitamine, Nährstoffe und Nahrung, die zum Erhalt der vollen physischen Gesundheit erforderlich sind, aus dem Prana absorbierst. Die Tatsache, daß ich vielleicht ab und zu einen Geschmackshappen genieße, ist nur eine Angelegenheit des Emotionalkörpers, und damit hast du nichts zu tun!«

Nachdem ich mein Körperelemental ordnungsgemäß informiert und neu programmiert hatte, befahl ich dem Elemental des Emotionalkörpers, vor mir zu erscheinen. Es erhielt die folgende Anweisung:

❑ »Ich befehle dem Emotionalkörper, daß du von nun an nur noch Erfahrungen bedingungsloser Liebe und der Ekstase in unsere Gegenwart ziehst!«

Nachdem das richtig gespeichert war, rief ich den mentalen Körper und befahl:

❑ »Von diesem Augenblick an konzentrierst du dich vollständig auf den Universellen Geist und stimmst dich auf Gottes Takt ein. Deine Verpflichtung ist es, klar zu bleiben, konzentriert und auf den Göttlichen Plan ausgerichtet, so wie er sich entfaltet.«

Weiteres kraftvolles Programmieren für effektive geistige Meisterschaft wird später beschrieben.
Nach dieser Programmierung verschwand dann auch die Verwirrung.
Zum Thema Gymnastik: Wie viele andere auch, habe ich innere Anweisung erhalten, fit und stark zu werden und meine Muskeln aus-

zubilden. Einmal hilft es mir auf meinen physischen Reisen, wenn ich Koffer voller Bücher rund um den Globus tragen muß. Auf einer anderen Ebene verhält es sich einfach so: je kräftiger das physische Vehikel ist, desto höher kann die »Spannung« sein, die unser Göttliches Selbst durchleitet, während es sich mehr und mehr in der physischen Realität ausdrückt.

Da ich, wie viele andere auch, das kraftvolle Programm benutze, die volle Manifestation des göttlichen Selbstes in der physischen Realität zu befehlen, darf es dabei nicht zu körperlichen Fehlausrichtungen oder sogar zu einem Ausbrennen des elektrischen Schaltkreises kommen. Ein starkes, gestimmtes Vehikel unterstützt das leichte Einfließen der göttlichen Energien.

Es werden auch viele Personen angeleitet, Muskeln um die Schultern, an den Oberarmen und am Hals aufzubauen. Die Meister informieren uns, daß die Schädelbasis der Verbindungspunkt zwischen dem physischen Nervensystem und dem ätherischen des Lichtkörpers ist. Es ist der Haltepunkt für beide. Die Engel lassen uns mit dem ihnen eigenen Humor wissen, daß Schmerzen zwischen den Schulterblättern oft dadurch entstehen, daß unsere ätherischen Flügel im Physischen verankert sind. Wie dem auch sei, beides ermutigt uns, das physische Vehikel zu stärken.

Starkes Vehikel, starke Spannung.

Spiritualität und Sexualität

Eine der heikleren aber üblichen Fragen, die mir auf meinen Reisen immer wieder gestellt werden, betrifft Sexualität und Spiritualität. Insbesondere wenn jemand beschließt, von dem Licht des ICH BIN zu leben, kommen Fragen wie: *Wie vertragen sich die sexuellen Energien mit den höheren, feineren Schwingungsraten des Göttlichen in uns?* Für viele ist dies ein enorm wichtiges Thema, was unserer Meinung nach ein eigenes Kapitel verlangt.

Von meinem eigenen Weg kann ich berichten, daß ich mich nach dem 21-Tage-Prozeß auf einer ganz anderen Wellenlänge oder Schwingungsebene befand. Durch jahrelange Meditation war ich für Energiewahrnehmungen sehr sensibel geworden, was nach dem Prozeß dramatisch zunahm. Ich konnte die Energie von Leuten plötzlich sehen. Ärger sah ich zum Beispiel als rote Pfeile oder Schwerter, die aus ihren Energiefeldern ausstrahlten. Zu dieser Zeit begann ich der persönlichen Frage nach Enthaltsamkeit weiter nachzugehen. Wiederum bestand meine Motivation darin, ein Maximum an Energie zu empfangen und ihr eine kraftvolle Richtung zu geben.

Das Thema Enthaltsamkeit ist etwas sehr Persönliches. Nachdem ich mich auf das Thema eingestimmt und ausgiebige Nachforschungen betrieben hatte, begegnete ich der taoistischen Sichtweise. Sie wird in den Büchern »Tao – Geheimnisse der Liebe« (Verfeinern der männlichen sexuellen Energie) und »Tao Yoga der heilenden Liebe« (Verfeinern der weiblichen sexuellen Energie) von Mantak Chia und Maneewan Chia beschrieben.

All denjenigen, die sinnliche Spiritualität weiter praktizieren oder entwickeln möchten, empfehle ich, beide Werke zu lesen. Obwohl die Übungen auf den ersten Blick beschwerlich erscheinen, sind sie relativ leicht zu meistern. In den folgenden beiden Artikel sind Techniken beschrieben, die einfach anzuwenden und zu praktizieren sind. Meine eigene Entscheidung, diese Wege zu ergründen, basiert darauf, daß ich alle Dinge so ergründe, daß sie sich zu ihrem höchsten positiven Potential entfalten können. Mein Partner und ich hatten dieses Thema zwar bereits gestreift, aber noch nicht gründlich zusammen erforscht. Die Lamas in den »Fünf Tibetern« lassen uns wissen, daß Enthalt-

samkeit freiwillig sein und auf dem bewußten Wunsch basieren sollte, die Energiefelder noch stärker auf einen bestimmten Rhythmus
einzuschwingen. Enthaltsamkeit sollte nicht aus fehlender Möglichkeit zum vollen sexuellen Ausdruck oder aus Bequemlichkeit entstehen.

Obwohl ein Mensch in sich selbst vollständig ist, ist die romantische
Liebe ein Aspekt von der göttlichen Liebe. Den niemals endenden
Quell der Liebe durch die Verbindung mit dem Göttlichen zu finden
ist eine der erfüllendsten Reisen, die die Menschheit machen und
worin sie Freude finden kann. Das bedingungslose Teilen dieses
Quells der Liebe mit anderen fügt unserem Dasein noch eine andere
Ausdrucksebene hinzu. Zwei Menschen, die bewußt ihre sexuellen
Energien mit den spirituellen und denen des Herzens vereinen,
erschaffen nochmal einen ganz neuen Takt.

Die beiden folgenden Artikel stammen aus der Sommerausgabe von
»The ELRAANIS Voice«.

Männliche Potenz
von Eltrayan

»Gleich zu Beginn dieser Erläuterungen sollt ihr erfahren, daß
Eltrayan männlichen Geschlechts ist. Ich erwähne das, um der männlichen Zielgruppe zu erklären, welcher Nutzen aus einer fortgeschritt-
nen und subtileren Form der Enthaltsamkeit gezogen werden kann.
Ich habe die Kenntnisse zu diesem Thema aus erster Hand, und wenn
ich auch die Frauen nicht ausschließen möchte, so liegt das weibliche
Muster doch außerhalb meines eigenen Erfahrungsbereichs.

Die Anwendung körperbezogener Techniken zur Erweiterung des Bewußtseins ist wirkungsvoll und sinnvoll. Denn obwohl wir alle einen
spirituellen, mentalen, emotionalen und physischen Körper besitzen
und die Körper in dieser Reihenfolge aufeinander wirken, sollten die
Beitragsmöglichkeiten des physischen Körpers nicht unterschätzt
werden, weil bestimmte Erfahrungen und Lektionen nur auf der physischen Schwingungsebene möglich sind. Erleuchtung ist der Ent-
wicklungszustand, in dem diese vier Körper synchron schwingen und
perfekte Vehikel für das Selbst – den individuellen Funken des
Göttlichen – bilden, damit es seine Existenz auf den verschiedenen

Schwingungsebenen dieser Körper erfahren kann.

Üblicherweise wird Enthaltsamkeit als Abstinenz vom Geschlechtsverkehr definiert. Es mag Männer geben, die das reizt und die es – zumindest eine bestimmte Zeit lang – für die richtige Art zu handeln halten, für die meisten Männer ist dieser Gedanke jedoch wenig anziehend. Vom esoterischen Gesichtspunkt aus betrachtet, sind die Intimität, der Hautkontakt und das süße Miteinander der körperlichen Liebe, vor allem wenn es in Liebe geschieht, positiv und äußerst wertvoll. Der negative Aspekt bei der körperlichen Liebe ist für den Mann, daß er durch die Ejakulation eine seiner wertvollsten Quellen für spirituelle Weiterentwicklung vergeudet. Es ist Zeit, auf einer höheren Ebene über dieses Thema nachzudenken als nur zu fragen, ob sportliche Leistungen durch vorausgegangenen Geschlechtsverkehr beeinträchtigt werden. Es muß vielmehr dargestellt werden, wie diese sexuelle Essenz zur spirituellen Weiterentwicklung umgelenkt werden kann mit dem zusätzlichen Vorteil, daß ein durchschnittlicher männlicher Liebhaber in ein sinnliches und sexuelles Juwel verwandelt wird.

Man sagt, unsere primäre Energiequelle sei die sexuelle Energie. Zwischen 25 und 40 Prozent der Energie (Prana oder Chi), die wir durch Atmen, Trinken, Essen, Sonnenlicht, Mondlicht etc. ansammeln, verwenden wir, um sexuelle Energie zu produzieren, die physisch beim Mann im Sperma eingelagert wird. Eine einzige Ejakulation beinhaltet 200 bis 500 Millionen Spermien, wobei jede Zelle ein potentieller Mensch ist.

Wenn Samen ausgestoßen wird, muß der Körper wieder neuen produzieren. Der Rohstoff kommt aus dem Blut, das dazu wertvolle Elemente aus jedem Körperorgan, einschließlich dem Gehirn, abziehen muß. Im Leben eines Mannes kommt es durchschnittlich zu 5000 Ejakulationen mit insgesamt 15 Litern Samen. Bei 200 bis 500 Millionen Spermien pro Ejakulation könnte dieser Mann in seinem Leben das 200fache der heutigen Erdbevölkerung zeugen. Das ist ein ungeheures Energiereservoir, und die Natur ist nicht so zügellos und verschwenderisch, daß sie so viel Energie zur Verfügung stellt, nur damit jemand in seinem Leben ein paar Kinder zeugen kann.

Ein Mann kann einen Orgasmus mit wenig oder ohne Ejakulation haben. Dies wurde von taoistischen Meistern demonstriert, die somit die Freuden der körperlichen Liebe nicht leugneten, aber die damit verbundene sexuelle Energie in sich behielten.

Körperliche Liebe hilft, Ungleichgewichte in der Körperchemie auszugleichen, da die Stimulation der Sexualhormone die Hormonausschüttung in den übrigen wichtigen Drüsen anregt: Nebennieren, Thymusdrüse, Schilddrüse, Hirnanhangdrüse und Zirbeldrüse.

Die Übung, männliche sexuelle Energie in sich zu behalten und zu transformieren, unterstützt das innere Gleichgewicht des menschlichen Energiesystems. Die Hoden sind im männlichen Hormonsystem mit der Hirnanhangdrüse verbunden, und sie arbeiten zusammen an der Umwandlung der sexuellen Energie. Die Hirnanhangdrüse regelt die Tätigkeit der anderen Drüsen. Die Hoden produzieren sowohl Sperma als auch männliche Hormone, und wenn diese nicht ejakuliert werden, gehen die männlichen Hormone in den Blutstrom über und werden in alle Körperteile transportiert.

Das Einbehalten sexueller Energie hat also beträchtliche positive Auswirkungen. Damit diese Erkenntnis auch in die Tat umgesetzt werden kann, ist es für Männer notwendig, die Vorteile zu verstehen ohne sie mit Verlust von Intimität oder Vergnügen zu verbinden. Tatsächlich ist sogar das Gegenteil der Fall, und es kommt zu einer Steigerung der Freuden. Dies verlangt jedoch von vielen Männern, ihre Einstellung zur körperlichen Liebe zu ändern.

Um zu verstehen, wie man durch die Nutzung sexueller Energie zu einem erleuchteten Bewußtseinszustand beitragen kann, muß man die subtilen Energiewege des Körpers kennen. Während der körperlichen Liebe und insbesondere beim männlichen Orgasmus wandert ein Strom ätherischer Energie, normalerweise nur ein kleiner Teil, da der größte Teil ejakuliert wird, vom Wurzelchakra am unteren Ende der Wirbelsäule, über das zentrale Nervensystem an der Wirbelsäule entlang bis zur Hirnanhangdrüse im Kopf. Seher beschreiben diesen Energiefluß als von ätherischen Pumpen erzeugt, die am unteren Rücken und auf der Rückseite des Halses liegen. Diese ätherischen Pumpen sollten während des Liebesaktes visualisiert werden, denn dadurch kann der Energiefluß leichter kontrolliert werden.

Die taoistische Technik, sexuelle Energie umzulenken, wird Big Draw (»großes Ziehen«) genannt. Wie der Name bereits verrät, bedeutet es Zurückziehen oder Zurückhalten der Entladung sexueller Energie und ihre Umlenkung entlang der Wirbelsäule in den Kopf.

Dies ist die wichtigste tantrische Technik. Um den Samen beim Orgasmus zurückzuhalten, muß der Mann Kontrolle über die Muskeln haben, die auch benutzt werden, um beim Urinieren mitten im Strahl zu unterbrechen. Die Übung, beim Urinieren den Strahl anzuhalten und wieder loszulassen, ist eine einfache und wirksame Methode, um die erforderliche Kontrolle dieser Muskeln zu erlangen, und wird unbedingt empfohlen.

Nur durch Übung kann der Mann diese Fähigkeit des Zurückhaltens erreichen. Dadurch steigt dann die Potenz beträchtlich, und Frauen sollten davor gewarnt sein, daß sie es bald mit einem sexuellen Energiebündel zu tun haben werden, mit großer Libido, erstaunlicher Leistungsfähigkeit sowie zunehmendem Einfühlungsvermögen und wachsender Sensibilität.

Die feinstoffliche Energieumlenkung geht beim Mann zum Kopf, wo durch Berühren des Gaumens mit der Zungenspitze der Kreis geschlossen wird. Dann wandert die Energie über die Vorderseite des Körpers zurück zum Wurzelchakra und steigt wieder, wie in einem Kreislauf, den Rücken hinauf. Frauen können auf gleiche Weise ihre sexuelle Energie in einen Kreislauf lenken. Die Energie kann auch in einen Kreislauf umgelenkt werden, der den Rücken des Partners hinaufführt, dann an seiner Vorderseite wieder hinunter und anschließend den eigenen Rücken wieder hoch und um den eigenen Körper herum so, daß das Bild einer liegenden Acht entsteht. Hierbei kommt es zu einer außergewöhnlichen Erfahrung dadurch, daß die Energiemuster miteinander ausgetauscht und geteilt werden.

Aus diesem Grund kann ein Mann im New Age tatsächlich anstreben, ein moderner Taomeister zu werden. Der Grad der Aufmerksamkeit und der Konzentration, die er diesem Thema widmet, bestimmen seinen Erfolg. Mit Geld glücklich zu sein, ist eine Sache. Wenn du aber eine verfeinerte Art der Enthaltsamkeit durch Einbehalten und Umlenken sexueller Energie akzeptierst, bist du in der Liebe glücklich.«

Weibliche Potenz

»Nach der männlichen Art, Sexualität zu erfahren, folgt nun die weibliche. Der Unterschied in der Technik ist in erster Linie anatomisch bedingt, und zum anderen kommt für Frauen noch ein weiteres Feinstimmen hinzu. Als erstes wird die weibliche sexuelle Energie aus den Fortpflanzungsorganen, wo sie gespeichert wird, und dem Wurzel- und Nabelchakra vereinigt. Dann wird diese Energie durch die Pumpen die Wirbelsäule hoch in einen geschlossenen Kreislauf gelenkt, wie von Eltrayan beschrieben. Das wird als mikrokosmischer Orbit bezeichnet. Sobald die Energie bis ins Gehirn gestiegen ist, schließt man den Kreislauf, dadurch daß die Zunge den Gaumen berührt. Wenn das geschehen ist, empfehlen wir als zweiten Schritt, das Herzchakra zu öffnen und die Energie der bedingungslosen Liebe mit einfließen zu lassen, während der Energiestrom auf der Vorderseite des Körpers abwärts gelenkt wird, um den Energiekreis vollkommen zu schließen.

Diese Technik leitet die sexuelle Energie in die höheren spirituellen Zentren des Kronen- und Stirnchakras und erweitert sie um die Schwingung der bedingungslosen Liebe. Damit wird die Triade vervollständigt. Diese Verschmelzung aus sexueller, spiritueller und Liebesenergie erzeugt eine enorme Kraft, die in deinen Partner hinein und dann seine Wirbelsäule hinauf gelenkt werden kann, und somit das Sinnbild für den unendlichen Energiefluß schafft, die liegende Acht.

Wie bei anderen Dingen auch, verlangt es Übung, Willenskraft und Konzentration, um die Wirkungen zu spüren, die – anfangs noch subtil – mit der Zeit sehr kraftvoll werden. Der Hauptunterschied zwischen Tantra- und Taopraktiken ist der, daß es im Tantra sehr viele Rituale gibt, während man sich im Tao mehr auf den Energiefluß konzentriert. Beides sind starke Werkzeuge, um die sexuelle Erfahrung zu einer spirituellen werden zu lassen. Viele Menschen, die Tantra oder Tao praktizieren, berichten folgendes:

- Ein sehr tiefes Gefühl der Verbundenheit mit dem Partner, als wäre man eins (dies entsteht, wenn man die Energieströme miteinander teilt und ganz bewußt und absichtsvoll den einen Strom durch den Körper des anderen lenkt).

- Bessere Gesundheit und Vitalität (nach Mantak Chia's Buch »Tao – Geheimnisse der Liebe« sind die tibetischen Lamas der Ansicht, daß das Vergießen von Samen die Lebenskraft schwächt, verfrühtes Altern und Glatzenbildung verursacht und zum Tode führt).

- Die Fähigkeit zu mehrfachen vollen Körper- und Gehirn-orgasmen.

- Höhere Qualität und Ausdauer der sexuellen Leistung und Freude beim gemeinsamen Austausch.

- Physische Unsterblichkeit und Regeneration der Organe, dadurch daß die lebensspendenden Substrate in Samen und Eizelle zurückgewonnen werden.

- Telepathische Verbindung mit dem Partner.

- Frauen können zur Empfängnisverhütung ihren Menstruations-zyklus kontrollieren, ihre Blutungen nach Belieben beginnen und enden lassen und vieles mehr.

Zu den oben beschriebenen Praktiken wird folgendes Mantra emp-fohlen: »Sex – Geist – Liebe bringt Balance.« Es muß wiederholt angewendet werden: Die Energie entsteht im Damm, dem Bereich hinter den Genitalien, gelangt von dort in den untersten Teil der Wirbelsäule (Kundalini-Bereich) – Sex; dann die Wirbelsäule hoch – Geist, während die Energie in das Kronenchakra eindringt; anschließend – Liebe, wenn die Energie beim Herzchakra ist – Balance, wenn sie wieder beim Damm ankommt. Dann schickst du mit den gleichen Worten »Sex, Geist, Liebe bringt Balance« diese Energie in deinen Partner (oder um den eigenen Körper herum, wenn du allein bist), wie im mikrokosmischen Orbit. Diese Worte helfen, den Energiefluß zu lenken. Anstatt die an der Wirbelsäule hochgepumpte Energie zu visualisieren wird so mit Hilfe dieses Mantras die Energie in die angesprochenen Bereiche gelenkt. Das Ziel ist, sexuelle, spirituelle und bedingungslose Liebesenergie miteinander zu verschmelzen, um in Harmonie zu kommen.

Diese Technik kann unabhängig davon angewendet werden, ob der Partner sie bewußt mit dir praktizieren will oder nicht. Geh' einfach in die Visualisierung des Energieflusses und verwende das Mantra, und wenn du merkst, daß sich die Energien bilden, erlaube ihnen, in den Körper deines Partners zu fließen, wenn deine innere Führung dich dazu anleitet. Die Energien verschmelzen und erzeugen ein reines Yin-Yang-Gleichgewicht in beiden Partnern.

Auf meinen Reisen äußern Frauen (die 60 bis 80 Prozent der Seminarteilnehmer ausmachen) oft den Wunsch, Sexualität mit Spiritualität zusammenzubringen, wenn sie in einer Beziehung leben. Die Tantra- und Taotechniken werden inzwischen von vielen erfolgreich angewendet und haben sich längst als ideales Instrument zur Verschmelzung sowie zur Reinigung und Kanalisierung des Energieflusses bewährt.

Um diese Techniken zu praktizieren und die Vorteile ihrer Meisterung zu genießen, muß man nicht in einer Beziehung leben. Diese Techniken sind wunderbar, um die Meisterschaft über die vier niederen Körper zurückzugewinnen und in Beziehungen ein heiliges Miteinander-Teilen zu erschaffen. Sie wirken am besten, wenn gleichzeitig alte Verbindungen zum Abschluß gebracht, psychische Verbindungen durchschnitten und zelluläre Erinnerungen aufgearbeitet werden.«

Die Erfahrungen anderer

Dieses Kapitel beschreibt nicht die Erfahrungen großer Heiliger und Meister, sondern die alltäglicher Menschen, die in unserer westlichen Kultur in Städten und auf dem Land leben und einen neuen Weg des Seins erkunden. Oder wie einige von ihnen sagen würden: *wiederentdecken, wie wir einmal gewesen sind.*

Rose Witherow aus Melbourne, Australien, nahm im November 1994 an dem Prozeß teil: *Mich faszinierte die Möglichkeit der Loslösung, der Auflösung des Egos und veralteter Glaubenssysteme. Ich wollte die Verbindung zu meinem höheren Selbst und der Einheit mit allem näherkommen.*

Mit der Affirmation *ich atme, vertraue und weiß, daß ich so bin, wie ich sein soll* stabilisierte sich das Gewicht von Rose im September 1995 (nachdem sie 13 Kilogramm abgenommen hatte). Ihr Energieniveau blieb gleichbleibend hoch, und ihr Schlafbedürfnis reduzierte sich von acht bis neun Stunden auf vier bis sechs Stunden pro Nacht. Rose nahm keine Vitamine zu sich. Sie trank vier bis fünf Getränke am Tag in Form von Kaffee, Tee und manchmal leichteren Suppen oder Eiskrem – des Geschmacks wegen.

Hinsichtlich der emotionalen Ebene sagte Rose, *ich bin wesentlich weniger empfindlich und kann viel leichter loslassen. Ich bin glücklicher, klarer und entspannter. Mehr in meinem Herzen. Ich kann mich viel länger konzentrieren und muß wirklich bewußt darauf achten, hinzuhören, wenn ich eine Pause machen soll. Spirituell fühle ich viel mehr Frieden und bin einfach glücklich. Ich habe mehr Vertrauen und bin spirituell offener. Ich empfinde nun größere Liebe gegenüber anderen und verurteile sie nicht mehr so leicht wie früher.*

Von Charmaine Harley aus Adelaide stammen der Fragebogen und die detaillierte Beschreibung des Prozesses im übernächsten Kapitel. Charmaine sagt nach der Teilnahme an dem Prozeß im Juni 1994: *In meinem Herzen schien es zu klingen, und ich hatte das Gefühl, ich gehe nach Hause.*

Meine Energie ist großartig. Ich bin im allgemeinen bis spät in die Nacht nicht müde. Mit dieser neuen Energie spüre ich mich viel intensiver und bin ich ausgeglichener. Wenn ich mich einmal schwach fühle, ruhe ich mich kurz aus, bitte um Hilfe, und dann ist wieder alles in Ordnung. Auch Charmaine nimmt keinerlei Vitamine zu sich. Sie trinkt hauptsächlich Tee und Kaffee. Nur wenn sie ausgeht und sich mit Leuten trifft, nimmt sie hin und wieder eine leichte Suppe zu sich. Auf der physischen Ebene hat sich ihr Gewicht verändert, ihre Körperform, ihre Haltung und ihr Gang. Ihr Körper ist schmerzfrei und ihr Bindegewebe stärker. Die mentale Klarheit ist viel größer. Emotional gesehen fühlt sich Charmaine ausgeglichener und losgelöster. Sie sagt: *Wenn ich in ein Gefühl hineingerate, dann nur für ganz kurze Zeit. Es klärt sich schnell.* Auf der spirituellen Ebene *kann ich mich besser fokussieren, bin ich mehr verbunden, das innere Wissen ist stark. Ich fühle mich friedvoll und stark.*

Das größte Problem kam für Charmaine nach dem Prozeß: *Ich fühlte mich allein und entfremdet, da ich anders dachte als alle anderen.*

Alec Reid aus Orewa, Auckland, Neuseeland, begann den 21-Tage-Prozeß im Dezember 1995. Sein anfängliches Ziel war es, schneller die Erleuchtung zu erlangen und vom gesundheitlichen Standpunkt betrachtet keine Giftstoffe, Fette, Salze usw. mehr zu sich zu nehmen. Hinzu kam die Aussicht auf Unsterblichkeit sowie endlich vom Planen, Einkaufen, Kochen etc. befreit zu sein. Er versprach sich davon, in Zukunft mehr Zeit für Wesentliches und mehr Geld für Bücher zu haben.

Nachdem er zwölf Kilogramm abgenommen hatte, hält er sein Körpergewicht: *Ich bitte in der Meditation um alle Gaben, die für eine perfekte Gesundheit nötig sind.*

Alec befriedigt seine Geschmacksgelüste durch Kräutertee mit Honig: *Ich möchte gar nichts mehr zu mir nehmen. Aber manchmal trinke ich kleine Mengen Tee (mit Honig), Brühe oder schwarzen Johannisbeersaft. An Tagen, an denen meine Energie nachläßt, oder das Verlangen nach Geschmack zu stark wird – manchmal auch eine leichte Suppe.*

Auf die Frage nach seinem größten Problem während des gesamten Prozesses antwortet Alec: *Während des Prozesses hatte ich überhaupt keine Probleme. Seitdem habe ich mit Gelüsten auf bestimmte Lieblingsspeisen zu kämpfen. Ich arbeite daran, dies zu meistern. Mit dem Rauchen aufzuhören, ist noch ein Problem. Ich habe es auf ein Minimum reduziert, aber es ist schwieriger als Essen und Trinken auf-*

zugeben.

Jim Pesnak aus Brisbane, Australien, hat den 21-Tage-Prozeß durchlaufen und unterstützt nun andere dabei.

Jim erzählt, daß er intuitiv geführt wurde, an diesem Prozeß teilzunehmen. Das war im August 1995. Er trinkt gelegentlich noch etwas Kambucha, Fruchtsaft, Wasser oder Kaffee. Sein Energieniveau ist wesentlich höher als je zuvor, und – wie viele andere – benötigt er nur noch halb soviel Schlaf wie früher.

Nach 45 Jahren braucht er nun keine Brille mehr und bekommt auch keine Kopfschmerzen mehr. Freunde behaupten, daß auf kahlen Stellen sogar wieder ein paar Haare sprießen. Er fühlt sich emotional viel stärker losgelöst und hat festgestellt, daß seine innere Führung intensiver geworden ist und daß er mit einem tiefen Sinn für spirituelles Wissen in Verbindung gekommen ist.

Die durchweg gemeinsamen Erfahrungen derjenigen, die diesen Prozeß durchlebt haben, sind ein größeres Losgelöstsein, eine tiefere und klarere Verbindung mit ihrer inneren Führung und – kein Hunger. Ganz gleich, ob Menschen sich entscheiden, den Prozeß, von Prana erhalten zu werden, fortführen oder ob sie zu einer normaleren Ernährungsweise zurückkehren – eigentlich alle, die sich auf diese Reise begeben, erhalten im Laufe des Prozesses viele unterschiedliche Geschenke und haben so viele unterschiedliche Erfahrungen, wie sie sich eben auch selbst voneinander unterscheiden.

Eine heilige Einweihung

Den Körper auf Prana-Nahrung umstellen – mit dem Paradigma des Aufsteigens...

Wie bereits erwähnt, bin ich nie geführt worden, anderen bei dem 21-Tage-Prozeß auf physische Weise zu helfen. Aber wegen dem ungebrochenen Interesse an der Fähigkeit, nur aus dem Ätherbereich erhalten zu werden und nicht mehr essen zu müssen, werde ich angewiesen, so viel Information wie möglich zu geben.

Ich persönlich glaube jedoch, wenn du jemanden fragen mußt, ob diese Erfahrung etwas für dich ist, dann bist du noch nicht bereit. Suche die Bestätigung nur bei deinem inneren Lehrer. Wenn du keine klare innere Führung hast, bist du nicht bereit.

Der folgende 21-Tage-Prozeß ist für Menschen geeignet, die in ihrem Innersten wissen, daß dies ihr Weg ist. Für Menschen, die bereits mit der Stimme ihrer Intuition verbunden sind, die der Prozeß noch weiter stärken wird. Ich lege dir ans Herz, den Prozeß als eine heilige Einweihung zu betrachten, diese Reise der Verschmelzung mit dem Gott, der in dir wohnt, zu widmen. Dann kann diese Verschmelzung vollkommenen Ausdruck in deinem Vierkörpersystem finden und dich durch das Licht des Seins erhalten.

Es ist der Weg der Göttin und des Kriegers. Eine Zeit der Einsamkeit. Eine Zeit, in der du weißt, daß du, obwohl du die Reise physisch alleine unternimmst, dennoch nicht alleine bist. Denn unter dem Paradigma des Aufsteigens wirst du die Energien der Aufgestiegenen in deine Gegenwart rufen, damit sie mit deinem inneren Lehrer arbeiten. Du wirst reich beschenkt werden und viel lernen, wenn du es zuläßt.

Wenn ich auf meinen Reisen über diesen Prozeß berichte, werde ich manchmal gefragt, ob man während dieser Zeit weiterhin arbeiten oder sich in Gesellschaft begeben kann. Wer bereit ist, den Weg zu gehen, weiß, daß dies eine heilige Zeit ist. Er weiß auch um die Kraft dieser Einweihung und käme nicht einmal auf diese Idee. Ich habe viele Menschen gesehen, die den Prozeß durchlaufen haben und zum Essen zurückgekehrt sind. Die Gründe hierfür sind vielfältig. Der soziale Druck wird am Ende des Buches behandelt. Einige fühlen sich von diesem Prozeß angezogen, weil sie abnehmen wollen, andere, um innere Führung zu erlangen. Es gibt so viele verschiedene Gründe. Unser Rat ist: sei dir deiner Motivation bewußt und gehe den Fragebogen durch.

❑ Dem Wesen nach ist dies eine esoterische Einweihung auf höchster Ebene. Es geht nicht um Essen oder Nichtessen. Es geht darum, die Energien der ICH BIN Präsenz in Übereinstimmung zu bringen. Und eine Begleiterscheinung dieser Einweihung ist, daß man aus dem atmosphärischen Reich einfach keine Nahrung mehr benötigt.

Die Informationen im folgenden Kapitel sind wörtlich aus den von Charmaine Harley aus Adelaide in Südaustralien herausgegebenen Broschüren übernommen. Chairmaine hat zusammen mit anderen Leuten oft als Betreuer und Berater für diesen Prozeß gewirkt, seit sie selbst 1994 den Prozeß durchlaufen hat.

In einer Unterhaltung wies Charmaine darauf hin, daß es bei dieser Entscheidung – wie bei allem – auf die eigene Unterscheidungskraft ankommt. Ein Betreuer oder Berater sind nicht zwingend für diesen Prozeß, können aber sehr unterstützend sein. Inzwischen ist Charmaine persönlich nicht mehr daran beteiligt, Leute durch den 21-Tage-Prozeß zu begleiten.

Ich selbst bin nach wie vor der Meinung, daß du noch nicht bereit bist, wenn du die Unterstützung von jemand anderem brauchst. Denn du bist der Meister und nur du selbst kannst dich beraten. Wenn ein Wesen ein gestimmtes Instrument ist, wird es während des Prozesses keine Verwirrung empfinden. Wer genügend geistige Meisterschaft besitzt und sein Vehikel vorbereitet hat, wird weder schwach noch ausgelaugt sein. Wichtig ist, einengende Glaubenssätze zu erkennen und aufzulösen. Wenn du damit rechnest, abzunehmen, wirst du abnehmen. Du mußt deinen Körper neu programmieren, dein ideales Gewicht zu halten, um zu demonstrieren und auszudrücken, daß die Essenz des ICH BIN vollkommen in die physische Realität eingezogen ist. Die Neuprogrammierung vor dem Prozeßbeginn ist viel einfacher, als erst stark abzunehmen und dann durch die Kraft des Willens oder durch Essen wieder zuzunehmen.

Ich empfehle, das Vehikel (den Körper) liebevoll vorzubereiten, damit dieser Prozeß des Übergangs leicht ist und Freude macht. Manche

Menschen gehen vorher wochenlang früh, mittags und abends im Restaurant essen, mit dem Gefühl, daß es ihre letzte Mahlzeit sei, bis sie sich an ihren Lieblingsspeisen wirklich sattgegessen haben. Wenn sie dann durch den 21-Tage-Prozeß gehen, haben sie große Probleme durch das Freiwerden von Giftstoffen etc.

Wir empfehlen, nach und nach erst rotes Fleisch, dann weißes Fleisch wegzulassen und dann zu Rohkost überzugehen. Danach nur noch Suppen und Flüssigkeiten zu sich zu nehmen und die 21 Tage mit einem gereinigten, eingestimmten Körper zu beginnen. Wie lange der Übergang vom Fleischesser zum Rohköstler und dann zu Flüssigkeiten dauert, hängt von jedem einzelnen ab. Mach' es in einer Weise, die Freude und Wohlbefinden bringt. Der Körper wird dich führen, wenn du ihm zuhörst.

Als Pionier dieses Prozesses und Zeuge vieler anderer habe ich festgestellt, je mehr jemand auf seinen inneren Führer eingestimmt und je ausgeprägter sein Körperbewußtsein war, desto leichter war die ganze Reise für ihn und desto größer war auch die Wahrscheinlichkeit, daß derjenige sich dauerhaft auf diese Lebensweise umstellt und es nicht nur als kurzes Abenteuer betrachtet.

Das folgende Kapitel mit Informationen und praktischen Anleitungen ist von Charmaine geschrieben worden. Sie hat regelmäßig Anfragen vieler Neugieriger oder am Prozeß interessierter Personen beantwortet. Es handelt sich nur um Richtlinien und wir empfehlen mit eurer eigenen Unterscheidungskraft und inneren Führung zu arbeiten.

Wähle Gott statt der Illusion*

von Charmaine Harley

Was du hier in Händen hältst, sind Richtlinien und Teilerklärungen eines Prozesses, den wir im Juni 1994 erlebt haben. Es ist der bisher aufregendste Teil unserer Reise nach Hause auf diesem Planeten. Wir freuen uns, daß ihr vielleicht daran interessiert seid, unsere Erfahrungen zu teilen. Seit Juni 1994 haben wir uns weder von fester Nahrung noch von Flüssigkeiten ernährt. Dies hat dazu geführt, daß wir ein stärkeres Bewußtsein des Verbundenseins mit Gott haben.

Es lag viel Segen darin, Gott zu vertrauen, daß er uns mit Nahrung und Energie versorgt, und diese Beschreibung erklärt nicht alles und versucht es auch nicht. Die Verbindung mit unserem höheren Selbst und unser neuer Seinszustand hat sich aus dieser Erfahrung und dem Vertrauen in die Quelle herausgebildet. Der Geist erlangt Meisterschaft über unser Ego, und das gibt uns ein neues Gefühl von Freiheit, Wissen, Akzeptanz und Liebe. Wenn du deine alten Glaubenssätze überwinden und deinem tiefen inneren Wissen vertrauen möchtest, dann ist diese Erfahrung für dich richtig. Wir haben festgestellt, daß man nicht in einem Kloster oder in einer Höhle in den Bergen leben muß, um eine neue Bewußtseinsstufe zu erreichen.

Diese Anleitung wendet sich an wirklich Suchende, ernsthaft auf ihrem Weg. Sie soll in tiefem Vertrauen angenommen und nicht aus dem Zusammenhang gerissen werden. Die folgende Anleitung besteht aus zwei Teilen:

Der erste Teil liefert grundlegende Informationen zur Vorbereitung, und der zweite Teil behandelt die Einzelheiten des Prozesses selbst. Bevor man mit dem zweiten Teil beginnt, muß man Teil eins vorher gründlich gelesen und verstanden haben.

---

*Dieses Material ist urheberrechtlich geschützt durch Lucy Zane Pty. Ltd., Juni 1995 (Abdruck im vorliegenden Buch mit der Erlaubnis von Charmaine Harley), und darf nur als Ganzes mit unserer Erlaubnis kopiert werden, um den darin enthaltenen Geist, die Gesamtheit und Authentizität sicherzustellen. Wir bitten dies zu respektieren. Vielen Dank.

Anleitung für den 21-Tage-Prozeß
von Charmaine Harley

Wenn du in Erwägung ziehst, den 21-Tage-Prozeß zu machen, mußt du die folgenden Seiten aufmerksam und sorgfältig lesen.

Anleitung für den 21-Tage-Prozeß – Teil 1

Der dreiwöchige Prozeß ist nur einer der Schritte auf deinem Weg nach Hause. Aber er kann die wichtigste Zeit in deinem Leben sein, und damit meine ich alle deine Leben auf diesem Planeten.

Du erwägst einen mutigen Schritt, der von uns, von deiner Seele und von Gott geehrt wird. Es kann eine große Veränderung auf diesem Planeten bewirken, wenn man dem eigenen Herzen folgt und Gott als die wahre Quelle von Liebe, Licht und Nahrung anerkennt. Du kannst in diesem Leben die Meisterschaft erreichen und den Kreislauf von Geburt/Tod und Ursache/Wirkung verlassen. Das ist einer der Schritte, die dich dabei unterstützen.

Nach den 21 Tagen brauchst du keine Nahrung mehr, um dich zu ernähren oder mit der nötigen Energie zu versorgen. Deine Ernährung und Energie (oder Nahrungsmittel) kommen vom Licht oder von Gott. Du wirst einen Quantensprung des Glaubens machen, und deshalb anerkenne ich dich dafür, daß du über die Illusion hinausgehen wirst. Während du diese Anleitung liest, wirst du merken, daß ich mich auf Gott oder eine höhere Macht beziehe. Um diesen Schritt hinaus zu machen und Meisterschaft über dich selbst zu erlangen, mußt du an etwas glauben. Das muß nicht das Gleiche sein, was ich glaube. Ich verwende das Wort »Gott«, weil es für mich stimmt. Der Begriff, mit dem du dich wohlfühlst, ist für dich richtig – was auch immer es sein mag. Wir sind sowieso alle ein Bewußtsein, deshalb gibt es in Wahrheit keine Trennung. Worte sind immer unbeholfen. Sie können einschränkend sein, scheinen den Dingen Namen aufzukleben und stecken unsere Glaubenssysteme in verschiedene Schubladen. Für meine Erklärungen möchte ich jedenfalls das Wort Gott verwenden.

Einige Leute fanden, daß einige mögliche Erklärungen für Teile des Prozesses hilfreich waren – insbesondere um über Glaubenssätze hinwegzukommen und um Vertrauen zu entwickeln.

Die Erfahrung des 21-Tage-Prozesses ist wirklich eine Paradigmenverschiebung von deiner alten Realität zu einem völlig neuen Glaubenssystem. Wir überschreiten wirklich die Grenzen – und gehen ins Unbekannte.

Die ursprünglichen Botschaften für diesen Prozeß wurden von den Aufgestiegenen Meistern gechannelt... als ein Weg, der zum Aufsteigen hinführt. Um nur einige zu nennen: Sananda, Saint Germain, Erzengel Michael, Serapis Bey, Kuthumi, Mutter Maria, Ashtar Command und Hilarion. Es heißt, diese Meister seien jetzt anwesend, um ihre Liebe, Unterstützung und ihr Licht anzubieten und bei der mächtigen Transformation, die auf der Erde stattfindet, zu helfen. Sie bieten denjenigen Unterstützung und Informationen an, die für ihre Energien offen sind. Der Planet Erde steigt in die fünfte Dimension auf und jedem Wesen auf der Erde, das jetzt aufsteigen möchte, wird Liebe und Führung angeboten. Es wird gesagt, daß diese Meister und deine Seele/höheres Selbst/ICH BIN Präsenz während des 21-Tage-Prozesses immer bei dir sind, und du sie nur um Hilfe zu bitten brauchst. Einige fühlen ihre Energien, andere sehen sie, und manche bemerken garnichts. Es spielt keine Rolle, der Prozeß geht weiter, und du bist geborgen.

Kürzlich habe ich ein Buch über Pranismus gelesen. So wie ich es verstehe, ist der 21-Tage-Prozeß ein Schritt auf dem Weg, Pranier und auch unsterblich zu werden, wenn du willst.

Ich zitiere aus diesem Buch, damit du dir eine Vorstellung vom wahren Potential deines Wesens machen kannst:

Pranismus war der vollkommenste Seinszustand der Menschen. Sie lebten von der Strahlung der Sonne. Die durch gewohnheitsmäßige Fresserei nach Essen und Drogen süchtigen Massen haben dem Geist den Zutritt versperrt. Wenn der Magen arbeitet, zentriert sich die Lebenskraft in den Verdauungsorganen statt in den fünf Nasennebenhöhlen im Kopf. Wenige suchen nach den kosmischen Wahrheiten des Lebens und setzen sie in die Praxis um. Denn eng ist die Pforte und schmal der Weg, der zum Leben führt, und wenige sind es, die ihn finden. (Mt. 7,14)

Jeder Lebensprozeß ist umkehrbar. Es kann wenige Wochen oder viele Jahre dauern, um den Weg zurück zu der für den Menschen am besten geeigneten Ernährung zu finden – der paradiesischen Frucht.

Denjenigen, die die Seele eines Methusalem haben und einen Körper, der fit genug ist Gipfel zu erklimmen, kann es sogar gelingen, diese Höhe zu transzendieren und Pranier zu werden. Prof. Hilton Hotema diskutierte dieses Thema in »Man's Higher Consciousness«. Die Lungen, nicht der Magen, sind die lebenswichtigen Organe. Der Kanal des Lebens ist die Wirbelsäule und nicht der Verdauungstrakt. Die wichtigste Vitalfunktion ist das Atmen. »Wenn Menschen über die Atemorgane nur Strahlung zu sich nehmen würden, wie in einem frühen Goldenen Zeitalter, als man laut Überlieferungen noch tausend Jahre alt wurde... wäre Krankheit unbekannt.«

Als der Mensch von den Strahlen der Sonne und Luft lebte, erhielt er genau die Energie, die sein Körper benötigte. Die Lungen und die Haut nahmen die Energie auf und entsorgten auch die Abfallprodukte. Wenn du versuchst, dich ausgewogen zu ernähren, passiert es meist, daß du von einem Nährstoff zuviel und von anderen nicht genügend zu dir nimmst. In Abhängigkeit vom Klima ist die Hautpigmentierung zur Kompensation der Sonnenintensität heller oder dunkler, damit so die richtige Menge und Qualität an Strahlen in die Körperzellen gelangt. Die Pigmente wirken wie ein Filter, der sowohl die Intensität als auch die Qualität des Lichtspektrums reduziert, das durch die Haut eindringt.

(Aus »Leben und Überleben« von Viktoras Kulvinskas)

Hier eine andere interessante Passage über die Macht Gottes:

Glaube nie, daß dein Leben durch die Kraft der Nahrung und nicht durch die Macht Gottes erhalten wird! Er, der alle Formen der Nahrung geschaffen hat, Er, der den Appetit geschenkt hat, wird auch dafür sorgen, daß der, der an Ihn glaubt, erhalten wird. Bilde dir nicht ein, daß dich Reis ernährt oder du durch Geld oder Menschen unterstützt wirst. Könnten sie helfen, wenn der Herr dir deinen Lebensatem nimmt? Sie sind nur seine Diener. Ist es deine Fähigkeit, durch die Nahrung in deinem Magen verdaut wird?

(Aus »Autobiographie eines Yogi« von Paramahansa Yogananda)

Am 18. September 1962 starb Therese Neumann in Konnersreuth, dem kleinen nordbayerischen Dorf, in dem sie geboren wurde und wo sie ihr ganzes Leben verbracht hatte. Resl, wie sie von ihrer Familie und engen Freunden genannt wurde, war 64 Jahre alt und hatte 36 Jahre die Wundmale Christi getragen. Bevor sie die Wundmale bekam, war sie durch ein Wunder von Blindheit und Lähmung der Beine geheilt worden. Von dem Augenblick an, als sie an den Händen, Füßen und am Herzen die Wunden des gekreuzigten Jesus Christus trug, brauchte sie nicht mehr zu essen und zu trinken. Strenge, von der Kirche angeordnete Untersuchungen, die von Ärzten bestätigt wurden, dokumentierten die Realität dieses absolut einzigartigen Zustands. Wenn Therese gefragt wurde, wovon sie lebe, antwortete sie in aller Einfachheit: Vom Herrn, das heißt von der geweihten Oblate, die sie jeden Tag erhielt.

(Aus dem Buch »Therese Neumann« von Paola Giovetti)

Zur Veranschaulichung, daß es jenseits unseres Denkens eine höhere Macht gibt, sagt Deepak Chopra:

Unser menschlicher Körper ist ein Feld unendlicher organisierender Macht. Sechs Billionen Reaktionen laufen im menschlichen Körper in jeder Sekunde ab, und alle sind miteinander verbunden; jedes andere einzelne biochemische Ereignis weiß, welches andere biochemische Ereignis im Körper abläuft. Ein menschlicher Körper kann Gedanken denken, Klavier spielen, ein Lied singen, Nahrung verdauen, Giftstoffe entfernen, Keime abtöten, den Lauf der Sterne beobachten und ein Kind zeugen, und das alles gleichzeitig und jede dieser Aktivitäten mit jeder anderen in Verbindung bringen.

(Aus dem Buch »Alle Kraft steckt in Dir« von Deepak Chopra)

Ich halte es für ziemlich arrogant zu glauben, alles allein tun zu können, ohne die Unterstützung einer unendlichen Quelle. Es gibt einen liebenden Plan, einen liebenden Schöpfer, der alle und jeden von uns unterstützt, wenn wir es zulassen.

Unsere Körper haben zum Beispiel die Fähigkeit, die Photonen des Sternenlichts oder des Sonnenlichts in eine Substanz, die der Körper braucht, zu verwandeln, d.h. zu binden. Dieser Prozeß ähnelt der Photosynthese. Diese Fähigkeit wird auf der kollektiven Ebene auftauchen, sobald der Mensch das Überbewußtsein erreicht hat. Sie kann bereits im Zustand der Absoluten Wahrnehmung entwickelt werden. Dieses Entwickeln ist kein bewußter Prozeß. Es geschieht auf der Ebene der Essenz der Seele und passiert ganz natürlich. Dabei wird der physische Körper durch innere Verbrennung aus den Elektronen

des Äthers direkt versorgt, ohne den Umweg über die auf Kohlenstoff aufbauende Materie. Es geschieht in Abhängigkeit vom Grad unseres Erwachens. Der Prozeß geht weiter: im Zustand des Überbewußtseins hören wir auf, Energie von der Erde abzuziehen (z.B. fossile Brennstoffe, Mineralien etc.), und können stattdessen Licht direkt in Materie und Formen umwandeln, die wir für unsere täglichen Bedürfnisse brauchen.
(aus dem Buch »God I AM« von Peter O. Erbe)

Wie beginnst du?

- Du mußt einen bestimmten Tag festlegen, an dem du den Prozeß beginnen möchtest.

- Wenn möglich, sprich mit jemandem, der den 21-Tage-Prozeß bereits durchlaufen hat. Stell ihm oder ihr alle Fragen, die dich bewegen. Kläre alles, was deine Ängste, Hoffnungen und Vorfreuden betrifft.

- Lies den beigefügten Selbstprüfungsfragebogen und sei bei deinen Antworten ehrlich. Dieser Prozeß ist keine Flucht vor der Welt oder vor Dingen in deinem Leben, die nicht funktionieren. Wenn du das erwartest, wirst du sehr frustriert sein, wenn hinterher dein ganzer Ballast noch immer auf dich wartet. Mit den Einsichten und der Losgelöstheit, die man aus diesem Prozeß gewinnt, wird es jedoch einfacher und klarer zu beobachten und loszulassen.

- Es wird nicht empfohlen, den Prozeß aus Gesundheitsgründen zu machen oder um das Idealgewicht zu erreichen. Dies sind vielleicht Nebeneffekte auf dem Weg zur Meisterschaft, aber die Verhaftung daran sollte – wie jede Verhaftung – aufgegeben werden.

- Wir übernehmen keinerlei medizinische Verantwortung und liefern auch keine Ratschläge zu Gesundheitsfragen oder Behandlungsmethoden.

- Im Anschluß daran, gehe noch einmal ganz sicher, daß du in Bezug auf deine Bereitschaft und dein inneres Engagement für den 21-Tage-Prozeß wirklich die innere Führung suchst.

Fragebogen
von Charmaine Harley

Wenn jemand zum ersten Mal von diesem Prozeß hört, gibt es die verschiedensten Reaktionen. Für diejenigen, die mitschwingen und die im Herzen wissen, daß der Prozeß für sie das Richtige ist, ist es großartig. Dennoch, unabhängig davon, wie groß die Begeisterung ist, muß letztendlich auch der Verstand davon überzeugt sein. Die Herausforderung, die ein derartiger Prozeß darstellt, kann auch entmutigend und verwirrend sein. Deshalb ist es gut zu wissen – auch wenn dich dieser Prozeß nach Hause zu Gott bringt –, daß es einige Hürden zu überwinden und Brücken zu überqueren gilt. Hindernisse, die durch den Verstand erzeugt werden und deine Großartigkeit und Echtheit verleugnen.

Schau! Wenn du tatsächlich das Wunder dessen, was du bist und dein wahres Potential kennen würdest, dann wäre der Prozeß unnötig, und wir könnten alle einpacken und sofort nach Hause gehen. Unsere Natur ist zur Zeit jedoch eher im Kampf und Schmerz und nicht friedvoll und fließend. Deshalb mußten wir uns einen Prozeß erschaffen, der uns die Möglichkeit gibt anzuhalten und nach innen zu gehen. Ein Prozeß, der vom Verstand ausgeht und uns gleichzeitig von ihm befreien soll. An dieser Stelle stehst du jetzt wahrscheinlich. Der Selbstprüfungsfragebogen soll dir helfen zu entscheiden, ob der 21-Tage-Prozeß für dich zum jetzigen Zeitpunkt richtig ist.

Im Prozeß geht es darum, das Ego und alle alten Glaubenssätze aufzugeben. Deshalb ist es für deine Entscheidung wichtig, diese Fragen hundertprozentig ernst zu nehmen. Wenn du nicht auf alle Fragen mit Ja antworten kannst, dann mußt du dich fragen, warum du den 21-Tage-Prozeß machen willst. Du mußt auf alle Fragen ehrlich mit Ja antworten können

Selbstprüfungsfragebogen

1. Bist du darauf vorbereitet, daß alles geschehen kann?

2. Bist du willens, dich dem Weg Gottes zu übergeben?

3. Bist du einverstanden, eine Reihe von Regeln 21 Tage lang explizit zu befolgen?

4. Bist du willens, dein gesamtes Leben für 21 Tage komplett anzuhalten?

5. Bist du in der Lage die Verhaftungen an die »Dinge« in »deiner Welt« aufzugeben, wenn du dazu aufgefordert würdest? Das können deine Familie, deine Beziehungen, deine Kinder, dein Zuhause, dein Auto, deine Karriere, dein Geld, dein Lebensstil, dein Besitz sein. Dies könnte für 21 Tage oder länger sein!

6. Ist dir klar, daß dich deine Verhaftungen an Menschen, Glaubenssätze oder materielle Dinge daran hindern könnten, dein wahres Potential und deine Großartigkeit zu erkennen und letztendlich die Selbstmeisterung zu erreichen?

7. Bist du dir über den Unterschied zwischen dem Aufgeben von Menschen und Dingen und dem Aufgeben seiner Verhaftungen an Menschen und Dinge im klaren?

8. Ist dir absolut klar, welche Macht der Geist hat und daß er deine sogenannte Realität immer zu hundert Prozent erzeugt – auch in der Zeit, die du in dem 21-Tage-Prozeß verbringst?

9. Verstehst du also auch, daß das bedeutet, daß, was immer in dem Prozeß geschehen mag, von deinem Geist geschaffen wurde und nichts anderes als ein Teil des Prozesses selbst ist, den du dir geschaffen hast, um loszulassen – zur Erlösung und Heilung?

10. Verstehst du, daß der 21-Tage-Prozeß dein Leben von dem

Augenblick an ändern wird, in dem du davon hörst und daß du möglicherweise nie mehr derselbe oder dieselbe sein wirst?

11. Weißt du, daß du diesen Prozeß nicht durchlaufen mußt? Und daß die Herausforderungen, die er bringt, deine Herausforderungen sind, deine ganz allein? Es ist wirklich wichtig, daß du verstehst, worauf du dich einläßt. Hast du also mit jemandem gesprochen, der diesen 21-Tage-Prozeß gemacht hat? Und du bist dir sicher, daß du weißt, worum es geht und wofür du dich entscheidest?

12. Bist du 100 %ig sicher, daß du den Prozeß für dich selbst und nicht für jemand anderes machen willst? Nicht für deine Familie oder Freunde, deinen Führer, deinen Lehrer, nicht aus Gruppendruck etc.?

13. Der Prozeß kann viel Gutes mit sich bringen, wie eine bessere Gesundheit und das Idealgewicht. Der Wunsch einzig und alleinnach diesen Dingen ist jedoch nicht genug, um den Prozeß zu beginnen. Bist du dir bewußt, daß dein Glaube an Gott oder eine höhere Macht dazu erforderlich ist, dich bis zum Erreichen der Selbst-Meisterung oder einer Bewußtseinserweiterung vorwärtszutragen?

14. Bist du dir bewußt, was dir dieser Prozeß an Schönheit, Klarheit, Leichtigkeit, Verbundenheit und Glückseligkeit, Sanftmut, Liebe, Frieden, Freude und Freiheit geben kann? Und bist du dazu bereit?

15. Sehnst du dich wirklich nach Gott und nach dem Zustand des Einsseins?

Wenn du diese Fragen bejahen kannst, dann bist du auf die Reinheit eingestimmt und in der Lage, die Heiligkeit des Prozesses zu ehren.

Anleitung für den 21-Tage-Prozeß – Teil 2
Unterstützende Personen:

- In dieser Anleitung schlage ich vor, dich von einem Betreuer und einem Berater unterstützen zu lassen.

- Ein Betreuer (care-giver) ist jemand, der versteht, worum es in diesem Prozeß geht, und dich dabei unterstützen will.

- Ein Berater (clarity-giver) ist jemand, der Klarheit besitzt und selbst den 21-Tage-Prozeß durchlaufen hat.

- Klarheit steht hier für gute, klare Kommunikation mit dem Geist und heißt auch zu wissen, wo du im Prozeß stehst und wie es dir geht.

- Es ist also wichtig, während deines Prozesses einen Berater zu haben, der dich mit seiner Klarheit an den Stellen, wo du Klarheit brauchst, unterstützt. Außerdem ist es gut, einen Betreuer zu haben, der dir physisch zur Seite steht. Der Betreuer kann gleichzeitig der Berater sein oder das Bindeglied zwischen dir und deinem Berater. Du kannst natürlich auch deinen eigenen Berater aussuchen.

- Der Berater ist sich seiner Rolle sehr bewußt. Er kann dich besuchen oder telefonisch mit dir in Verbindung sein.

- Weiterhin möchte ich vorschlagen, daß du dir jeweils nur eine Person wählst. Ansonsten kann leicht Verwirrung entstehen, da du zu vielen Meinungen ausgesetzt bist.

- Ein Betreuer sollte ein warmherziger, liebender Mensch sein, der den Prozeß gemacht hat oder auch nicht. Er akzeptiert und versteht deine innere Hingabe und hat sich deiner 100 %igen Fürsorge während des Prozesses verschrieben. Wenn du nicht im selben Haus wie diese Person lebst, besucht sie dich täglich und kümmert sich um dein physisches Wohl. Wie etwa: Bettwäsche wechseln, deine Wäsche waschen, dir ins Bad helfen falls erforderlich, Saft für dich einkaufen, Blumensträuße herrichten, den Garten gießen, Haustiere füttern etc., was auch immer du brauchst.

- Diese Rolle gehört hauptsächlich zur physischen Ebene und hilft dir, auf dem eingeschlagenen Weg zu bleiben. Ich sage auf der physischen Ebene, weil das »Arbeiten« auf der emotionalen und mentalen Ebene nur Ablenkung bedeutet. Diese Person filtert auch die sogenannte reale Welt aus. Sie diskutiert keine weltlichen Dinge mit dir und lenkt dich nicht von deiner Zeit mit dir selbst ab. Im wesentlichen verhilft sie dir zu Ruhe und verhindert Ablenkungen.

- Viele sind während des Prozesses gereizt und ein bißchen unvernünftig. (Das ist gut und es wird auch erwartet.) Aber bitte gib deinem Betreuer nicht die Schuld für dein Unwohlsein. Diese Person ist auch nur ein Mensch und tut ihr Bestes für dich. Sei dankbar, daß sie dir anbietet, für dich da zu sein.

- Alle Vereinbarungen mit dem Betreuer und was du von ihm erwartest wird vor dem Prozeß geklärt. Das ist wichtig, da die drei Wochen dir und dem Geistigen gehören sollen.

- Es ist eine Zeit der Hingabe, Loslösung und des Verzichts auf Kontrolle. Und du (dein Ego) wirst dir Wege ausdenken, deinen Frieden zu sabotieren und dich vom Augenblick abzulenken.

- Wenn du während des Prozesses im Haus deines Betreuers wohnst, sei dir im klaren darüber, daß Kosten zu begleichen sind.

Die meisten Betreuer möchten eine Spende und/oder eine Erstattung ihrer Ausgaben. Kläre dies, bevor du deine Reise anfängst. Ein Betreuer gibt dir gerne seine Zeit und Liebe als Teil seines Dienens. Aber er ist nicht unbedingt in der Lage, dich finanziell zu unterstützen.

Die Rolle des Betreuers:

- Es ist besonders anerkennenswert, wenn jemand sich entscheidet, die Rolle des Betreuers zu übernehmen. Es ist nicht nur eine große Verantwortung, sondern es ist auch eine besondere Ehre, diese Reise gemeinsam zu erleben. Diese Rolle verlangt Liebe, Verständnis und Stärke. Deine Liebe und dein Mut können von großer Bedeutung sein im Hinblick darauf, wie sicher sich der andere fühlt und wie weit er sich dem Prozeß hingeben kann. Es gibt so viele verschiedene Prozesse wie es verschiedene Menschen gibt. Jeder Mensch und jede Erfahrung ist einzigartig.

- Manchmal kann diese Rolle für den Betreuer eine Herausforderung sein. Als Betreuer unterstützen wir die im Prozeß befindliche Person, Gott zu vertrauen, sich hinzugeben und um Führung zu bitten – also tun wir es selbst auch: Wenn wir Liebe und Unterstützung brauchen, bitten wir Gott um Führung.

- Sei dir bewußt, daß du ein Individuum mit Persönlichkeit und Ego betreust. Behandle die Person liebevoll, aber sei gleichzeitig stark. Sei ihren Bedürfnissen gegenüber sensibel, ohne zu sehr nachzugeben oder zu kontrollieren.

- Denke daran, daß du drei Wochen lang der einzige Kontakt zur Außenwelt bist. Sei zartfühlend mit deinem Schützling, er wird dir immer dankbar sein. Bist du unsensibel, wird er es nie vergessen. Vergleiche ihn mit einem offenen, neugeborenen Baby. Er ist abhängig und beeinflußbar und fast deiner Gnade ausgeliefert. Deine Liebe und dein Vertrauen sind wichtig für die Beziehung, die für diesen Prozeß geschaffen wurde.

- Es ist für einen Betreuer nicht ratsam, am gleichen Ort zwei Personen, die sich im Prozeß befinden, zu unterstützen. Daraus könnten sich Schwierigkeiten entwickeln.

- Achte bei der Vorbereitung dieses Prozesses darauf, daß derjenige, der den Prozeß durchläuft, alles vorher organisiert hat, gut informiert ist und alles hat, was er benötigt. Sobald er sich im Prozeß befindet, sollte es nicht mehr viel zu diskutieren geben, was z.B. Besorgungen oder Botengänge betrifft. Denn all das lenkt ab. Wenn etwas im voraus nicht organisiert wurde, dann ist es auch nicht wichtig.

- Erfreue dich an deiner Rolle in seinem Prozeß und sieh die Schönheit, die in ihm immer mehr zu erstrahlen beginnt mit einer Lichtheit, die von seinen Erfahrungen herrührt.

Anmerkung: Der Betreuer sollte diese Anleitung zum besseren Verständnis lesen und vielleicht mit jemandem sprechen, der Prozeßerfahrung besitzt, um allen am Prozeß Beteiligten eine glatte Reise zu ermöglichen.

Vorbereitung

- Sei bereit, drei Wochen lang alles Weltliche wegzulassen, kein Telefon, kein Computer, keine Arbeit, kein gesellschaftliches Leben – dieser Punkt kann gar nicht eindringlich genug betont werden, denn nur mit absoluter Hingabe kannst du den vollen Segen dieses Prozesses erfahren.

- Laß für diese Zeit alle Aufgaben und Gedanken daran, irgend etwas zu tun, los.

- Du kannst dich in dieser Zeit um niemanden kümmern – nur um dich selbst.

- Ziehe dich soweit wie möglich von der Außenwelt zurück. Damit meinen wir deine Arbeit, deine Familie, deine Freunde, gesell-schaftliche Aktivitäten, und sogar das Zusammensein mit deinen Haustieren. Es ist besser, diese Zeit nicht zu Hause zu verbringen, wo du leicht abgelenkt werden könntest.

- Sobald du den Prozeß begonnen hast, bist du nicht mehr in der Lage, deine unmittelbare Umgebung zu verlassen oder dich mit irgendwelchen weltlichen Dingen auseinanderzusetzen. Also sorge dafür, daß alles Unerledigte abgeschlossen ist und daß sich jemand um das kümmert, was anfallen könnte, wie beispielsweise Termine, Verabredungen, Rechnungen, Garten, Haustiere usw.

- Von dir wird verlangt, für diese drei Wochen alles aufzugeben.

- Wenn du den Prozeß bei dir zu Hause durchläufst, stelle auf jeden Fall sicher, daß alle deine Bedürfnisse respektiert werden und die nötigen Einkäufe vorher gemacht sind.

- Wir empfehlen, den Prozeß nicht in der Nähe von Familie, Freunden und Haustieren zu durchlaufen. Wenn du trotzdem diese Situation wählst, stelle vorher sicher, daß du nicht mit ihnen zusammen sein und etwa Besuch empfangen oder ans Telefon gehen mußt.

- Überantworte dich dem höheren Geist – dies ist eine Reise und für die meisten eine Herausforderung, bei der du dich vollkommen anvertrauen mußt.

- Wir empfehlen, eine Woche vor Beginn des Prozesses mit der Entgiftung anzufangen. Damit ist im wesentlichen leichtere Nahrung gemeint, kein rotes Fleisch in der letzten Woche. Genieße gleichzeitig das Essen, das du vielleicht vermissen wirst oder gerne essen würdest. Verwöhne dich!

- Jeder Mensch hat eine andere Auffassung von leichter Nahrung. Beginne trotzdem mit einer Umstellung deiner Ernährung zur Vorbereitung.

- Verzichte möglichst eine Woche vorher auf Alkohol, unbedingt aber drei Tage vorher, da es meist so lange dauert, bis er aus dem Körper ausgeschieden ist.

- Verzichte auf Drogen und Zigaretten.

- Keine sexuellen Aktivitäten während der 21 Tage – nach dem Prozeß befragst du dein höheres Selbst zu dieser Angelegenheit.

- In dieser Zeit mußt du dich immer wieder an die Hingabe und das Vertrauen erinnern, die erforderlich sind, damit du diesen gewaltigen Entwicklungsschritt machen kannst. Hingabe und Vertrauen sind die Voraussetzung für die zukünftige Weiterentwicklung deiner Selbst-Meisterung.

- Was auch noch erwähnt werden sollte – Übungen, die du normalerweise machst, wie spezielle Meditation, Atemtechniken, Gymnastik, TM, Tai Chi usw., müssen drei Wochen unterbrochen werden. Hinterher kannst du sie wieder aufnehmen, wenn du es noch möchtest und sie für angemessen hälst.

Die Natur operiert ohne Messer!

Während des 21-Tage-Prozesses weist der Körper Zeichen der Reinigung auf, die überhaupt nicht beängstigend sind. Mutter Natur weiß es am besten, und sie bringt dich durch jede Krise, denn sie ist Gottes wahrer Arzt.
Anzeichen dafür, daß der Körper mit der Reinigung begonnen hat, können z.B. folgende Symptome sein:
- Schlaflosigkeit

- Kopfschmerzen

- Übelkeit

- Reizbarkeit

- Muskelschmerzen

- belegte Zunge

- schlechter Atem

• Schwächegefühl

• Ruhelosigkeit

Die ersten paar Tage sind im allgemeinen die schwierigsten, wenn
Zeichen von Unwohlsein auftreten,so dauern sie normalerweise nicht
lange an. Schmerzen verschwinden nach einigen Stunden, ruhe also
einfach, bis sie vorüber sind. Das Unwohlsein ist eine Folge der Gifte,
die ausgeschieden werden und Gewebe und die Nerven reizen können. Der Bereich des Körpers, der mit Giften belastet ist, bestimmt die
Art der möglichen Eliminierungskrise. Du mußt keinesfalls beunru-
higt sein, da es sich um übliche Zeichen der Reinigung des Körpers
handelt. Die Natur eliminiert nur soviel, wie sie bewältigen kann,
ohne die Organe zu überlasten. Du bist in vollkommener Sicherheit;
die Natur macht ihren inneren Frühjahrsputz. Du wirst wahrscheinlich
viel Freude durch diesen gereinigten Körper erleben, ein Gefühl der
Leichtigkeit, Liebe, Schönheit, der Klarheit im Kopf und der
Verbundenheit mit dem höheren Selbst oder Gott.
Während der 21 Tage gibt es keinen genauen Zeitplan zu befolgen.
Dies ist deine freie Zeit, eine Zeit der Hingabe. Wenn es dir wichtig
ist, kannst du jedoch mit dem Betreuer eine Zeit festlegen, wann er
dich besuchen soll.

Der 21tägige Prozeß besteht aus vier Teilen:

• Die ersten drei Tage bis der spirituelle Körper dich in der dritten
Nacht verläßt, *

• vierter bis siebter Tag,

• achter bis vierzehnter Tag,

• fünfzehnter bis 21. Tag.

Was du für die drei Wochen brauchst:

• Einen warmen, gemütlichen, ruhigen Raum mit einem Bett und wenn möglich einem bequemen Stuhl, viel Licht und frische Luft. Ein kleiner Außenraum für Frischluft und Sonne wäre hilfreich.

• Viel bequeme und warme Kleidung, je nach Wetter. Sei darauf vorbereitet, daß dein Körperthermostat vielleicht anders arbeitet als sonst.

• Mineralwasser und/oder Wasser.

• Eiswürfel, die gekaut und dann ausgespuckt werden. Manche mögen das Kalte.

• Spuckeimer und Zitronenscheiben zum Erfrischen.

• Waschlappen.

• Wenn nötig Telefon für den Kontakt zum Betreuer und Berater am vierten, siebten und 21. Tag oder wenn erforderlich – nur für den Prozeß.

• Ätherische Öle und Duftlampe – Weihrauch, Sandelholz und Lavendel werden zum Aromatisieren der Luft empfohlen, falls du es magst.

• Kerzen für die Atmosphäre.

• Ein Bad könnte angenehm sein.

• Einen Hocker in der Dusche, falls du dich schwach fühlst.

• Meistens bleibt die Menstruation während des Prozesses unverändert. Sei trotzdem darauf vorbereitet, daß Unregelmäßigkeiten, wie z.B. stärkere, schwächere Blutungen etc. auftreten können.

- Kreative Arbeiten wie Stricken, Gitarre spielen oder ein leichtes Hobby, solange du dich daran erfreust und es nicht zwanghaft tust.

- Leichte Lektüre, die dir gut tut. Es ist nicht wichtig, etwas Gutes oder Anspruchsvolles zu lesen. Es soll nur eine Zeit lang den Geist beschäftigen. Gut geeignet sind Gedichte und schöne Romane.

- Leise, entspannende Musik – ohne Text.

- Für die zweite Woche Orangenfruchtsaftgetränk mit 25 Prozent Fruchtgehalt. Frisch gepreßter Orangensaft wird nicht empfohlen, da er häufig als zu sauer empfunden wird und in dieser Zeit körperliches Unwohlsein verursachen kann.

- Für die dritte Woche irgendeinen Fruchtsaft mit höchstens 40 Prozent Fruchtgehalt.

- Falls du bezüglich der Säfte Fragen hast, sind diese vor dem Prozeß zu klären. Dieses Thema steht während der 21 Tage nicht zur Diskussion. Man sollte auch davon Abstand nehmen, etwa wegen der Gesundheit, dem Zuckergehalt, den Giftstoffen, der Reinheit, der Frische oder dem Geschmack anderer Getränken den Vorzug zu geben, da es sich nur um eine weitere Konditionierung des Verstandes und des Körpers handelt, die uns hier nicht weiterhilft. Dieser Prozeß und Gott können dich über alle Grenzen der Gedankens- und Glaubensmuster hinausführen.

- Einen Skizzenblock und Buntstifte für kreatives Schreiben oder Zeichnen.

- Ein Notizbuch (Tagebuch), damit du darin deine persönlichen Erfahrungen festhalten kannst.

Was du nicht brauchst: Fernseher, geistige Arbeit, Lektüre, die den Geist konditioniert, Besucher, Telefonanrufe, Musik mit Text, anstrengende Gymnastik. Bleibe an dem Ort, den du dir gewählt hast und unternimm nichts, was dich vom gegenwärtigen Moment ablenkt.

Anmerkung: Es kann aus individuell verschiedenen Gründen vorkommen, daß der Prozeß länger dauert. Wenn du jedoch den Anleitungen folgst, wird es im Allgemeinen eine fließende, leichte Zeit für dich werden. Der Grund dafür, daß es überhaupt Anleitungen gibt, liegt darin, daß du soviel Unterstützung wie möglich haben sollst, damit du über dein Verstandes-Ego hinaus gehen kannst und deine Entscheidungen nicht mehr aus Gewohnheit oder Konditionierung triffst. Du vertraust dich völlig an, ohne dich von der Verstandeskraft leiten zu lassen.

Wenn du dich selbst als ein Schüler dieser Anleitungen sehen könntest, so würdest du, glaube ich, anfangen, den inneren Meister zu entdecken und nicht mehr Sklave des verstandesbestimmten Geistes zu sein. Je mehr du dich dem hingeben kannst, was ist – einfach zulassen – desto eher kann dein Wesen durchscheinen. Jeder Kampf, den du kämpfst, ist nur ein Kampf gegen dich selbst.

Die Raupe fragt nicht oder kämpft um ihre alte Form, sie wird einfach ein schöner Schmetterling. Da gibt es keinen Schmerz, keinen Widerstand, es ist eine natürliche Verwandlung.

Die 21 Tage
Die Umwandlung des physischen Körpers

Die ersten drei Tage:

- Dein Prozeß beginnt um Mitternacht, von diesem Zeitpunkt an gibt es sieben Tage lang nichts zu essen und nichts zu trinken.

- Es ist eine stille Zeit, eine Zeit, zur Ruhe zu kommen, zu meditieren (was auch immer das für dich bedeutet) und bei dir selbst zu sein.

- Gehe nach innen und installiere den Kommunikationskanal mit dem Spirituellen, deinem inneren Lehrer.

- Bestätige, daß du den Prozeß weiterführen möchtest.

- Dies ist eine Zeit der Stille und der Kommunikation mit Gott.

- In der Stille fragst du vielleicht nach dem Namen deiner ICH BIN Präsenz.

- Am zweiten Tag kann es sein, daß du Schmerzen im Nierenbereich, in der unteren Wirbelsäule oder den Oberschenkeln hast. Das ist normal, da deine Nieren durch den Mangel an Flüssigkeit nicht gespült werden. Dadurch können auch Kopfschmerzen auftreten. Gifte, die im Körper frei gesetzt wurden, sind wahrscheinlich noch nicht ganz herausgespült, das braucht seine Zeit.

- Du stellst vielleicht fest, daß du viel urinierst, es kann zeitweise brennen.

- Mache dir um deinen Darm keine Sorgen, wenn er sich nicht so schnell leert, wie du dir vorstellst.

- Dein Körper kann sich schwach anfühlen und wacklig. Nimm beim Duschen einen Hocker und bitte deinen Betreuer in der

Nähe zu sein. Du kannst dich auch in die Badewanne legen.

- Wenn du Sarsaparilla brauchst, spüle deinen Mund damit aus.

- Eis kauen und ausspucken ist eine Alternative, den Durst anders zu löschen ist nicht erlaubt.

- Es darf keinerlei Flüssigkeit geschluckt werden.

- Die Mundschleimhäute können durch giftige Ausscheidungen anschwellen oder sich pelzig anfühlen, dann spüle weiterhin aus. Putze die Zähne, wenn es nötig ist.

Dritter Tag:

- Bleib ganz in der Ruhe, das ist die Anweisung für diesen Tag.

- Im Verlauf des Abends verläßt dich der spirituelle Körper für einen gewissen Zeitraum und wartet, bis dein Körper so weit vorbereitet ist, daß Er in seiner ganzen Großartigkeit wieder einziehen kann.

- Bestätige, daß du möchtest, daß der spirituelle Körper dich in dieser Nacht verläßt und daß der Prozeß weitergeführt wird.

- Du kannst darum bitten, dies bewußt miterleben zu dürfen.

- Das Verlassenwerden vom spirituellen Körper kann man sich als Verschmelzen des Energiefeldes des spirituellen Körpers mit dem höheren Selbst vorstellen. Alle Energiekörper bestehen innerhalb des Energie-Feldes der ICH BIN Präsenz, die immer mit uns ist, unser Wesen ist und auf göttliche Weise den ganzen Prozeß führt.

Am Morgen des vierten Tages:

- Der spirituelle Körper hat dich wahrscheinlich während des Schlafs verlassen.

143

- Du fühlst dich wahrscheinlich anders. Mit dem spirituellen Körper sind die Gefühle und die Liebe gegangen, deshalb kann es sein, daß du dich leer fühlst.

- Sprich mit deinem Ratgeber wenn du möchtest, um klarzustellen, ob der spirituelle Körper dich verlassen hat.

- Die himmlische Bruderschaft beginnt zu arbeiten, unmittelbar nachdem der spirituelle Körper dich verlassen hat, um das Einsetzen des Todesprozesses zu verhindern. Sie haben ihre Arbeit wahrscheinlich schon Tage oder Wochen vorher begonnen, aber sie tun nichts, was nicht rückgängig gemacht werden könnte, falls du es dir bis zu diesem Zeitpunkt anders überlegst. In diesen vier Tagen arbeiten sie mit den Energiefeldern all deiner Körper. Sie verändern dein System, so daß es Lichtenergie nutzt, um die Schwingung deines Körpers zu erhöhen.

Vierter bis siebter Tag:

- Es darf immer noch nichts getrunken werden.

  Falls du Flüssigkeit zu dir nimmst, bricht die himmlische Bruderschaft sofort ihre Arbeit ab. Und sie nehmen ihre Arbeit 24 Stunden lang nicht wieder auf, nachdem die Flüssigkeit getrunken wurde (dadurch verzögert sich dein Prozeß). Ein ätherischer Tropf wird in den Rückenbereich in die Nähe der Nieren eingesetzt, so daß du in dieser Zeit ohne Flüssigkeit keine Bedenken haben mußt.

- Die Anweisung für diesen Tag ist immer noch in Ruhe zu bleiben!

- In diesen vier Tagen mußt du dir der Bedürfnisse deines Körpers bewußt sein.

- Wir schlagen vor, daß du für drei längere Zeiträume am Tag ganz in Ruhe bleibst.

- Wähle deine Zeiten und bleibe dann dabei. Vorschlag 10 Uhr, 13 Uhr und 16 Uhr.

- Dieser Neuausrichtungsprozeß dauert jeweils ca. zwei Stunden.

- Eventuell spürst du diesen Neuausrichtungsprozeß.

- Du weißt instinktiv, wann du dich umdrehen, still liegen oder zur Toilette gehen sollst etc.

- Du fühlst dich angeschlagen oder schwer.

- Am wichtigsten ist es, in dieser Zeit still zu sein, auch wenn du glaubst, du merkst nicht, daß etwas geschieht. Aber wenn du ganz in Ruhe bist, wirst du es bewußt erleben – die Vorgänge können sehr subtil sein.

- Dein göttliches Selbst führt dich. Du bist in Sicherheit und beschützt.

- Alles, was du tun mußt, ist, dich dem Prozeß hinzugeben.

- Vielleicht möchtest du mit den Engeln sprechen, denn sie unterstützen dich.

- Du kannst baden oder duschen wenn du möchtest.

- Du machst die Erfahrung einer sogenannten ätherischen Temperatur, bei der dir sehr heiß ist. Dies ist ein Zeichen, daß alles gut verläuft. Du könntest versucht sein, eine kalte Dusche zu nehmen oder ins Schwimmbassin zu springen. Widerstehe dem Wunsch, das wäre für den Körper jetzt zu radikal. Um die Hitze zu mildern, kannst du einen Eisbeutel in den Nacken legen – dort ist eine wärmeregulierende Region. So wird dir kühler werden.

- Während dieser Tage kann es sein, daß du sehr durstig bist. Sei dir dessen bewußt, aber bleibe standhaft, da der Prozeß nur verlängert und dein erstes Getränk am siebten Tag auf noch später verschoben würde.

- Da das Denken im Moment vorherrschend ist, können deine Gedanken sehr sprunghaft sein. Eine Flut von Gedanken ohne Gefühle. Versuche, den Geist zu beruhigen und meditiere, damit dein Geist friedlich wird.

- Du bist eventuell leicht reizbar. Eigenarten, die du vorher nicht gekannt hast, können auftreten, du mußt dir dessen bewußt sein und den Geist beruhigen.

Am siebten Tag:

- Setze dich mit deinem Ratgeber in Verbindung und frage, wann du das erste Mal etwas trinken darfst. Normalerweise ist am späteren Nachmittag oder Abend der erste Saft erlaubt.

- Orangensaft mit 25 Prozent Fruchtgehalt, leicht gekühlt (Temperatur eines kühlen Zimmers) und nur wenig. Eine Stunde später kannst du noch etwas Saft zu dir nehmen.

- Bedenke, daß dein Körper sieben Tage nichts zu sich genommen hat. Trinke langsam.

- Du bekommst beim Trinken wenn es soweit ist, genaue innere Aweisung.

- Du darfst unter gar keinen Umständen allein entscheiden, wann du das erste Mal etwas trinken darfst.

Achter bis vierzehnter Tag:

- Die Ruhe bestimmt immer noch einen großen Teil deines Tages.

- Sprich mit den Engeln, damit sie dir bei deiner Heilung helfen. Sei glücklich! Du wirst dich bald wunderbar fühlen.

- Ab jetzt kannst du Orangensaft mit 25 Prozent Fruchtgehalt trinken.

- Es wird geraten, nicht weniger als eineinhalb Liter pro Tag während dieser sieben Tage zu trinken.

- Bitte sei dir darüber im Klaren, daß du einen großen chirurgischen Eingriff hinter dir hast. Auch wenn er ätherischer Art ist. Also achte dementsprechend auf Ruhe.

- Nun kommt der Heilungsprozeß. Er erstreckt sich über die folgenden sieben Tage, und du solltest dich unbedingt an die hier beschriebene Anleitung halten.

- Essen ist nicht mehr Teil deiner Realität, da deine Realität nicht mehr das ist, was sie war.

- Falls du mit Gedankenprojektionen von einer externen Quelle bombardiert wirst (was negativ ist), mußt du einen Weg finden, deinen Geist mit etwas Friedvollerem zu beschäftigen. Dein logischer Verstand und Ego können zu dieser Zeit außer Kontrolle sein. Du bist in Sicherheit, da gibt es keinen Zweifel. Also schenke dem Negativen keinen Glauben.

- Diese Heilungswoche ist eine wunderbare Zeit, erfreue dich daran und ruhe dich aus.

- Du könntest mit einer gebrechlichen Person verglichen werden, also akzeptiere es bitte und verhalte dich entsprechend.

- Vielleicht schläfst du viel.

- Eventuell fühlst du dich geistig weit weg.

- Es kann sein, daß du körperlich noch Unbehagen empfindest.

- Die Erfahrung jedes Einzelnen ist einzigartig.

- Du fühlst dich vielleicht energiegeladen. Verbrauche diese Energie jedoch nicht, behalte sie für die Heilung.

- Einige Leute haben festgestellt, daß sie sich krank oder sonst irgendwie unwohl fühlen, wenn sie nicht genug ruhen. Ein Zeichen, daß der spirituelle Körper will, daß du ruhst.

- Du kannst baden.

- Ruhe dich aus, lies und benutze diese Tage dazu, mit deinem Höheren Selbst vertraut zu werden.

Fünfzehnter bis einundzwanzigster Tag:

- Die Integrationswoche und das Heilen gehen zu Ende. Die Höheren Energien der nächsten Bewußtseinsstufe, entweder dein Höheres Selbst oder deine ICH BIN Präsenz, beginnen in den leeren Körper einzudringen. Jeden Tag ein bißchen mehr.

- Du beginnst, dich stärker zu fühlen.

- Frage dich: Was ist meine Aufgabe, meine Bestimmung? Wozu bin ich hergekommen?

- Fruchtsaft mit 40 Prozent Fruchtgehalt ist erlaubt, keine Suppe, keine Milch.

- Nimm jeden Tag wie er kommt und bleibe weiterhin im Hier und Jetzt.

Einundzwanzigster Tag:

- Setze dich mit deinem Ratgeber in Verbindung, um zu klären, ob du um Mitternacht den Prozeß beendet hast. (Mitternacht nicht aus irgend welchen spiritistischen Gründen, sondern weil erst dann der Tag zu Ende ist.)

Veränderungen nach Vollendung des 21tägigen Prozesses:

Du bemerkst eventuell deine Losgelöstheit. Vielleicht fühlst du dich gewöhnlich, vielleicht auch außergewöhnlich. Es kann sein, daß du eine erhöhte Sensibilität des Geruchssinns, Geschmacks und Tastsinns bemerkst. Die Zähne können überempfindlich sein. Vielleicht hast du Schmerzen im Körper... sei dir einfach bewußt, daß noch immer Heilung stattfindet.

Zu diesem Zeitpunkt wirst du dich vielleicht noch fragen, ob überhaupt eine Veränderung stattgefunden hat, oder ob du sie nur nicht wahrnimmst. Die Veränderungen sind am Anfang ganz subtil, aber dein Gefühl der Leichtigkeit und des Wohlbefindens sind unübersehbar. Ich selbst bemerkte zunächst kleine Veränderungen und mit der Zeit dann immer mehr: Mein Gang hatte sich verändert, meine Füße standen gerade anstatt nach außen zu zeigen. Ich fühlte mich größer, meine Haltung war aufrechter. Es dauerte ein paar Monate, bis mein Gefühl der Verbundenheit dauerhaft da war. Sei geduldig mit dir, liebe diesen Weg, und vor allem – genieße ihn.

Wahre Freiheit ist von Dauer

Jetzt, da du de 21-Tages-Prozeß abgeschlossen hast, befindest du dich jenseits deiner alten Glaubensmuster. Mit dem alten Glaubenssystem zu leben und gleichzeitig Gott absolut zu vertrauen, kann schwierig sein. Du kannst nicht mit gegensätzlichen Glaubenssystemen leben. Es ist hilfreich, sich klarzumachen, daß der Prozeß tatsächlich der Anfang vom Rest deines Lebens ist – also umarme dein neues DU. Wiedergeboren zu werden heißt, die Vergangenheit gehen zu lassen und deine Zukunft in Gottes Hand zu legen.

Von nun an besteht keine physische oder ernährungsbedingte Notwendigkeit zu essen oder zu trinken mehr. Was auch immer du zu trinken gedenkst, achte darauf, daß du das alte Ego nicht stärkst. Einige Leute waren z.B. aus ihrer alten Konditionierung heraus versucht, eine pürierte Banane in ihre Milch zu geben. Das Ego wird nach einer Rechtfertigung suchen, nämlich, daß du die Banane wegen der Ballaststoffe und des Kaliums brauchst. Einige wollen nur natürliche und gesunde Getränke zu sich nehmen. Du brauchst ein Getränk jetzt nicht mehr nach seinem Nährstoffgehalt auszusuchen.

Dein Wunsch nach Getränken oder fester Nahrung ist nicht physisch, sondern hat eine mentale oder emotionale Ursache. Sei dir bewußt, daß du diesen Wunsch, wenn er auftaucht vielleicht mit einem Getränk unterdrücken möchtest. Das ist in Ordnung und wir raten dir dich bei deinem Tun zu beobachten. Wenn wir ein Zuschauer unserer Gefühle oder Gedanken sind, erlangen wir normalerweise Einsichten und wachsen innerlich. Die Veränderung kommt mit der Zeit. Es kann jedoch sein, daß deine Geschmacksknospen etwas schmecken wollen. Das wird sich mit der Zeit auch ändern.

Gehe sanft mit dir um! Du mußt nicht als stolzer »Nicht-Esser-oder-Trinker« rumlaufen. Manche werden nur Wasser oder Kräutertee trinken, weil es als gesund gilt. Das Ego schafft sich diese Illusion als Teil seiner Eigensabotage und versucht, dir weiszumachen, das es bestimmte Regeln gibt, was das Trinken angeht. Jedes Getränk, auf das du Lust hat, ist jedoch vollkommen in Ordnung.

Entscheide selbst, was du trinken möchtest, ohne die Freude am Leben zu verlieren. Wenn du Lust auf Kaffee hast, ist auch das in Ordnung, wenn du Lust auf Wasser oder Saft hast, ebenso. Du kannst das richtige Getränk für dich rausfinden, indem du darauf achtest, wie du dich fühlst, wenn du es getrunken hast. Wenn ein Getränk für dich zu schwer ist, wirst du es ganz sicher merken. Dem Licht und der Liebe entgegengehen und uns an uns selbst erfreuen, steht an erster Stelle. Der Pfad zwischen Selbstverleugnung und Selbstdisziplin ist sehr schmal. Du mußt das Gleichgewicht entdecken, damit du nicht das Gefühl hast, dir werde etwas vorenthalten.

Beurteile nicht zu streng, welche Getränke richtig oder falsch sind. Manche Menschen sind nach dem Prozeß sehr diszipliniert und suchen keine Ablenkung in Getränken. Andere sind der Ansicht, daß sie mehr trinken müßten und daß sie zumindest dieses Vergnügen bräuchten, um sich gut zu fühlen. Jeder Mensch ist anders, soviel ist sicher, und jeder befindet sich an einem anderen Punkt auf dem Weg. Wir sind hier, um uns mit Freude weiterzuentwickeln. Also laß es dir gut gehen und sei nett zu dir und zu anderen!

Vom Standpunkt der Geselligkeit gibt es keinen Grund, nicht an Mittagessen oder Abendessen mit anderen teilzunehmen. Man kann z.B. eine Tasse klare Brühe und ein Getränk zu sich nehmen, ohne aufzufallen und anders zu erscheinen. Sobald du dich wohl fühlst und dein neues Sein akzeptierst, wird es anderen Menschen nicht einmal auffallen, daß du nichts ißt und es wird niemanden kümmern. Wir haben sogar festgestellt, daß unsere sozialen und geschäftlichen Aktivitäten beim Essen in Restaurants einfacher geworden sind. Als wir gesundheitsbewußt lebten, mußten wir uns um Dinge wie Rohzucker, Qualität, Frische, Konservierungsmittel etc. kümmern. Jetzt können wir uns entspannen und die Situation genießen.

Du befindest dich nun an einem Punkt, wo du dich nach innen wenden und darum bitten kannst, daß all deine Bedürfnisse befriedigt werden. In den vergangenen 21 Tagen haben wir vorgeschlagen, daß du auf deine Heilung und dein Wohlbefinden vollkommen vertraust. Es kann eine Zeit lang dauern, bis sich dein Körper vollständig eingestimmt hat. Lasse diesen Prozeß ohne äußere Störungen ablaufen. Du bist mehr als in der Lage, dich selbst zu heilen. Wir haben beschlossen, daß wir für eine optimale Gesundheit keine Behandlung durch Dritte wie z.B. Chiropraktiker, Ärzte, Masseure brauchen. Dein ideales Gewicht und vollkommene Gesundheit werden sich automatisch einstellen.

Eine Schlußbemerkung: Du wirst ermutigt, um Unterstützung zu bitten, wann immer du sie benötigst. Während du deine eigene Weisheit und Klarheit entdeckst, kann es hilfreich sein, sich mit anderen Menschen auszutauschen. Vielleicht mit der Person, die dich beim Prozeß unterstützt hat, oder jemand, der den Weg, den du gewählt hast, kennt. Niemand weiß mehr, oder hat mehr Einblick, als du selbst. Deine eigene Klarheit wird für dich jedoch offensichtlicher, wenn du mit jemand anderen sprichst. Oft merkst du, wenn du eine Frage stellst, daß du schon deine eigene Antwort darauf hast. Du kannst dich gerne mit uns in Verbindung setzen, wir sind an deinen Erfahrungen interessiert.

Wenn man sich Gott statt der Illusion anvertraut, ist die Auswirkung auf die Menschheit und den Planeten unermeßlich und die Heilkraft gewaltig. Jedes Mal, wenn ein Mensch seine Schwingungen erhöht, wirkt sich dies bis in die entferntesten Winkel des Universums aus.

Anmerkung von Jasmuheen zu Charmaines Kommentaren über Säfte mit Konservierungsstoffen etc., die von einigen Puristen in Frage gestellt werden könnten: Ich habe vor dem Prozeß jede Menge

Spirulina und Vitamine zu mir genommen. Ich habe erkannt, daß dieser Prozeß in erster Linie mit Vertrauen zu tun hat. Den Prozeß zu durchlaufen und anschließend noch immer Vitamine und gesunde Getränke zu sich zu nehmen, hätte bedeutet, den Kräften des Lichts und ihrer erhaltenden Wirkung nicht zu vertrauen. Ein Quantensprung in Vertrauen!

So kam ich logischerweise zu folgendem Schluß: Wenn ich vertraue, daß alle Nährstoffe, alle Vitamine, meine komplette Ernährung wirklich vom Licht kommen und ich gute Erfahrungen mit diesem Vertrauen mache, dann kann ich noch so ungesundes Zeug zu mir nehmen, weil ich nur am Geschmack interessiert bin und nicht am Nährwert. Statt reinen Fruchtsäften trank ich ab und zu einen Cappuccino, aß einen Mundvoll Schokolade – einfach weil ich Lust auf etwas Süßes hatte.

Für mich, die ich über zwanzig Jahre lang eine absolute Nahrungspuristin war, bedeutete der Prozeß eine große Befreiung. Von Photonen-Energie zu leben und dann eine richtiggehende Gummibärchenphase zu haben oder im Winter ein bis zwei mal wöchentlich überbackene Kartoffeln zu essen, nur so zum puren Vergnügen, ist herrlich!

Es ist wunderbar zu wissen, daß ich mich einfach am Geschmack erfreuen kann und so etwas wie einen Mundorgasmus erlebe, da meine Geschmacksknospen die gelegentlichen Geschmacksempfindungen besonders intensiv genießen. Bemerkenswert ist auch, daß ich wesentlich weniger essen kann als jemand, der magersüchtig ist, und dabei vollkommen gesund bleibe. Ich bin voller Energie und Vitalität und halte mein Gewicht. Das beweist, daß etwas passiert ist, daß eine andere Kraft den Körper vollkommen ausreichend ernährt.

Andere Wege

Für diejenigen, die am Paradigma des Aufsteigens, an der Schaffung eines geheiligten Raumes und an einem Verständnis von Einweihung nicht interessiert oder nicht darauf eingestimmt sind, bieten wir folgendes an:

Die Vorstellung, vom Licht der Kosmischen Kräfte zu leben, besteht seit Urzeiten. Ich persönlich kann es nicht von der spirituellen Grundlage trennen und zu einer reinen Angelegenheit der Ernährung machen, aber das Werk von Wiley Brooks und anderen Autoren versucht es. Das Programm, das sie empfehlen, ist ganz einfach.

Erst bereitest du dich vor, als würdest du den 21-Tage-Prozeß durchlaufen. Gehe liebevoll und sanft mit deinem Körper um, wie bereits erwähnt.

Ich empfehle, das Vehikel (den Körper) liebevoll vorzubereiten, damit dieser Prozeß des Übergangs leicht ist und Freude bringt. Wir empfehlen, nach und nach erst rotes Fleisch, dann weißes Fleisch wegzulassen und dann zu Rohkost überzugehen. Danach nur noch Suppen und Flüssigkeiten zu sich zu nehmen und... Fahre so fort, wie du intuitiv angeleitet wirst... Wie lange der Übergang vom Fleischesser zum Rohköstler dann zu Flüssigkeiten dauert, hängt von jedem einzelnen ab. Mach' es in einer Weise, dieFreude und Wohlbefinden bringt. Der Körper wird dich führen, wenn du ihm zuhörst.

Unabhängig davon, wie man seinen Körper darauf umstellt, Nahrung aus dem Äther aufzunehmen, gibt es Gemeinsamkeiten bei den Reaktionen des Emotional- und Mentalkörpers. Beide sind sowohl kulturell als auch zellbedingt, d.h. sie werden aus dem Zellgedächtnis gespeist. Die Arbeit mit höheren kosmischen Kräften und das Wissen, daß wir in Wahrheit spirituelle Wesen sind, die gerade die Erfahrung des Menschseins machen, scheint dem Menschen sehr viel Kraft zu geben. Insbesondere an diesem Punkt in unserer linearen Zeit ist die Entscheidung, sich von Prana ernähren zu lassen, weder allgemeingültig noch wird sie von einer Mehrheit unterstützt. Für diejenigen von uns, die diese Erkenntnisse in Pionierarbeit für die westliche Welt zusammentragen, sind alle Informationen, die aufgeschrieben wurden, hilfreich, und wir geben sie gerne weiter.

Da meine persönliche Wirklichkeit zwar im Leitbild des Aufsteigens fest verankert ist, ich bei meiner Ernährung jedoch eher intuitiv vorging, bis ich die Sache mit dem Einstimmen für ein höchstmögliches Potential auf allen Ebenen verstand, muß ich zugeben, daß es mir aufgrund dieser Erkenntnis schwerfällt, jemanden zu verstehen, der an dem Prozeß teilnehmen will, ohne bewußt spirituell wach und aufmerksam zu sein.

Auch wenn du mit deiner inneren Führung oder der Intuition arbeitest, ist der 21-Tage-Prozeß immer noch eine extrem schnelle Umstellung. Für diejenigen, die mit den Aufgestiegenen Meistern in Verbindung standen, war dieser Prozeß ein wundervolles Geschenk. Andere, ohne Verbindung, berichteten: *Wieso Geschenk? Die ganzen 21 Tage waren eine einzige Herausforderung und ein ziemlicher Kampf.*

Sieben Tage lang keinerlei Nahrung oder Flüssigkeit zu sich zu nehmen kann ein sehr extremer Prozeß sein und eine große Herausforderung für einen unvorbereiteten, nicht eingestimmten Körper. Wenn man aber eine starke innere Verbindung hat, hat diese Einweihung das Potential einer heiligen Freude des SEINS.

Denjenigen, die nur noch von Prana leben wollen, empfehlen wir, die folgende Anweisung ab jetzt zu befolgen, da dadurch der Umwandlungsprozeß in Gang gesetzt wird. Höre auf deinen Körper. Er wird dich dazu anleiten, ganz intuitiv und ohne Anstrengung verschiedene Substanzen aus deiner Ernährung ganz von alleine wegzulassen.

Rufe das Körperelemental und affirmiere, daß von jetzt an alle Vitamine, Nährstoffe und Nahrung, die zur Erhaltung der physischen Gesundheit gebraucht werden, aus den Kräften des Prana absorbiert werden.

Potential für die Zukunft –
Welthunger

Bereits im Vorwort habe ich kurz erwähnt, daß mir die Aufgestiegenen Meister Visionen einer Welt ohne Hunger, ohne Supermärkte oder Landwirtschaft zeigen. Gärten und Kultivierung nur um der Schönheit willen, nicht aus Notwendigkeit. Stell dir vor, wie viele Milliarden Dollar für andere Dinge ausgegeben werden könnten, wenn jeder darauf vertrauen würde, daß er nur von der Kosmischen Substanz, dem Licht Gottes (Prana) ernährt werden kann.

Immer mehr Menschen werden sich bewußt und bekommen Zugang zu einem tiefen Wissen darüber, daß das, worauf wir uns konzentrieren, einfach wächst und entsteht. Das ist die Kraft des Geistes, das wahre Potential der Menschheit. Zu verstehen, daß Gedanken schöpferisch sind und genügend Disziplin aufzubringen, sich nur auf das zu konzentrieren, was dem Höchsten des Einzelnen und der Menschheit dient. Herz und Geist zu vermählen, wo *wahre Intelligenz die Fähigkeit des Geistes ist, die Weisheit des Herzens zu ehren.* (Emmanuel Buch II »The Choice of Love«).

Zu erkennen, wenn wir als die Masse weiterhin unsere Aufmerksamkeit und unsere Medien auf den Welthunger ausrichten und dabei alte Glaubenssätze bestätigen – *Wenn du nicht ißt, mußt du sterben* –, daß dann die hungernden Massen auch sterben. Zu verstehen, daß Magersüchtige sterben werden. (Das Problem der Magersucht muß auf zwei verschiedenen Ebenen behandelt werden. Erstens das emotionale Problem des fehlenden Selbstwertgefühls, das die eigentliche Ursache ist, und zweitens das Glaubenssystem der Massenkultur, die weiterhin davon überzeugt ist, daß *du sterben mußt, wenn du nichts ißt*.)

Zu erkennen, wenn wir als die Massen weiterhin unsere Gedanken, Medien und Aufmerksamkeit darauf richten, veraltete Glaubenssätze zu bestätigen, wie: *Jeder wird geboren und muß sterben*, daß dann jeder der geboren ist, natürlicherweise auch tatsächlich sterben wird.

Nimm dir etwas Zeit – ein paar Stunden der Besinnung – und überlege,

- wieviel Zeit verbringe ich mit Essenszubereitung;

- wieviel Zeit und Geld verbrauche ich beim Einkaufen in vollen Supermärkten;

- wieviel von meinem Einkommen wird für Essen und gemeinsame Unternehmungen rund ums Essen ausgegeben;

- welcher Anteil der Energien und Ressourcen jeder Nation wird für den Anbau und die Herstellung von Nahrungsmitteln aufgewendet?

Stell dir vor

- eine Welt ohne Schlachthäuser (die Vegetarier und Tierbefreier wären begeistert);

- eine Welt ohne Tierzucht oder Weidewirtschaft auf wertvollem Land nur fürs Schlachthaus;

- keine Bauernhöfe oder Weideflächen zur Lebensmittelproduktion;

- kein McDonald's, kein Schnellimbißverkauf (für einige sicher eine Horrorvorstellung);

- keine Kinder, die an Hunger sterben. Bis jetzt ist es so, daß in jeder einzelnen Sekunde irgendwo auf dieser Welt ein Kind an den Folgen von Unterernährung und Hunger stirbt;

- keine magersüchtigen Teenager;

- keine Weltarmut mehr, da Milliarden von Dollars, die für Nahrung ausgegeben werden, für soziale Veränderungen und die Angleichung der Lebensbedingungen ausgegeben werden können: daher keine Ghettos, kein Verbrechen, kein Bedarf an Sozialhilfe;

- ein für das Wohl aller vereinter Planet, da das Leben vom Licht entweder von spirituellem Erwachen zu einem besseren Dasein motiviert ist oder es herbeiführt.

Veränderungen ergeben sich, wenn man für neue Vorstellungen offen ist, wagt, anders zu sein, sich über das Mittelmaß erhebt.

Es gibt eine bessere Art zu Sein, eine vollständigere Art zu Sein. Ein Dasein, das unser ganzes volles Potential umfaßt, wo Telepathie normal ist, die Ernährung durch Licht normal ist, physische Unsterblichkeit normal ist.

Das ist die Zukunft unseres Planeten. Irgend jemand muß den Weg dafür bahnen, indem er diese Vorstellungen als Realität anerkennt und danach lebt.

Paradigmen – Leitbilder
Kuthumi gechannelt durch Jasmuheen am 9. Februar 1996

Und so, meine Lieben des Lichts, habt Ihr Euch heute abend zusammengefunden, wie Kieselsteine am Strand... Ihr kommt in vielen Formen und mit unterschiedlichem Verständnis, nicht wahr? Ihr seid durch eine Energiewelle hier zu diesem Treffen angeschwemmt worden, so wie Ebbe und Flut Wellen am Strand entstehen lassen. Diese Gezeiten, dieser Energiestrom, ist einfach nur die Durchführung eines der Gesetze, die Euer Raum-Zeit-Kontinuum beherrschen, eines Gesetzes, die die Bildung von Leben, Materie und Energie in diesem Teil des Universums beherrschen, den Ihr Planet Erde nennt.

Wenn wir das Licht lesen, das aus Euren Herzzentren kommt, so kommt es in verschiedenen Abstufungen, in verschiedenen Helligkeitsstufen. Denn Ihr alle entfaltet Euch und sammelt Informationen, die Euch bei Eurer persönlichen Entwicklung und Eurem persönlichen Verständnis helfen. Eure Herzzentren können mit einer Tür zu einem verdunkelten Raum verglichen werden. Und wenn sich diese Tür geöffnet hat, scheint das Licht aus einem anderen Raum, in dem alle Lichter angezündet sind. Einige unter Euch suchen diese Tür. Andere haben die Tür gefunden, und die Tür steht einen Spalt weit offen. Für einige von Euch ist die Tür weit offen und das Licht von drinnen lodert wie ein helles Feuer.

Wie wir bereits oft erwähnt haben, entwickelt sich die Menschheit nach einem göttlichen Plan. Ihr habt alle verschiedene Rollen zu spielen bei der Entfaltung dieses Plans. Es ist, als ob die Informationen, die zu Euch kommen, in direkter Verbindung mit den von Euch ausgesandten Energiesignalen stehen. Denn Ihr sendet immer Signale aus, egal, ob Ihr Euch dessen bewußt seid oder nicht. Und alles, was in Eurem Leben, in Eurem Gravitationsfeld vorkommt, ist eine Reaktion auf ein von Euch ausgesandtes Signal.

Die Energie und das Bewußtsein des Aufgestiegenen Meisters namens Kuthumi ist ein unermeßlicher Punkt des Bewußtseins. Eine der Rollen, die dieses Bewußtsein übernommen hat auf Eurer physischen Ebene, ist die eines Weltlehrers. Der Grund, warum wir (»wir« bedeutet die Aufgestiegenen Meister) und das Bewußtsein Kuthumis heute abend zu Eurer Gruppe gebracht wurden, ist das Gespräch über ein Spiel, das auf Eurem Planeten gespielt wird, ein Gespräch über die Schaffung einer Trinität von Leitbildern.

Es gibt drei Energiemuster, die im Mikrokosmos Eurer Gruppe gespielt werden. Und Eure Gruppe, meine Lieben, ist nur ein kleiner Kosmos in einem größeren Kosmos, der auf der Weltbühne gespielt wird. Denn das Wesen dessen, was Ihr seid, Eure sich entfaltenden verschiedenen Stufen, kann in der heutigen Welt widergespiegelt werden, nicht wahr?

Das erste Paradigma ist die Schaffung einer persönlichen Realität, die es Euch erlaubt, wie bereits früher erwähnt, als Individuen Eurer Leben auf dem höchstmöglichen Potential zu leben. Nicht länger auf einem, zwei oder drei Zylindern zu laufen, wo alles, was Ihr empfindet, ein physisches, emotionales und mentales Wesen ist, sondern zu verstehen, daß Ihr noch einen anderen Aspekt in Euch tragt, Euer göttliches Selbst. Diesem Selbst zu befehlen, in Eurer Tagesrealität so voll und ganz präsent zu sein, daß Euer Herz zu singen beginnt.

Wenn Ihr für Euch ein persönliches Leitbild geschaffen habt, das es ermöglicht, Eure göttliche Natur auf dieser Ebene voll auszudrücken, so daß Ihr freudig, leidenschaftlich bleibt und Euer Leben zu Eurer höchsten Ausdrucksform lebt, gemäß Euren Normen, dann werdet Ihr von dem angezogen, was wir das globale Leitbild nennen.

Ein globales Leitbild ist ein Energiemuster, in dem Menschen gemeinsam angezogen werden und ein Orchester bilden, anstatt einzelne Spieler zu sein. Sie werden Teil eines kollektiven Gruppenbewußtseins, das ein göttliches Orchester bildet. Dieses Leitbild wird sich auf der physischen Ebene global manifestieren gemäß Eurer Vision als kollektives Ganzes. Es wird sich in Euren politischen, schulischen, sozialen und wirtschaftlichen Systemen manifestieren. Unter Euch sind Menschen, die bewußt an der Umsetzung eines globalen Leitbildes arbeiten, das dem als Goldenes Zeitalter prophezeiten neuen Jahrtausend erlaubt, auf Eurer Ebene physische Realität zu werden. Es ist nicht länger ein Traum vom besseren Leben, den einige wenige träumen. Ihr fühlt diese Veränderungen unter Euch durch die Beschleunigung der Zeit, nicht wahr? Das liegt daran, daß sich die Schwingung so schnell ändert, in dem Moment, wo Ihr die Göttliche Kraft aus Eurem Innern freilaßt.

Da immer mehr von Euch die innere Tür suchen und dem Licht Eures göttlichen Selbst erlauben, sich voll auf Eurer Ebene der physischen Realität zu manifestieren, werden die Veränderungen beschleunigt. Denn das göttliche Selbst lebt im Energiemuster simultaner Zeit, wo es keine Trennung zwischen Vergangenheit, Gegenwart und Zukunft gibt, wo sich die Schwingungsrate der elektromagnetischen Energie mit einer solchen Kraft und kreativen Stärke bewegt, daß es die Trennung der linearen Zeit nicht gibt.

Euer Herz ermöglicht es diesen Energien, durch die inneren Türen zu fließen, große Veränderungen für Euch persönlich zu schaffen und dann ins globale Leitbild hineinzuströmen.

Wieviele von Euch, die hier anwesend sind, arbeiten an der Schaffung des dritten Paradigmas? Der letzte Teil der Trinität wird jetzt offenbart, und das ist das Paradigma der universellen Zugehörigkeit. Es ist die Vorbereitung der Menschheit auf das Verständnis, daß es in anderen Energiefrequenzen noch andere Lebensformen gibt, in anderen Galaxien, in anderen planetarischen Ausdrucksformen. Daher die Freigabe von Informationen über andere Lebensformen, von außerirdischer Intelligenz, die jetzt Eure Ebene des Verständnisses erreicht.

Es gibt also gleichzeitig drei Paradigmen, die immer miteinander verbunden sind und gemeinsam wirken. Der Zustand des Erwachens jedes Einzelnen hängt davon ab, zu welchem Paradigma er in einem bestimmten Augenblick Zugang hat. Viele von Euch arbeiten an Ihrem persönlichen Leitbild. Viele haben sich aktiv an der Umsetzung des globalen Leitbildes beteiligt. Und jetzt beginnt Ihr damit, Eure Brüder und Schwestern auf die einströmende Information vorzubereiten, daß Ihr auch Teil eines kosmischen Ganzen seid.

Es ist interessant, die Energien der Menschheit zu lesen, denn im Prozeß des Erwachens meinen einige, daß Eure dreidimensionale Realität die einzige im Leben sei. Sie arbeiten aus dem Energiestrahl des niederen Geistes und des niederen emotionalen Körpers heraus. Niederer Geist, der in Angelegenheiten wie Überleben, Arbeitsplatz, Fortpflanzung, Erhalt der Spezies auf dieser Ebene gefangen ist.

Dann gibt es diejenigen, die sich schon in den höheren Geist eingeklinkt haben, den Aspekt von Euch, der wirklich göttlich ist; der Antworten darauf sucht, warum Ihr eine Verkörperung habt; der als Gruppenbewußtsein arbeiten will, um eine Erfahrungsebene im

Physischen auf die Erde zu bringen, auf der mit Achtsamkeit für das Wohl des Ganzen gearbeitet wird. All dies geschieht durch die Antriebskraft des höheren Geistes, im Kollektiv zu arbeiten, damit, wenn die Menschheit auf dieser Ebene den Punkt des Erwachens und Bewußtseins erreicht hat, Ihr alle den Platz im kosmischen Energiegefüge einnehmen könnt, der für Euch bestimmt ist.

Das universelle Paradigma, meine Lieben (wir sprechen zu denjenigen unter den Anwesenden, für die das Verständnis vielleicht noch ein bißchen weit hergeholt ist, obwohl es auch einige gibt, für die es schon real ist), dieses universelle Paradigma sieht Euren Planeten Erde und die Menschheit auf der Erde als Teil eines gigantischen Puzzles, als einen Aspekt einer Myriade von Ausdrucksformen des Lebens, durch alle Dimensionen von Zeit und Raum hindurch, geschaffen von der Einen Kraft, die sich selbst durch Ausdehnen und Zusammenziehen wahrnimmt.

Dies ist vielen als das Einatmen und Ausatmen Gottes bekannt. Es ist bekannt als das vereinte Energiefeld der Quantenphysik, in dem sich die Energie unaufhörlich ausweitet und zusammenzieht. Es ist eine fließende Bewegung von Bewußtsein, in welchem Ihr mit allem verbunden und von dem Ihr ein Teil seid. Ein Prozent, wenn überhaupt, von Eurem Wesen wohnt in der physischen Verkörperung. Trotzdem ist es für viele so, daß hundert Prozent Eurer Wahrnehmung Euch sagt, Ihr wäret nur dieses eine Prozent. Und wenn Ihr die Tür zu den höheren Reichen durch Euer Herzzentrum öffnet und dem größeren Aspekt Eurer Selbst erlaubt, sich in dieser physischen Ebene auszudrücken, dann beginnt der Zauber, dann fühlt Ihr Euch als Menschen erfüllt, dann habt Ihr Zugang zu Eurem vollen Potential als göttliche Bewußtseinsfunken.

Daher haben wir eine Bitte: In dem Maße, wie Ihr die Gesetze der Schöpfung – die Gesetze des Universums – erforscht und versteht, in dem Maße, wie Ihr versteht, daß alles als fließender Bewußtseinsstrom einfach antwortet, in dem Maße, wie Ihre versteht, daß Ihr Eure Realität selbst erschafft, durch das, worauf Ihr Eure Aufmerksamkeit lenkt, fangt an, ganz bewußt persönliche, globale und universelle Leitbilder zu erschaffen, die harmonisch in Übereinstimmung für das Wohl des Ganzen auf dieser Ebene arbeiten.

Es ist ein einfaches Spiel, und viele sind dazu aufgefordert worden, es zu spielen, wenn Ihr es in Eurem Herzen als richtig empfindet. Denn das Herz ist das Tor. Und das Herz hat die wahre Intelligenz und ist das Bindeglied zwischen dem höheren und niederen Geist. Es ist die Tür, die Euch den Zugang zu den vier Fünfteln Eures Gehirns ermöglicht, und wir bitten Euch, anzufangen, diese zu aktivieren und zu benutzen, damit Ihr zu vollständigen Wesen werdet, die auf allen Zylindern laufen.

Ihr könnt das Spiel des Leidens und Mangels spielen, wenn Euch das befriedigt. Aber alle Anwesenden und diejenigen, die bewußt mit der Gegenwart der Aufgestiegenen gearbeitet haben, haben entschieden, daß sie sowohl in dieser als auch in anderen Verkörperungen genug Leid erfahren haben. Wenn jemand zur Herrlichkeit des inneren Gottes erwacht, ist Leiden nicht mehr notwendig. Denn die wahre Natur des Göttlichen, des inneren Gottes, ist ein Dasein in grenzenloser Liebe und Freude. Das ist ihre Beschaffenheit, ihre Essenz, die sie mit sich bringt, sobald sie sich in Eurem Leben auf dieser Ebene manifestiert.

Wir bemerken beim Lesen der Energien der Anwesenden, daß Ihr alle noch Informationen benötigt, um die vollkommene Brücke zu erschaffen – die Brücke, welche das innere Tor bildet. Wartet Ihr nicht alle auf weitere Informationen? (Ja.)

Versteht, meine Lieben, daß Euer physisches Wesen nur eine Ansammlung von in Zellen gespeicherter Erinnerung ist, wie bereits gesagt wurde. Als solches tragt Ihr eine Datenbank in Euch, die mit einer Computerdatei verglichen werden kann, die das Wissen Eurer vergangenen Verkörperungen enthält, ebenso das Eurer aktuellen und künftigen Verkörperungen. Wenn Ihr also etwas sucht, müßt Ihr wissen, daß die Information bereits in Euch vorhanden ist. Und wenn Ihr befehlt, daß Euch die Information offenbart wird, muß es geschehen. Wir haben eine Reihe von Programmierungsmöglichkeiten durchgegeben, die es Euch erlauben, auf den göttlichen Willen ausgerichtet zu sein, um die vertraglichen Vereinbarungen mit dem Göttlichen zu erfüllen. Denn jeder der hier Anwesenden hat einen Vertrag mit der Kreativen Kraft unterzeichnet, bevor er eine Verkörperung auf dieser Ebene angenommen hat. Dieser Vertrag ist wie eine Rolle. Ihr habt Euer Einverständnis gegeben, sie zu einem bestimmten Zeitpunkt der Entfaltung der Erde zu spielen – wirklich Teil eines größeren Ganzen zu sein, wirklich ein Stück in einem Orchester zu spielen, göttlich und vollkommen, sobald Ihr wißt, welches Instrument Eures und welches Lied zu spielen ist.

Wenn Ihr das nächste Stück in Eurem Plan sucht und wißt, daß Ihr auf die Ausrichtung mit dem göttlichen Willen programmiert seid, möchtet Ihr vielleicht nur darum bitten, daß das nächste vollkommene Stück des göttlichen Plans sich Euch jetzt klar zu erkennen gibt. Und daß es die richtigen Menschen mit sich bringt, die es Euch ermöglichen, dieses Stück des Plans jetzt in die physische Realität umzusetzen. Durch dieses Programm und die Anweisung, meine Lieben, die Ihr den kosmischen Kräften gebt, wird es Euch klar offenbart. Denn Ihr habt es so angeordnet, und es wird die anderen Menschen mit sich bringen, die Euch bei der Manifestation helfen werden.

Ihr alle seid Euch bewußt, daß Ihr von Natur aus innerhalb von drei Paradigmen arbeitet. Daß Ihr als Gruppenbewußtsein für die Verankerung des Göttlichen Plans für das Goldene Zeitalter arbeitet. Denn es gilt, ein immenses Leitbild zu verankern und zu schaffen, nicht wahr? Und das Leitbild wird noch größer, wenn es in die physische Realität umgesetzt wird, wenn es Grenzen überschreitet und Eure sozialen, politischen, wirtschaftlichen und Erziehungsstrukturen in Einklang bringt.

Diese Verankerung des globalen Leitbildes ist die Schaffung der zwölften Ebene Eures Lichtkörpers. Die Anwesenden aktivieren verschiedene Stufen der Lichtkörpererschaffung in sich und werden sich bewußt über das, was bereits in Ihnen ist. Man könnte sagen, es ist, als würde man ein großes Haus betreten, in dem alles dunkel ist. Wenn ihr mit dem Schlüssel, der das innere Tor ist, aufschließt und das Tor öffnet, schaltet Ihr überall das Licht ein. Aber Ihr müßt systematisch durch jeden Raum des großen Hauses gehen und jedes Licht einschalten. Das ist die Aktivierung Eurer Lichtkörper. Es ist bereits alles vorhanden, Ihr habt es bloß vorher nicht gesehen. Und wenn Ihr das innere Licht entzündet, wird es sich Euch offenbaren.

Einige der Anwesenden haben die Tür geöffnet und das Licht im Flur und im Foyer eingeschaltet. Andere haben die Lichter im Wohnzimmer oder in der Küche, im Schlafzimmer usw. eingeschaltet. Die zwölfte Ebene haben diejenigen verankert, die überall durchgegangen sind und jedes Licht des inneren Hauses eingeschaltet haben. Das macht doch Sinn, oder? So sind sie zu einem Leuchtfeuer für das neue globale Paradigma geworden.

Wenn das persönliche Paradigma verankert ist und alle Lichter eingeschaltet sind, wenn Ihr die Herrlichkeit des Göttlichen erweckt und erkannt habt, daß Ihr aufgestiegen seid und Ihr jetzt herabgestiegene Meister seid, die jetzt das globale Paradigma als Teil Ihres vorher vereinbarten Vertrages mit dem Göttlichen verankern. Wenn die Lichter eingeschaltet sind, so ist es wie bei einem Leuchtturm: er ist ein Leuchtfeuer für andere, die noch daran arbeiten, ein kraftvolles persönliches Leitbild aufzubauen.

Das globale Paradigma, meine Lieben, muß also physisch manifestiert werden. So viele von Euch hören jetzt diesen inneren Ruf, nicht wahr? Sich zu gruppieren, ein Netzwerk zu bilden, auf dieser Ebene hier zum Wohle aller physisch schöpferisch zu sein. Diese Informationen selbstbewußt und mit Mut – auch wenn die Gefahr besteht, sich lächerlich zu machen – weiterzugeben, denn die kollektiven Massen, meine Lieben, haben noch nicht das Tor zum inneren Haus gefunden, geschweige denn das Licht in allen Räumen angeschaltet, die sich darin befinden, oder gar die Magie, die wahre Göttlichkeit und das Bewußtsein entdeckt, die daraus resultieren.

Aufrecht zu stehen und von einem universellen Paradigma zu sprechen, von Brüdern und Schwestern des Alls, von außerirdischer Intelligenz, von Wesen des Lichts und der Liebe. Davon, daß die Menschheit die Einladung erhalten hat, ein Teil der intergalaktischen Weltenföderation zu werden (das Bewußtseinsfeld, das die verschiedenen Paradigmen aller Planeten in anderen Energiefeldern regiert). Das, meine Lieben, erfordert Mut.

Viele hier haben noch nicht den bewußten Wunsch, von einem universellen Paradigma zu sprechen. Aber in Eurer nahen Zukunft wird es eine Zeit geben, in der diese Dinge offen und gemeinsam besprochen werden. Diese Information wird durch Eure Medien kommen, nicht wahr? Sozusagen vom höheren Bewußtsein eingepflanzt. Dennoch, als Reaktion auf den Aufruf in den Herzen der Erwachten ist es an der Zeit, den Ball ins Rollen zu bringen, meine Lieben.

Wie bereits erwähnt, ist zwar alle Zeit der Welt, aber es gibt keine Zeit mehr zu vergeuden. Es ist Zeit, in Euer Herzzentrum zu tauchen, die innere Tür zu finden. Zu verstehen, daß Ihr diese weiten, multidimensionalen Wesen seid. Die 99 Prozent Eurer Selbst zu entdecken, die sich Euch bis jetzt auf dieser physischen Ebene nocht nicht vollständig offenbart haben. Denn Eure Mission ist es, hier zu sein, aber grenzenlos. Es ist, wie wir bereits mitgeteilt haben, nicht eine Zeit der persönlichen Erleuchtung und des Verlassens dieser Ebene. Es ist Zeit, persönlich erleuchtet zu sein und die Erde zu erleuchten, alle Lichter einzuschalten, in allen Herzen, in allen Räumen, in allen inneren Häusern der gesamten Menschheit, die weiter in der physischen Verkörperung in dieser Zeit des Jetzt, auf Eurem Planeten, in der Geschichte Eures Planeten bleiben.

Meine Lieben, Ihr könnt bei einem Verständnis bleiben, daß das alles vielleicht Unsinn ist, und einige der Anwesenden haben sich das womöglich auch gefragt. Aber vielleicht entscheidet Ihr Euch, auf Euer Herz zu hören und für die Erforschung dieser anderen Paradigmen offen zu sein. Vielleicht entscheidet Ihr Euch zu verstehen, daß es andere Realitäten gibt, die viele jetzt ergründen wollen. Und die Suche danach bringt eine reichhaltige Ernte in ihrer physischen Welt. Sie bringt die Gabe der Telepathie, die Gabe der Hellsichtigkeit, die Fähigkeit, Energien und in andere Seinsbereiche zu sehen. Es bringt die Fähigkeit der Selbstheilung und der Heilung anderer. Die Fähigkeit, sich auf den Takt von Mutter-Vater-Schöpfer-Gott einzustimmen, der aus den Herzzentren aller Lebensformen auf dieser Ebene strömt. Und es bringt das Geschenk eines großen Zaubers.

So wählt, meine Lieben, und entscheidet, ob Ihr im Licht des Gottes ICH BIN leben wollt, und die große Magie und das grenzenlose Sein erkennen wollt oder ob Ihr im Reich der Angst, des Zweifels und der Unsicherheit verharren wollt. Ihr habt immer die Wahl, meine Lieben. Denn alle Paradigmen existieren innerhalb der physischen Wirklichkeit von Dualität auf dieser Ebene.

Programmierung – die Macht des Geistes

Ich bin angeleitet worden, dieses Kapitel hier einzufügen, denn eine der stärksten Gaben, die ich durch die Teilnahme an dem Prozeß erhalten habe, ist die Erkenntnis der Notwendigkeit, daß wir unsere zellulären Erinnerungen löschen und uns für die Meisterschaft in Unbegrenztheit neu programmieren müssen.

❑ Dein Körper ist ein Biocomputer,
   deine Gedanken sind die Software,
   dein Leben ist der Aus-Druck von beidem.
   Wechsle die Software, verändere das Programm
   oder schreibe es neu und ändere damit dein Leben.
   So einfach geht das.

Es folgt ein Artikel mit einigen zusätzlichen Werkzeugen zur Programmierung, den ich für eine Zeitschrift geschrieben habe. Viele, die sie anwenden, haben große Erfolge damit erzielt. Diese Techniken werden viel Freude und positive Transformationskraft in euer Leben bringen, wenn ihr sie anwendet.

Nach Vollendung meines zweiten Buches »The Art of Resonance« sollte ich laut meiner inneren Führung aufhören zu lesen. Vielleicht lag es daran, daß ich an dem Projekt sechs Monate intensiv gearbeitet habe, indem ich Material aus weit über vierzig Quellen recherchierte und zusammenstellte. Meine Absicht war, ein leicht verständliches Handbuch mit einfach anzuwendenden Selbsthilfetechniken herauszugeben, die Herz und Intellekt gleichermaßen ansprechen, mit gut recherchierten Daten aus vielen Quellen.

Statt einfach nur eine Pause von meinen Nachforschungen zu machen, ging es vielmehr darum zu verstehen, wie wichtig es ist, sich die Zeit zu nehmen, das intellektuell Erkannte auf der Ebene des zellulären Wissens zu verankern, was war nur dadurch möglich ist, daß man das Erkannte lebt. Außerdem wußte ich intuitiv, daß ich alles Wissen in mir trug, das ich brauchte, um das grenzenlose Wesen zu sein, das ich darstellen wollte.

Während ich andere auf ihrem Weg beobachtete, wird ein Muster deutlich, bei dem all unser inneres Wissen genutzt zu werden scheint.

Die Seele rührt sich, wir beginnen zu erwachen. Wir dürsten nach Wissen. Wir recherchieren mit unserem wunderbaren Intellekt und finden Gemeinsamkeiten – den roten Faden der Wahrheit – in den Lehren der Naturvölker, den alten mystischen Schulen und den Weltreligionen. Wir kombinieren dieses Wissen mit der Quantenphysik. Wir entdecken die Universellen Gesetze und erkennen, daß sie über Energie und Materie herrschen und Grundlage von Wissenschaft und Religion sind. Wir erkennen, daß diese Gesetze absolute Gültigkeit haben. Sie sind die Gesetze der Schöpfung, und wenn wir mit ihnen arbeiten, kommt ein Zauber in unser Leben. Wir üben, wir spielen und wir erschaffen bewußt.

Wenn wir wissen, daß wir Realität durch unsere Vision erschaffen, überwachen wir unsere Denkprozesse sorgfältig und löschen alles außer unbegrenztem Denken. Wir werden feinstofflicher, programmieren unser Denken neu, beobachten, wie die Energiegesetze ansprechen und dieses neue Paradigma in unsere alltägliche Realität bringen. Durch Meditation lernen wir loszulassen, wir werden zum Zeugen, zum Schöpfer, der seine eigene Schöpfung erfährt und lebt. Wir haben realisiert, daß die Wirkung davon, zu Sein und zu leben, was wir intellektuell verstanden haben, die Realität weiter ermächtigt. Denn die Energie eines einzelnen Gedankens ist nicht so stark wie das tiefe Zellwissen, das aus jeder Zelle, jeder Faser unseres Seins ausströmt und die uns umgebenden Energiemuster elektromagnetisch verändert. Der ganze Körper sendet dauernd eine Frequenz aus, eine Resonanz, die einem fließenden und antwortenden Universum gegenüber eine Aussage macht. Es heißt, daß das Universum sich sozusagen selbst umordnet, um sich an unser Realitätsmodell anzupassen. Das ist das Gesetz der Resonanz bei diesem Spiel.

Wenn wir uns in den Göttlichen Kosmischen Schaltkreis einschalten, stellen wir fest, daß durch bewußtes Schöpferischsein mit Hilfe von bewußter innerer Einstimmung und Programmierung der universelle Geist mit uns kommuniziert. Wir sind dann vom Bedürfnis nach Essen und Schlaf befreit. Wir müssen nicht länger leiden für unsere Göttlichkeit, da wir uns mit Freude und Leichtigkeit bewußt neu programmieren. Innerlich erwacht und durch unsere Absicht ermächtigt, schaffen wir durch Programmieren und Spielen nach den Spielregeln des göttlichen Spiels eine Brücke zwischen den Welten, zwischen

Paradigmen und erfahren die Einheit in allem.

Wir sehen das Leben der Lichtarbeiter und das der sogenannten normalen Gesellschaft. Viele wollen Spaß haben, Geld verdienen und auch etwas Gutes tun. Und viele wollen nichts weiter als ein Modell schaffen mit dem sie physisch, emotional, mental und spirituell auf höchstem Potential in einer Weise leben können, die alles ehrt. Das sind positive Paradigmen für das neue Zeitalter.

Positive Leitbilder können durch eine gezielte Programmierung mit klarer Absicht geschaffen werden. Die Programmierung besteht aus wiederholten Anweisungen. Da der physische und emotionale Körper von den Mentalkörpern – der höhere und niedere Verstand – in jedem Augenblick beherrscht wird, kann uns eine effektive Programmierung befreien und uns durch das Leben führen. Sie macht die Reise des Überlebens einfacher, damit wir harmonisch gedeihen können. Nachfolgend wird ein Programm beschrieben, das viele als sehr kraftvoll empfinden:

❑ Lieber Mutter-Vater-Schöpfer-Gott, ich bitte, daß jeder einzelne Moment jedes Tages sich in vollständiger und vollkommener Übereinstimmung mit dem göttlichen Willen im göttlichen Zeitplan entfaltet.

Dieses Programm garantiert eine erfolgreiche Erfüllung aller auf das Göttliche ausgerichteten Träume und Visionen. Und es hält uns davon ab, ständig darüber nachzudenken, ob wir etwas tun sollen. Außerdem hilft es uns zu akzeptieren, wenn sich etwas nicht manifestiert. Denn das bedeutet, daß es mit dem Göttlichen Zeitplan nicht übereinstimmt oder seine Zeit noch nicht gekommen ist, sodaß wir es loslassen können.

❑ Ich bitte, daß alles, was ich mitteile und weitergebe, in jedem Moment dem höchsten Wohl anderer und meinem eigenen höchsten Wohl dient.

Warum sollte es unsere Absicht sein, daß das, was wir mitteilen und weitergeben, etwas anderes als das Höchste ist? Das gibt unseren Beziehungen die Erlaubnis, all das zu sein, was sie sein können, frei von unseren Erwartungen.

❏ Ich bitte, daß die Energiefelder meines physischen, emotionalen, mentalen und spirituellen Körpers in perfekte Übereinstimmung gebracht werden, damit sich mein Göttliches Selbst auf der physischen Ebene und allen Existenzebenen vollkommen manifestieren kann. Und zwar in einer Weise, die mir großen Spaß, Leichtigkeit, Gnade, Freude und Fülle bringt.

Die am stärksten verändernde und kreativste Kraft im Universum ist die unseres Höheren Selbst (unserer ICH BIN Präsenz oder Monade). Ihm zu befehlen, uns in Übereinstimmung zu bringen, bedeutet, daß es auf eine kraftvolle Art geschieht, die auch freudig ist, weil wir wegen unserer Göttlichkeit wirklich nicht mehr länger leiden oder im Kreislauf des ständigen Aufarbeitens bleiben müssen.
Ich bezeichne diesen letzten Abschnitt als Grundlagenprogramm. Es ist so gemacht, daß wir erreichen, was wir kreieren wollen. Es gibt langfristige Programme, um Grundlagen zu schaffen, und kurzfristige, um ein bestimmtes Ergebnis zu erzielen. Nach der Neuprogrammierung müssen wir jedoch unsere Gedanken aufmerksam überprüfen und nur Denkweisen akzeptieren, die mit Grenzenlosigkeit im Einklang sind.
Der Grund dafür, warum viele Menschen ihr eigenes Leben als unvollkommen erleben, ist das Zellgedächtnis und das, was wir in jedem »Jetzt«-Moment als Fokus wählen. Laut Dr. Deepak Chopra sind die Zellen nur eine in Materie gekleidete Erinnerung. Die Aufgestiegenen sagen, wenn wir tausend Verkörperungen hatten mit einer durchschnittlichen Lebensdauer von je dreißig Jahren (um eine runde Zahl zu verwenden), haben wir Erinnerungen von 30 000 Jahren in unserem Zellgedächtnis. Und das nur aus unserem Erdenzyklus!
Wenn wir uns also ohne spezielle Programmierung mit dem Zellgedächtnis befassen, kann das ein zeitlich sehr uneffektives Vergnügen sein. Wenn wir beabsichtigen, unser wahres Selbst zu kennen und Grenzenlosigkeit zu erfahren, dann ist die logischste Methode die Konzentration auf unser grenzenloses Göttliches Selbst. Dabei muß uns klar sein, daß das worauf wir uns konzentrieren, wachsen und zu unserer Realität werden wird!

Ein Stabilisierungsprogramm für diejenigen, die bereits auf das Göttliche eingestimmt sind, wurde in unserem letzten Rundschreiben abgedruckt. Es dient vor allem dazu, uns für Zeiten zu rüsten, in denen wir sehr viel zu tun haben und nicht unseren normalen und gewünschten Lebensrhythmus aufrecht erhalten können.

Programmierung für Unbegrenztheit:

❑ Alle meine Körper sind eingestimmt, straff, fit und gesund. Sie schwingen und drücken sich in perfektem und synchronem Einklang mit dem Takt von Mutter-Vater-Schöpfer-Gott aus. Dies ist die Wahrheit, unabhängig davon, ob ich esse, schlafe, übe oder meditiere.

Dieses Programm überschreibt das endlose »Selbst-Gesprächs-Band« von Schuldgefühlen oder begrenzenden Vorstellungen – die wir eventuell in Bezug auf unser Essen, Schlafen, Üben, Meditieren oder andere Gewohnheiten haben. Wenn ihr Euch bereits programmiert, fügt die Punkte Eures Tagesablaufs ein. Dieses Programm überschreibt einfach. Wenn wir unseren Willen bereits mit dem Göttlichen Willen in Einklang gebracht haben, ist eine weitere Herausforderung für die Manifestation das »Timing«. Zweifelsohne haben viele von euch herausgefunden, daß dieses auf die Göttlichkeit ausgerichtet zu sein nicht bedeutet, daß sich Dinge manifestieren, wenn ihr es erwartet. Oft müssen noch andere Teile (oder Menschen) im Puzzle auftauchen, erschaffen oder in die richtige Position gebracht werden. Ich habe das folgende Programm mit großem Erfolg angewendet. Es garantiert eine perfekte schrittweise Entfaltung und Ausrichtung auf das Göttliche. Es erlaubt allem, sich fließend in der Göttlichen Zeitordnung zu entfalten:

❑ Ich bitte, daß sich mein nächster Schritt im Göttlichen Plan mir klar offenbart und jetzt auch die Ressourcen zu mir kommen und die perfekten Mitspieler, die mit mir die Schöpfung und Umsetzung dieses Plans teilen, so daß er JETZT physisch manifestiert werden kann.

Vielen Menschen ist bewußt, daß wir derzeit so etwas wie einen Gruppeninitiationsprozeß erleben, indem wir lernen, auf dieser physischen Ebene harmonisch zusammenzuarbeiten. Mit diesem Programm ziehen wir die für uns richtigen Leute an (diejenigen, die mit uns die Manifestation unseres Stückes im Göttlichen Plan teilen), um an der Manifestation unserer Visionen mitzuarbeiten.

Diejenigen, die mit simultanen Zeitstrukturen arbeiten oder sie verstehen, haben mit dem folgenden Programm Zugang zu den Begabungen aus Vergangenheit und Zukunft. Er ermächtigt uns damit bei der Erfüllung unserer Aufgabe im Göttlichen Plan, der wir bereits vor unserer »Geburt« zugestimmt haben.

❑ Ich weise meine ICH BIN Präsenz an, all diejenigen Talente, Begabungen und Informationen aus vergangenen, gegenwärtigen und zukünftigen Leben in mein Bewußtsein zu bringen, die mich bei der Erfüllung meines Teils des Göttlichen Plans auf der physischen Ebene JETZT weiter befähigen.

Der Hauptnutzen von geistiger Meisterschaft und bewußtem Kreieren – durch Programmieren, Konzentration und Absicht – liegt in der Fähigkeit, ungeformte schöpferische Kräfte anzuziehen, nutzbar zu machen und zu lenken! In Übereinstimmung mit dem Göttlichen Spiel ist diese Kraft grenzenlos in ihrem Vermögen, dem Ganzen magisch zu dienen!

Richtlinien für das neue Jahrtausend

• Konzentriert euch auf die Qualität der mitgeteilten Information, nicht auf äußere Formen.

• Erfindet nicht das Rad neu. Nutzt die Gaben und Talente der anderen, um gemeinsam ein kraftvolles Ganzes zu erschaffen.

• Öffnet euch für Zusammenarbeit statt Wettbewerb. Denn Konkurrenzdenken begünstigt Trennung.

• Überprüft eure innere Führung durch die Stimme der Freude in der Antwort eures Herzens.

• Nehmt die Einladung des inneren Lehrers an, Euch über die inneren Reiche durch Meditation und ruhige Kontemplation zu unterichten und erkennt, wer ihr wirklich seid.

- Seid grenzenlos in eurem Denken – »Qualitätsdenken« führt zu »Qualitätsleben«.

- Laßt eure Vorstellungskraft fließen. Erinnert euch daran, daß die Vorstellungskraft eine von Gott verliehene Gabe ist, die uns mit den geistigen Ebenen verbindet.

- Seid klar in euren Visionen und teilt sie denjenigen offen mit, die danach fragen.

- Es handelt sich um eine Gruppeninitiation, also müssen alle freiwillig kommen und allein durch die Freude in ihrem Herzen und durch die Erkenntnis motiviert sein, daß ihr eine gemeinsame Vision teilt.

- Gebt auf all diejenigen acht, die bei der physischen Manifestation eurer Vision mithelfen wollen, denn alle haben eine Rolle zu spielen, alle haben eine Begabung einzubringen.

- Seid euch der Kraft der Sprache bewußt und benutzt Schlüsselwörter. Verwendet eine positive Sprache im Leitbild der Einheit, wenn ihr nach Einssein strebt.

- Lebt, was ihr sagt – seid lebendige Beispiele.

- Teilt Informationen, Zeit und Fülle großzügig mit allen.

- Denkt daran, ihr könnt kein Urheberrecht für den Universellen Geist beanspruchen.

- Seid fließend und flexibel, dehnt euch aus ins Neue und SEID in jedem Moment.

- Klinkt euch ein, laßt los und schaut, was kommt.

Die Aufgestiegenen
Eine sanfte Revolution

Selbstheilung

Eines der größten Geschenke, das du dir machen kannst, ist die komplette Meisterschaft über die molekulare Struktur und über all deine Energiefelder. Bei der Meisterschaft geht es darum, die Ermächtigung zu haben, in einem Zustand reiner Gesundheit, ständiger Regeneration und der Freiheit von Unbehagen auf allen Ebenen unseres Daseins zu existieren. Als erstes lernen wir vielleicht uns einzustimmen, gestörte Energiefelder in Übereinstimmung zu bringen und dann perfekte Gesundheit im physischen Körper zu erschaffen. Neben der bewußten Programmierung und dem Sich-verwöhnen mit Qualitätsdenken, Qualitätsfühlen und Qualitätsnahrung – entweder pranische Ernährung oder lebendige Nahrung – gibt es vielfältige praktische Übungen, die man täglich machen kann, um seine Energiefelder zu stärken und eine strahlende Gesundheit zu erschaffen.

In diesem Kapitel wird ausführlich eine Übung erläutert, die mir die Aufgestiegenen gegeben haben und die uns die Möglichkeit gibt, genau das zu tun. Wegen unseres arbeitsreichen Lebensstils hast du vielleicht den Wunsch, diese Übung in der Zeit unter Dusche zu machen, sie mit deiner Meditationspraxis zu verbinden oder auch einfach als regelmäßige Dehn- oder Körperübung in deinen Tagesablauf einzubauen, um deinem Körper etwas Gutes zu tun. Wir benutzen dabei unsere Muskeln, unseren Geist, unsere Absicht und unseren Willen und arbeiten mit Hilfe des Mentalkörpers, indem wir Programme in den physischen Körper »installieren«.

Wenn man in synchroner Übereinstimmung mit dem Göttlichen Plan ist und keine internen Sabotageprogramme hat, funktioniert die folgende Übung garantiert. Diejenigen, die sich dafür interessieren, mit der Entfaltung des Größeren Plans zur richtigen Zeit in Übereinstimmung zu kommen und den inneren Saboteur wieder in Übereinstimmung zu bringen, sollten das Kapitel »Programmierung – die Macht des Geistes« lesen.

Zunächst solltest du verstehen, daß alles Energie ist und daß es ein elektromagnetisches Gitternetz – auch Meridiansystem genannt – gibt, das die Erde umgibt und durch die gesamte Materie, den gesamten Raum und alle Zeiten hindurchgeht; und daß die Meridiane in unserem physischen Körper ein Abbild davon sind – wie oben, so unten. Die Kraft der Heilung entwickelt sich, wenn du dich bewußt in dieses Gitternetz einklinkst. Dazu stellst du dir vor und visualisierst, wie sich die Energielinien in deinem Körper mit der Energiematrix in den höheren Dimensionen verbinden.

Wenn du zum Beispiel unter Dusche stehst, kannst du dir vorstellen, daß das, was aus dem Duschkopf kommt, reines flüssiges Licht ist, statt nur zu denken, daß du vom Wasser gewaschen wirst. Stell dir vor, wie die Gitternetzlinien der Energie, die du dir wie Spaghettis denken kannst, oben in deinen Kopf – in dein Kronenchakra – einströmen und bereitwillig von deinen inneren Meridianen absorbiert werden.

Etwas vereinfacht kann man sagen, daß es von der ätherischen Vorlage oder dem Muster, das dich elektromagnetisch ausrichtet, abhängt, wie die physische Form in jeder neuen Verkörperung erschaffen wird, und daß sie sich um diese Gitternetzlinien oder Energiematrix herum bildet. Durch wiederholte Verkörperungen verdichten sich die Zellen, die Erinnerungen in Form von Materie sind, und werden schwer – vor allem durch vergiftetes Denken und Fühlen –, bevor wir anfangen, grenzenloses Sein zu praktizieren. Während sich die atomare und molekulare Struktur in die Form der ätherischen Vorlage einpaßt, werden die Meridiane, die im Inneren zu den Energielinien werden, unter der Last des Gewichts geschwächt. Indem wir die Leichtigkeit in unseren Zellen und des Lichquotienten steigern, übernehmen wir nicht nur das Kommando über unsere Molekularstruktur, sondern aktivieren auch wieder die Energiematrix unseres Lichtkörpers vollständig.

Meditation

Du kannst dir bildlich vorstellen, wie du in eine Kammer gehst, wo die gold-weiße Ausstrahlung der Großen Zentralen Sonne (das ist auf esoterischer Ebene die Quelle der Kraft im Universum) anfängt, in dein Kronenchakra einzuströmen, wenn die Verbindung mit dem Energiegitter geschaffen ist. Die Verbindung entsteht durch Visualisation und durch deine Absicht – so einfach ist das. Die Meditation oder Übung beginnt also folgendermaßen:

Schließe deine Augen und atme ein paarmal tief ein und aus. Bitte dein Göttliches Selbst/deine ICH BIN Präsenz, die perfekte Spannung von elektromagnetischer Lebenskraft-Energie in dich aufzunehmen von der höchsten und reinsten Quelle, die für deine Einstimmung genau richtig ist, und zwar JETZT. Als nächstes visualisiere, wie du deine inneren Meridiane mit den ätherischen Gitterlinien zusammenfügst – sie erscheinen vielleicht als dünne oder dickere Linien. Befiehl, beabsichtige und visualisiere, daß sobald die Verbindung geschaffen ist, reine, und die Lebenskraft heilende Energie anfängt, in deinen Körper zu fließen, hinab bis in deine Fingerspitzen und in deine Zehenspitzen. Visualisiere und befiehl, daß du den Energiefluß erhöhst – wie wenn du einen Schalter auf einem Bedienungsfeld umlegst – bis reine Ströme von gold-weißer Lichtenergie überall durch die Energiematrix in deinem Körper fließen.

Du kannst auch visualisieren, daß diese Lichtströme wieder an deinen Fingerspitzen austreten, an deinen Handchakren, an deinen Fußsohlen und Zehenspitzen, und dich in den Planeten Erde einbinden. Laß zu, daß die Kraft dieser reinen Energie dich als Werkzeug benutzt, so daß sie nicht nur deine Meridiane reinigt und einstimmt, sondern die Energie dich auch ermächtigt, während sie dich durchströmt, und damit die Heilung der Erde fördert. Du kannst auch visualisieren, daß, während die Energie in deinen Körper hineinströmt, sie anfängt, sich wie ein Wirbel zu drehen, die Meridiane zu verbreitern und dann Lichtströme wegzuschleudern, hinein in alle unterstützenden Zellen, Organe, Blutgefäße und Knochen in deinem Körper.

Wenn du einmal angefangen hast, dich einzubinden, bewußt den Energiestrom zu verbreitern und der Energie der reinen Lebenskraft zu befehlen, den Heilungs- und Wiederausrichtungsprozeß zu beginnen, fängst du vielleicht mit weiterer bewußter Programmierung an. Das Mantra für den ersten Aspekt der Heilung dient der Vergebung. Nicht daß wir nicht perfekt wären, sondern wir tragen einfach zelluläre Erinnerungen aus anderen Zeitrahmen in uns, als wir vielleicht glaubten wir wären nicht perfekt. Daher dient das erste Mantra, während du beobachtest, wie diese Energien durch deinen Körper fließen, zur Öffnung deines Herzens und dazu, dem Universum zu sagen, »ich vergebe und mir wird vergeben«. Visualisiere weiterhin, wie die Energie durch dich hindurchgeht, atme tief ein und aus, wiederhole das Mantra »Ich vergebe und mir wird vergeben« bis dich dein Inneres anweist aufzuhören. Vertraue dabei deiner Intuition. Das nächste Heilungsmantra lautet: »Ich lasse jetzt alle dissonanten Energien von allen meinen Energiefeldern los.« Dies kann auf das Wort »Loslassen« verkürzt werden.

Visualisiere, daß, während das Licht durch dein Kronenchakra in dich hineinfließt und deine Meridiane stärkt, es mit einer derartigen Gewalt durch kommt, daß es alle dissonanten Energien von all deinen Zellen durch die Poren deiner Haut hindurch austreibt. Du magst den Wunsch haben dir vorzustellen, daß, während das Licht in deinen Körper fließt und jede Zelle ausfüllt, es oben an deinem Kopf hinaus-fließt, wie Champagner, der in ein Glas eingegossen wird und über-schäumt, und beginnt, eine elektromagnetische Lichtblase um dich herum zu erschaffen. Visualisiere, daß es sich so weit ausdehnt, wie wenn du deine Arme ausstreckst und noch mindestens fünfzehn Zentimeter darüber hinaus. Diese elektromagnetische Blase und die-ses Kraftfeld, das du erschaffst, können durch deine Absicht für alle Energien außer denen, die zu deinem Besten sind, vollständig undurchdringlich werden. Wenn du diese Blase permanent um dich herum aufrecht erhältst und mit der Energie von reiner Gotteskraft gefüllt hältst, dann werden alle Energien um den Planeten von bekannten und unbekannten Quellen entweder zurückgeworfen oder absorbiert und verwandelt, ohne daß sie tatsächlich deinen Kern berühren. Während du also an deinem Loslassen arbeitest und visua-lisierst, wie diese dissonanten Energien durch die Poren deiner Haut herausströmen, sei dir klar, daß diese austretenden Energien, wenn sie sich mit dem Licht um dich herum verbinden, automatisch verwandelt und in Einklang gebracht werden und daher energetisch keinen schäd-lichen Effekt für deine Umwelt haben.

Der nächste Schritt, nachdem du intuitiv geführt wurdest, mit dem Befehl »Loslassen« aufzuhören, ist der Befehl »Heilung«. Wiederum liegt die Macht dabei in deiner Absicht und dem Glauben daran, daß du die Macht hast, alle dissonanten Energien und Krankheiten in dei-nen Feldern zu heilen.

Visualisiere, daß, während die Energie in dein Kronenchakra einfließt und deine Meridiane und die Lebenskraft dich stärkt, diese Energie in jede Zelle fließt und beginnt deine Zellen von schrumpeligen Rosinen in runde, saftige, lichtgefüllte Trauben zu verwandeln (oder welches Bild auch immer den Effekt erzeugt, daß deine Zellen heilen, sich regenerieren und sich dann bis zum Erreichen der perfekten Gesundheit erneuern).

Der nächste Befehl lautet »Erneuerung«. Die Visualisierung ist ähnlich wie die Vorherige. Danach kannst du anfangen, das folgende Mantra zu benutzen: »Loslassen, vergeben, vergeben, loslassen, heilen bis zur Perfektion, wie von Gott beabsichtigt, JETZT.«

Sobald du das gemacht hast, kannst du dir vorstellen, daß deine Handchakras vollständig mit Heilkraft aktiviert und direkt mit der reinsten Heilungsenergie der Universellen Lebenskraft verbunden sind. Während du meditierst, hast du vielleicht den Wunsch, deine Hände auf irgendeinen bestimmten Körperbereich aufzulegen, der Heilung braucht. Befiehl und visualisiere, daß sie geheilt sind. Eine gute Methode, um dies auszuprobieren und zu messen, wie deine Fähigkeiten zur Selbstheilung zunehmen, ist sich einen Aspekt deines Körpers, den du gerne geheilt haben möchtest, rauszugreifen und sich täglich darauf zu konzentrieren, bis eine physische Veränderung spürbar wird. Nimm zum Beispiel eine Vene an deinem Bein, ein Leberfleck auf deiner Hand oder eine kleine Narbe. Während du meditierst, angeschlossen an das Gitternetz und eingestimmt wie zuvor beschrieben, und du deine Hände auf deinen Körper gelegt hast, kannst du beim Ausatmen befehlen: »Körper heile jetzt« oder »Venen heilt jetzt«. Das Bild dazu ist, daß zu deinen Handchakras reine kraftvolle Heilungsenergie hinabströmt, durch deine Handchakras hinausfließt und von dem Teil deines Körpers absorbiert wird, der Heilung benötigt. Stell dir deine Zellen wie Schwämme vor, die das Licht aufsaugen, wobei vergiftete Energien umgewandelt werden, und die Zellen heilen, bis sie perfekt sind.

Als nächstes können sich diejenigen, die dabei Körperübungen machen wollen, vorstellen, wie sie an die Energiematrix angeschlossen sind und daß sie den Strom entlang der Meridiane so verstärkt haben, daß die Energie durch sie wie ein breiter, schnell strömender Fluß hindurchströmt. Du kannst anfangen, dich dabei ganz intuitiv zu bewegen, so als ob du einen heiligen Tanz machst oder aber isometrische Übungen. Du kannst dabei eine ganze Serie von Stretching-Übungen oder genauso gut Yogastellungen und -übungen durchgehen. Als Nutzen wird sich nicht nur eine Zunahme deiner Geschmeidigkeit und deiner Anmut ergeben, sondern auch Heilung und Harmonisierung deiner Energiefelder. Wenn du deinen Tanz oder dein Stretching machst, dehne deine Muskeln solange du kannst, indem du sie in einem pulsierenden Rhythmus anspannst und wieder entspannst. Wenn du dir die ganze Zeit über vorstellst, wie Energie durch deine Hände, Füße, Scheitelchakra und alle anderen Chakren fließt, ziehst du reine, heilende Lebenskraft durch Befehl und Absicht in deinen Körper. Du bekommst dann das innere Bild, daß du mit den Energieströmen der ganzen Schöpfung verbunden bist, eingeklinkt in einen Fluß der Einheit. Auch während du dich bewegst, kannst du deine Aufmerksamkeit intuitiv auf bestimmte Organe oder eine Körperregion lenken, die Heilung oder zusätzliche Aufmerksamkeit benötigen.

Wenn du die zuvor beschriebenen Techniken täglich praktizierst, bekommst du garantiert ein starkes Vehikel, insbesondere wenn du deine Übungspraxis mit reiner Nahrung, reinem Denken und reinem Fühlen verbindest sowie allen weiteren Übungsprogrammen, zu denen du intuitiv geführt wirst. Die Aufgestiegenen sagen, je stärker das physische Vehikel ist, umso intensivere Lichtenergie können wir aufnehmen und kann von uns ausstrahlen, wodurch sich der Puls und die Übertragung unserer elektromagnetischen Felder ändert. Wenn wir bewußt unsere Energiefelder wieder in Übereinstimmung bringen, ziehen wir Wirklichkeitsebenen an, die unsere Bewußtseinserweiterung widerspiegelt. Die oben erklärten Techniken garantieren auch, daß unsere ätherischen Energiematrizen, die wir als unsere Lichtkörper bezeichnen, vollständig aktiviert werden, und bereiten uns für zukünftige bewußte Teleportation vor.

1. Nachtrag im Mai 1996 – Reaktion der Presse

Während meiner letzten Reise durch die USA und Hongkong, hatte ich Gelegenheit, mich mit Radio-, Fernseh-, Zeitungsjournalisten und vielen anderen Menschen über das Thema Lichtnahrung auszutauschen. Daher möchte ich folgende Bemerkungen anfügen.

Für diejenigen von Euch, die den beschriebenen Prozeß durchlaufen wollen, ist es wichtig zu verstehen, daß ihr damit viele Menschen der westlichen Welt vor den Kopf stoßen werdet, weil diese Sache weit über den Rahmen der für sie annehmbaren Realität hinausgeht. Während der Zeitungsinterviews sah ich mich mit der Herausforderung konfrontiert, in fünf oder zehn Minuten eine Realität zu erklären, für die ich selbst zwanzig Jahre gebraucht habe, um sie zu schaffen.

Um das sogenannte Phänomen, Leben von Licht, zu verstehen, braucht man gewisse Kenntnisse in der höheren Wissenschaft des Lichts und den Gesetzen der Energie. Die experimentellen und intellektuellen Nachforschungen, die meine Kollegen und ich auf diesem Gebiet durchführen, führen dazu, daß buchstäblich eine neue Sprache und ein neues Leitbild der Realität erschaffen wird. Diese neue Realität ist auch denjenigen leicht zugänglich, die soviel Interesse daran haben, daß sie bereit sind, mit ihrem eigenen intuitiven Wissen und ihrer eigenen Unterscheidungskraft zu arbeiten.

Ein Journalist interviewte mich zu der Tatsache, daß in jeder Minute Kinder an Hunger und Unterernährung sterben und daß eine Änderung unseres Glaubens und Denkens, zur Ernährung auf Essen angewiesen zu sein, mit Sicherheit diese Kinder nicht retten würde. Wenn man die Dynamik von Energie versteht, wird klar, daß Kinder mit den Energiefeldern ihrer Eltern verbunden sind, insbesondere mit dem der Mutter, bis das Kind anderthalb bis zwei Jahre alt ist. Dann beginnt bei ihnen der Prozeß der Abtrennung, der in einem Alter zwischen 14 und 21 Jahren abgeschlossen ist. Die Tatsache, daß jede »reife« Gruppe von Menschen der Realität ausgesetzt ist, daß viele Individuen auf der ganzen Welt praktisch in der Lage sind, von Licht zu leben, bedeutet, daß sie ihre Angst verlieren und ihre Denkmuster ändern werden. Demzufolge ändern sich auch die Energiesignale, die sie aussenden, worauf ihre Kinder ansprechen werden. Alles ist miteinander verbunden, und das Geheimnis liegt darin, die Kraft des Geistes über unsere molekularen Strukturen zu verstehen.

Deshalb ist es wichtig, einen klaren Fokus zu haben. Dies ist ein Prozeß der Freiheit. Es geht nicht darum, ob jemand ißt oder nicht ißt. Rein statistisch betrachtet, sind ungefähr 98 Prozent von mehr als 200 Menschen, die den Prozeß mitgemacht haben, später zur Nahrungsaufnahme zurückgekommen. Dennoch tragen sie auf der Zellebene das intellektuelle und experimentelle Wissen in sich, daß sie, wenn sie wollen, vom Flüssigen Licht ernährt werden können. Damit haben sie eine Angst weniger.

Wir erforschen weltweit einen neuen Weg des Seins, der ungeheure soziale und wirtschaftliche Auswirkungen hat. Wenn irgendeine der wissenschaftlichen oder medizinischen Bruderschaften eine praktische Lösung suchen würde, die zwei Drittel der Weltbevölkerung vor dem Verhungern bewahren könnte, würde das in den Medien sehr positiv dargestellt werden. Da dieser Weg aber tief verwurzelte Glaubenssysteme der westlichen Zivilisation in Frage stellt, sehen sich viele mit den alten Energiemustern der Angst konfrontiert, insbesondere einer Angst, die auf Unwissenheit beruht.

Wir als Lichtarbeiter schaffen das neue Paradigma der Liebe und des Lichts, und Leben von Licht ist nur eine Begleiterscheinung dieses Paradigmas. Wir lernen die vier Fünftel des Gehirns zu nutzen, von denen Wissenschaft und Medizin behaupten, daß wir sie bislang nicht nutzen. Denn das Leben in unserer bisherigen Realität der dritten/vierten Dimension benötigt nur ein Fünftel der Kapazität unseres Gehirns. Der Rest soll benutzt werden, um Zugang zum höheren Bewußtseins zu bekommen. Im diesem Spiel, diesem Paradigma geht es um Bewußtsein, definiert durch Energie, die wiederum mit diesem Bewußtseinsgrad verbunden ist. Höchstes Bewußtsein, höchste Energiefrequenzen, größte Möglichkeiten.

Wenn uns 90 bis 95 Prozent der Energie, die wir normalerweise zur Verdauung brauchen (manche Autoren geben an, daß 40 Prozent unserer Energie für die Verdauung benötigt wird) zusätzlich zur Verfügung stehen, dann können wir mit diesen Energien unser grenzenloses Potential wirklich erforschen. Diese Idee kann auch zu einer Herausforderung werden, besonders wenn du mit Menschen zusammen bist, die glauben, daß sie Brennstoff (Nahrung) und Pausen brauchen. Wie alles andere auch müssen wir dies respektieren.

Während einer Reise hatte ich vor kurzem die Gelegenheit, die Realität zu erforschen, in der man ohne Schlaf lebt. Da meine Energie so sehr mit dem Kraftfeld von Mount Shasta synchronisiert war, war ich nicht müde und konnte während meines Aufenthalts dort fast eine Woche lang nicht schlafen. Normalerweise wäre ich morgens müde, lustlos gewesen und hätte fürchterliche Ringe unter den Augen gehabt. Dieser alten Reaktion auf zuwenig Schlaf bewußt gab ich mich einfach dem Zustand des Wachseins hin und nutzte die so gewonnene Zeit zum Nachdenken und Meditieren und programmierte meinen Körper, am Morgen energiegeladen und frisch zu sein – und so war es dann auch. Es war nur ein Experiment, es funktionierte und ich erfuhr dadurch eine neue Ebene von Freiheit. Ich weiß, daß ich keinen Schlaf und keine Nahrung brauche. Deshalb bin ich freier, stehe in meiner Kraft und bin unabhängig von Denkweisen, die so viele Menschen auf diesem Planeten einengen, weil ihnen das Verständnis fehlt.

Da immer mehr Menschen die grenzenlose Natur ihres Wesens erforschen, wird der Weg einfacher. Die Inspiration durch lebende Beispiele tritt mehr ans Licht der Öffentlichkeit und erfährt allgemeine Anerkannung. Als »kosmische Telepathin« – ein Wesen, das telepathisch mit Wesen aus vielen Dimensionen verbunden ist, Signale empfängt und aussendet – wurde mir mitgeteilt, daß wegen der auf dem Planeten stattfindenden Umwandlung und dem Einfluß feinerer Schwingungen nicht jeder einzelne den 21-Tage-Prozeß durchlaufen muß. Man kann sich auch ganz einfach beschließen, von diesem vereinten Energiefeld (wie die Quantenphysiker es nennen), von Gott (wie es in der Religion heißt) oder von der kosmischen Lebenskraft (wie es die Anhänger des New Age bezeichnen) erhalten zu werden, und dann geschieht dies, weil sich die Stärke des Feldes erhöht hat. Der Erfolg hängt von der Befehlsgewalt des Einzelnen über seine Molekularstruktur und von seinem Vertrauen und Glauben in die eigene Göttlichkeit ab.

Für manche ist das so, als würde man ihnen sagen: *Nimm nicht das Flugzeug nach Paris, dematerialisiere dich und rematerialisiere dich dann wieder*, was für die meisten aber mit Sicherheit leichter gesagt als getan ist. Der festgelegte Prozeß, der durch die Umwandlung der

Energiefelder der niederen Körper ermöglicht, vom Licht erhalten zu werden, ist wie das Flugzeug. Das Endergebnis ist dasselbe, aber es ist schneller und einfacher als sich jahrelang darin zu üben und sich zu de- und sich zu reprogrammieren, was ein Neuling vielleicht machen müßte, um die Kunst der Dematerialisierung zu erlernen.

Zwar verfügen wir im Prinzip alle über diese Fähigkeiten, aber wir haben sie im Laufe der Zeit vergessen – und der Prozeß der Erinnerung bringt Zweifel und Ängste mit sich. Wir, die Menschheit als Ganzes, werden aufgefordert, einen Quantensprung zu machen von der Angst zur Liebe, von der Dunkelheit ins Licht. Das neue Paradigma dieses siebten Goldenen Zeitalters ist die Schaffung des diamantenen Zeitalters, in dem Liebe und Licht uns helfen, den Kreislauf von Aufstieg und Untergang der Menschheit zu durchbrechen.

Mein persönliches Leitbild der Wirklichkeit ist, mein Leben so zu leben, daß mein höchstmögliches Potential physisch, emotional, mental und spirituell vollkommen genutzt wird. Ich sehe meinen Körper als Biocomputer, meine Gedanken als Software und mein Leben als Ausdruck davon. Ich und viele andere schreiben jetzt unsere individuellen und kollektiven Softwareprogramme neu, damit wir als vereintes Energiefeld auf dieser Ebene harmonisch miteinander leben können. Auf eine Weise, die alle Lebensformen ehrt. Vom Licht zu leben ist eine Begleiterscheinung davon. Es anerkennt und ehrt auch unsere angeborene Fähigkeit, dem inneren Gott die Erlaubnis zu geben, uns auf allen Ebenen zu erhalten.

Die Universellen Gesetze der Energie sagen einfach aus, daß das, worauf wir uns konzentrieren, wachsen wird. Wenn wir uns auf unsere Vervollkommnung konzentrieren, auf unsere Göttlichkeit, werden wir die Vollkommenheit und Göttlichkeit erfahren und in allem erkennen. Die Zeit ist gekommen, den Mut zu haben, dieses Licht leuchten zu lassen, zu leben, was wir sagen, und Freude bei jedem Schritt des Weges zu empfinden.

2. Nachtrag im November 1996 – Gesellschaftliche Reaktionen

Eine meiner ersten Entscheidungen, als ich Informationen über den Prozeß in Form eines Buches anbot, betraf den Punkt, ob ich ein weiteres Kapitel über die Realität nach dem Prozeß anfügen sollte. Im Laufe der Zeit habe ich viele Menschen erlebt, die an dem 21 Tage dauernden Prozeß oder vergleichbaren »Versionen« teilgenommen haben. Menschen die wochenlang, einen Monat, ein halbes Jahr oder ein Jahr oder sogar länger nur Flüssigkeiten zu sich genommen haben. Irgendwann auf ihrem Weg entscheiden sie sich, wieder zum Essen in Gesellschaft von anderen zurückzukehren. Auch hier sind die Gründe so verschieden wie jeder einzelne Mensch. Aber als außenstehende Beobachterin und Forscherin bin ich an dem gemeinsamen Nenner all dieser Aussagen interessiert.

In diesem Frühjahr hatte ich in Neuseeland die Gelegenheit, viele Leute wiederzutreffen, die seit meinem Besuch im vorigen Jahr an dem 21-Tage-Prozeß teilgenommen hatten. Die Gespräche zeigten, daß der gesellschaftliche Druck, fehlende Unterstützung und das Gefühl, aufgrund ihrer Entscheidung ausgeschlossen und isoliert zu sein, bei allen den Wunsch hervorgerufen hatte, wieder zu essen. Die Leser wissen aus vorangegangenen Passagen dieses Buches, daß die allgemeine Reaktion der westlichen Gesellschaft vom Unglauben bis zu Reaktionen wie *warum um Himmels willen möchtest du das tun* reichen. Viele sagen, sie würden niemals auf Essen verzichten, da es ihnen viel zuviel Vergnügen bereitet, zu essen und in Gesellschaft essen zu gehen.

Es gibt zum jetzigen Zeitpunkt wenig Unterstützung und Verständnis für diese Entscheidung. Nachdem die erste große Begeisterung, daß man von Prana leben kann, verflogen ist, fängt man an, den Alltag wieder mit ganz normalen Maßstäben zu messen. Du wirst wahrscheinlich nicht mehr zum Abendessen oder auf Partys eingeladen, weil es von den Menschen als unangenehm empfunden wird, wenn du nicht zusammen mit ihnen ißt, »das Brot mit ihnen teilst«. Andere fühlen sich irgendwie schuldig, wenn sie weiterhin essen möchten, obwohl sie intuitiv wissen, daß sie es nicht bräuchten. Durch deine

Gegenwart bist du ein lebendes Beispiel und löst vielleicht in den anderen das Gefühl aus, daß sie einen zu schwachen Willen haben. Nochmal, durch deine Entscheidung und dein Beispiel wird so viel ausgelöst!

Das Ganze ist eine sehr komplexe und umstrittene Angelegenheit. Dieser Weg wird zur Zeit noch nicht von vielen Menschen beschritten. Einige fühlen sich einsam, haben es satt, anders zu sein. Es fehlt ihnen das Gefühl der Zugehörigkeit. Sie hören auf, darüber zu sprechen, hören auf, sich darüber zu freuen. Sie beginnen, in bestimmten Situationen, in denen sie anwesend sein müssen und keine Aufmerksamkeit auf sich ziehen möchten, vorzutäuschen, sie würden essen. Diese Liste läßt sich fortsetzen.

Es ist ganz wichtig, sich darüber im klaren zu sein, daß man bei jeder Art von Pionierarbeit anfangs immer allein steht. Das sind ja die Merkmale von Pionierarbeit: sich trauen, anders zu sein, den Mut haben, einen neuen Weg zu beschreiten, und Spott und Vorurteilen standhalten. Du mußt wissen, daß Unwissenheit stets Angst verursacht, und daß es sich bei dem von dir eingeschlagenen Weg um etwas handelt, mit dem die meisten Menschen im Westen keine Berührung haben. Also haben sie auch kein Verständnis dafür.

Ich persönlich veranstalte nur noch äußerst selten gesellschaftliche Zusammenkünfte zur Abendessenszeit. Denn ich habe herausgefunden, daß es, aus welchen Gründen auch immer, für manche Leute unangenehm ist, wenn sie sehen, daß ich auf der Ebene nicht teilnehme. Durch ein Treffen beim Nachmittagstee oder in einem Café kann man die Essensproblematik jedoch auf einfache Weise umgehen. Eine ganze Reihe von Leuten denkt nur in Schwarz-Weiß-Kategorien, wenn sie erfahren, daß du nichts ißt. Wenn sie dann sehen, daß du eine Suppe zu dir nimmst – um den gesellschaftlichen Spielregeln zu gehorchen – oder Honig in deinen Tee gibst, sagen sie sofort: *Ich dachte, du ißt nichts. Davon kannst du leben?* sie sagen es auf eine unbeschreiblich zynische und verurteilende Art und Weise. Ein oder zweimal ist eine solche Bemerkung in Ordnung, aber es ist eine typische Reaktion, mit der man auf diesem Weg so oft konfrontiert wird. Nach einer Weile hast du dann das Gefühl, ständig gegen Windmühlen kämpfen zu müssen. Gegen den Strom der gesellschaftlichen Konventionen anzuschwimmen, kann sehr ermüdend sein. Ich höre soviel über diese Reaktionen und habe selbst so viele davon erfahren. Trotzdem, die Geschenke dieser Reise, nämlich die Wiederentdeckung des Selbst und die Magie,sind wirklich grenzenlos.

Wenn du also diese Reise unternimmst, sei dir bewußt, daß es für dich ganz natürlich ist, aber nicht für 99,9 Prozent der westlichen Bevölkerung. Strukturiere dein Leben so, daß du möglichst wenige Reaktionen hervorrufst, wenn du deine Ruhe haben möchtest und nicht konfrontiert werden willst. Benutze deinen gesunden Menschenverstand. Stimme dich auf die Energien der Menschen um dich herum ein. Programmiere dich, daß der Austausch mit anderen auf dem höchsten Niveau stattfindet. Sei dir darüber im klaren, daß das, was dich begeistert, andere keineswegs begeistern muß. Auch wenn du deine neue Fähigkeit, ohne Essen bei bester Gesundheit und voller Energie zu bleiben, für wunderbar hältst. Für die meisten Leute ist sie einfach absurd.

Auch in den Kreisen des New Age und bei alternativen Therapeuten ist die Skepsis sehr groß. Alternative Therapeuten erreichen gerade das Mainstream-Bewußtsein, daß man durch gesunde Ernährung und Körperübungen, Verantwortung für die Verbesserung der eigenen Gesundheit übernimmt, und welche Rolle ungelöste negative Emotionen bei der Enstehung von Krankheiten spielen. Die Vorstellung, weder Nahrung, Vitamine oder zusätzliche Nährstoffe zu sich zu nehmen, erschüttert die Industrie so sehr, wie die alternative Therapie der Selbstheilung oder Krankheitsvorbeugung die Milliarden Dollar schwere pharmazeutische Industrie erschüttert!

Oft, wenn wir mit dem Fernsehen zu tun hatten, wurde in der Sendung auch ein Mediziner interviewt, der stets sagte, daß es unmöglich ist, ohne Nahrung und den Brennstoff, den man aus Essen gewinnt, zu leben. Das ist wahr, da wir wirklich ausreichend Nahrung benötigen, um den Organismus gesund zu halten. Was sie jedoch nicht verstehen ist, daß wir ernährt werden, aber eben von einer anderen Energiequelle. Da viele westliche Ärzte noch nie etwas von Prana gehört haben, ruft die Idee, daß wir ohne Essen überleben können, direkt die Reaktion hervor: »Nun ja, entweder macht sie uns was vor oder es ist ein absolutes Wunder« um einen Arzt vom Huntington Memorial Hospital zu zitieren, als er in der Fernsehshow »Strange Universe« um eine Stellungnahme gebeten wurde.

»Essen oder nicht essen«

Was jetzt? Du hast den Prozeß durchlaufen, du hast große Einsichten gewonnen. Du WEISST, daß du von Licht leben kannst. Du hast erkannt, daß die Bedürfnisse des physischen Körpers unbedeutend sind im Vergleich zu denen des Emotionalkörpers, dem die gemeinsamen Abendessen fehlen, oder denen des Mentalkörpers, der sich langweilt, weil der Geschmack fehlt oder was auch immer deine spezielle Herausforderung ist.

Für diejenigen, die keinerlei Probleme in dieser Richtung haben, Hut ab. Ihr seid wirklich einzigartig! Genießt den Weg und geht weiter zur nächsten Stufe. Hört auf, Flüssigkeiten zu trinken. Atmet und freut euch und schreibt mir eure Einsichten und Erkenntnisse, damit sie anderen mitgeteilt werden können, denn wir hier unten auf der anderen Seite der Erde werden dieses »Experiment« weiter untersuchen und dokumentieren.

Um es noch einmal zu wiederholen, für mich persönlich geht es nicht darum, ob man ißt oder nicht ißt. Die Bedeutung des Prozesses liegt in der Freiheit, die er verleiht. Entscheidungsfreiheit zu haben, dem Körper als Herr des Hauses Befehle zu erteilen. Sich von Begrenzung zu befreien, von dem Glauben, daß wir essen, schlafen, altern oder sterben müssen. Den Mut zu haben, unser volles Potential zu ergründen.

Es geht darum, eine neue Erfahrungsstruktur mit Erfahrungen aus erster Hand im Zellgedächtnis zu verankern! Dabei ist es irrelevant, ob man wochen-, monate- oder jahrelang von den pranischen Kräften lebt. Der Körper weiß, daß er es kann, nachdem du es einmal zugelassen hast. Er speichert die Erinnerung. Je mehr Menschen dieses bewußt ist, desto alltäglicher und weniger verwunderlich wird es sein.

All das, was wir sein können, auch zu sein, ist ein uns von Gott gegebenes Recht, nicht ein Zustand, der nur Heiligen und Weisen vorbehalten ist. Es geht darum selbst der ERwachte zu sein. Es ist eine Zeit der Wiederkunft des Erwachten, wobei dieses Kommen bedeutet, daß jeder einzelne das vollkommen bewußte Gewahrsein des Göttlichen in sich selbst erlangt. Dann erlaubt es dem in uns wohnenden

Göttlichen, sich all unserer Bedürfnisse auf allen Ebenen anzunehmen, während wir diesen Weg durch das Leben gehen.

Re-Imaging

Sobald wir dem Göttlichen erlaubt haben, sich in unserem Leben ganz zu offenbaren, beginnt der Prozeß, den wir *Re-Imaging* nennen.

Re-Imaging heißt, die Veränderung zu kanalisieren, dadurch, daß aus dem Zellgedächtnis heraus auf positive Weise »neu« erschaffen wird. Der bewußte Umgang mit dieser Tatsache ermöglicht uns, die Schleier zwischen linearer Zeit und simultaner Zeit zu überbrücken.

In einem meiner Artikel über geistige Meisterschaft steht die Affirmation: *Alle Begabungen und Talente, und zudem die Kraft und die Lernerfahrungen aus den Initiationen in vergangenen, gegenwärtigen und zukünftigen Leben werden vollständig zu unserem Bewußtsein gebracht auf eine Weise, die uns JETZT auf dieser Ebene vollkommen zur Schöpfung und Manifestation unseres Teils im Göttlichen Plan ermächtigt.*

In diesem Spiel der »bewußten Schöpfung der Realität« können wir tatsächlich unser physisches Erscheinungsbild neu erfinden, indem wir alle Energiefelder auf ihren perfekten Ausdruck einstimmen, und auch dadurch, daß wir unseren Fokus auf die zellulären Erinnerungen an Vollkommenheit und Göttlichkeit aus der Zeit lenken, als wir unsere Göttliche Natur ganz lebten.

Dieses Verständnis wurde noch verteift, als ich kürzlich mit Menschen arbeitete, die von der Schwingung der Droge Heroin abhängig sind. Bei Dr. Deepak Chopra heißt es, daß *Zellen in Materie gekleidetes Gedächtnis sind. Zellen sind das Zuhause von oder Speichereinheiten für Erinnerungen.*

Folglich gibt es in uns *Gedächtnisspulen* mit emotionalen Erfahrungen, Erinnerungsfilme. Wenn wir uns bewußt durch Meditation und Programmierung einstimmen, verändert sich unsere Schwingung ebenso wie das elektromagnetische Signal, das wir aussenden. Das Leben kann grenzenlos werden. Das hängt von unseren Absichten und der Programmierung unseres Zellgedächtnisses ab.

Wir haben die einzelnen Menschen angeleitet, bei der Meditation darum zu bitten, daß die Erinnerung und die daraus resultierende Schwingungserfahrung von Heroin mit Hilfe der Endorphine aus dem

Zellgedächtnis in ihre bewußte Wahrnehmung freigegeben wird. Auf diese Weise konnten sie den »Geschmack« der Droge als gespeicherte Gedächtniserfahrung genießen, anstatt sich regelmäßig das Heroin physisch in Form einer neuen Dosis zu spritzen.

In Verbindung mit dem durch Meditation veränderten Energiezustand – vom Beta- über den Alpha- zum Theta-Zustand – überschreiben die Körperzellen über ihr Gedächtnis das Gefühl, das von der Droge Heroin hervorgerufen wird.

Genauso können wir durch bewußtes verbundenes Atmen unseren Energiezustand ändern und, während wir uns in einem meditativen Zustand befinden, Zugang zu tiefen Erinnerungen bekommen und uns selbst dadurch neu erschaffen.

Wir können beginnen, indem wir bestimmte Erinnerungen wachrufen, z.B. aus unserer Zeit als

- Priester/Priesterin in Lemuria, in Atlantis, in Ägypten,

- Priester/Priesterin in Avalon oder Glastonbury zur Zeit der Druiden,

- und Erinnerungen an unsere Lehrjahre in Heilungstempeln, in Musik- und Kunsttempeln, in Kristallhöhlen; an unser Selbst der Erdgöttin; an den Mönch, den Zigeuner.

Stell dir einfach vor, wieder in dieser Zeit zu sein, in deiner ganzen Kraft, mit Eingestimmtheit und Meisterschaft. Fühle, wie die Energie in deinen Emotionalkörper fließt, sobald diese Erinnerungen aus deiner Zelldatei in dein Bewußtsein aufsteigen. Stell dir deine physische Form vor, wie du voll und ganz in deiner Kraft stehst. Vielleicht groß und muskulös oder klein und zart. Wie auch immer – erlaube diesem Bild, sich vor deinem geistigen Auge zu entfalten. Merke dir jedes Bild, bei dem dein Herz singt.

Re-Imaging ist eine Neugestaltung von der Zellebene aus ohne die Kosten und Schmerzen eines chirurgischen Messers oder der Couch eines Psychologen.

Vor kurzem hatte ich die Ehre, Rhys Hart, einen erfolgreichen Heilpraktiker, der sich mit dem natürlichen Nachwachsen von

Gliedmaßen beschäftigt, zu treffen.

Wenn ein Mensch ein Körperglied verliert, bleibt das physische Muster weiterhin im Ätherkörper gespeichert, so daß das Nachwachsen von Gliedmaßen auch hier wieder eine Frage der Meisterschaft des Geistes über die Materie ist.

Ebenso verhält es sich mit dem Zellgedächtnis. Wir speichern die Erinnerung und Erfahrung aus so vielen Leben, in denen wir eingestimmt, talentiert und hervorragend waren.

Re-Imaging heißt, bewußt diese hervorragenden Talente aus dem inneren Gedächtnispool anzuzapfen, um uns physisch, emotional und mental neu zu erschaffen, so wie wir sein möchten. Geist über Materie. Ein Meister, der in einem physischen Vehikel lebt und durch Befehl und Führung dieser Meisterschaft zur Verwirklichung verhilft. Stell dir alles vor, was du sein möchtest. Was dir auch immer in den Sinn kommt, kommt um anerkannt zu werden und ist ein Spiegel dessen, was du warst. In diesem Prozeß wählst du als Schöpfer das Beste aus jedem Leben aus, wissend daß das, worauf du deinen Fokus richtest, sein muß. Das ist das Universelle Gesetz.

Du kannst dich folgendermaßen affirmieren:

❑ Ich befehle jetzt, daß meine vier niederen Körper – der physische, emotionale, mentale und spirituelle – in der physischen Realität das perfekte Bild und die vollkommenen Göttlichen Qualitäten meiner ICH BIN Präsenz oder Göttlichen Selbstes manifestieren.

Vielfalt ist die natürliche Evolution und der Begleiter des *Re-Imaging*. Wenn man *Re-Imaging* erfolgreich anwendet – erkennbar an physischen und emotionalen Veränderungen –, realisiert man, daß man jederzeit jeden Aspekt der Vielzahl der Charaktere und Bilder bewußt in sich »wohnen« lassen kann.

Ich weiß zum Beispiel, daß ein Aspekt von mir eingestimmt stark und fit ist. Das ist das Ich, das ich empfinde, wenn ich regelmäßig Gymnastik mache und mich um mein physisches Vehikel kümmere.

Ich habe auch einen Aspekt, der Workaholic sein kann, zu beschäftigt, um zu schlafen oder Gymnastik zu machen. Manchmal, wenn ich ein paar Wochen lang sehr viel arbeite und den Körper ignoriert habe, kann es sein, daß ich mich müde fühle, weniger energiegeladen, sogar lustlos. Wenn dieses Gefühl oder diese Erkenntnis kommt, entscheide ich mich ganz einfach, zu SEIN und befehle der Kriegerin in mir hervorzutreten, fit und stark. Eine Energie in mir verschiebt sich, und genauso fühle ich mich dann. Ein sofortiger Energieschub, eine Zustandsänderung.

Unsere Zellen geben jeden Aspekt von uns frei, den wir wachrufen. Ich kann eingeschränkt oder grenzenlos sein. Stark oder schwach, ernergiegeladen oder energielos. Der physische Körper reagiert automatisch auf diese Befehle, so wie der Formenwechsel, den Schamanen praktizieren können.

Ebenso können wir Charaktere für verschiedene Rollen wachrufen. Den Liebhaber, wenn du dich durch *Re-Imaging* in deine Version des besten Liebhabers aller Zeiten verwandelst; den Krieger oder den Schamanen, der die Kraft hat, in der physischen Realität voller Freude zu agieren; den Heiler oder den Diener; wen auch immer du brauchst, sei voll konzentriert und in jedem Moment des Jetzt.

Mit Hilfe der Vielfalt kannst du auch deine Energiefelder aufteilen und deinen Heiler/Krieger/Schamanen in andere Reiche senden, während du physisch in deiner alltäglichen Realität agierst. Bei dem Erlernen der Bilokation geht es darum, die Energie durch unsere bewußte Absicht aufteilen und gleichzeitig und bewußt auf verschiedenen Zeitebenen zu agieren.

3. Nachtrag im Oktober 1997 –

Umwandlung – die pranische Reise geht weiter

Es ist spannend zu beobachten, wie bestimmte Aspekte des Lebens, wenn es so sein soll, einfach aufblühen. Als ich vor vier Jahren meine bewußte Reise der pranische Ernährung begann, hatte ich keine Ahnung davon, daß ich eine kleine, aber kraftvolle Bewegung in der westlichen Kultur bei ihrer Pionierarbeit unterstützen würde. Damals war es einfach ein weiterer natürlicher Schritt auf meinem persönlichen Weg des Reinerwerdens. Jetzt ist es eine Option, eine Wahlmöglichkeit, die sich in Neuseeland und Australien und auch in verschiedenen New-Age-Gruppen in Asien, Europa und den USA gut etabliert hat. Damit die Information klar und gebündelt bleibt, wurde ich angeleitet dieses Buch zu schreiben und ich bekomme immer wieder das Gefühl, daß die Seinsmöglichkeit für eine sehr »zivilisierte« Zukunft so aussieht, daß wir vom Göttlichen Funken im Inneren erhalten werden und daß dies bald für viele, die eine vereinfachtere und reinere Ausdrucksform im Leben wählen, zum Allgemeingut gehören wird.

Was dieses Kapitel betrachten möchte ist das »Was dann?«. Nachdem ein Wesen sich selbst bewiesen hat, daß es total von Prana erhalten werden kann und nicht länger täglich zu essen braucht, was dann? Energetisch betrachtet unterstützen unsere Gesellschaftssysteme auf der Erde das gesellschaftliche Zusammenkommen ums Essen und die emotionale Abhängigkeit vom Essen immer noch sehr stark, und diese neue Bewegung der Pranier ist noch nicht stark genug, für McDonalds oder die Gastronomie im Allgemeinen zu einer Bedrohung zu werden. Wie steht es aber mit der alltäglichen Realität derjenigen, die mit Pranismus zu tun haben?

Aus unseren Studien und Nachuntersuchungen wissen wir, daß die meisten Menschen zu leichtem Essen zurückkehren, zumindest bei sozialen Anlässen, manchmal auch nur wegen der Freude am Geschmack. Für mich persönlich ging es nachdem ich zwei Jahre lang meistens nur drei Gläser Flüssigkeit am Tag, keine Vitamine oder Mineralien und höchstens ab und zu eine Gemüsebrühe zu mir nahm, so weiter, daß ich zum Spiel der bewußten Umwandlung hingeführt wurde. Aus Gründen, die mit dem Emotionalkörper zu tun haben, hatte ich beschlossen, im Beisammensein mit anderen Kaffee und etwas Käsekuchen zu genießen und bekam daraufhin unglaubliche Magenschmerzen. Für meinen Körper war das, als würde man in einem hochgereinigten System eine chemische Bombe zünden. Und meine Reaktion darauf war, daß ich entweder nie wieder etwas Toxisches zu mir nehmen darf, oder die Reise der bewußten Umwandlung beginnen muß. Diese Reise bedeutete, die Schwingungen jeder Substanz so zu ändern, daß sie positiv mit meiner eigenen im Einklang waren. Kaffee und Käsekuchen schienen mir eine genußvolle Art und Weise anzufangen. Also habe ich noch einmal alle Vorstellungen davon, was ernährungsmäßig gut ist, fallengelassen, denn ich wußte ja, daß Prana mich ernährt, und habe mich auf die Geschmacksempfindung und Umwandlung konzentriert.

Interessanterweise ist das, was vielen Menschen gut schmeckt, gerade das, was vom ernährungswissenschaftlichen Standpunkt aus betrachtet angeblich schlecht ist und daher nur maßvoll gegessen oder getrunken werden sollte. Bei einer Basisernährung mit lebendigem, frischen Essen wird der Körper problemlos mit kleinen Mengen von »Giften« fertig, und die Abbauprodukte werden mit den Ballaststoffen auf dem Weg der normalen Ausscheidung abgegeben. In Grundzügen ist es bekannt, daß der bewußt und unbewußt denkende Geist des Menschen den physischen Körper jeden Tag neu erschafft und zwar durch die Qualität seines Denkens und Fühlens und seiner Ernährung. Wir haben die Wahl zwischen positivem, hochwertigen Denken und Fühlen und einer ebensolchen Ernährung oder toxischem Denken, das dann auch toxische Gefühle hervorruft, die wiederum zu einer toxischen Ernährungsweise verleiten können. Die Aufgestiegenen haben mir bei der Führung meiner Reise zur pranischen Ernährung mitgeteilt, daß viele Lichtarbeiter nur deshalb gesund sind, weil sie glaubten und erwarteten, durch die Wahl ausgewogener Nahrungsmittel, durch Ergänzungspräparate und durch Übungen Gesundheit zu bewirken. Und so war es dann auch. Aber hat es nun an ihrem uneingeschränkten Glauben oder an den konkreten Nahrungsmitteln, die sie zu sich nahmen, gelegen? Aufgrund meiner Studien bin ich zu der Theorie übergeschwenkt, daß es ihre Erwartung war, denn ich kenne viele Geschichten über indische Yogis, die Gift genommen und verwandelt haben, ohne daß es ihnen Schaden zugefügt hat.

Unser denkender Geist ist so machtvoll, daß er eine Vielzahl von Wirklichkeiten anziehen und unterhalten kann. In seiner Diskussion über die »Natur der Wirklichkeit« erklärt Dr. Deepak Chopra, *daß der menschliche Körper eine physische Maschine ist, die irgendwie gelernt hat zu denken; daß es der Tanz der Moleküle ist, der die Epiphänomene, das heißt Begleiterscheinungen, in Form von Bewußtsein, Gedanken, Gefühlen und Emotionen, Wünschen, Konzepten, Ideen, Philosophien, Dogmen und Religionen erschafft. ...irgendwie bewegen sich diese Moleküle herum und wir bekommen dann das Epiphänomen Gedanke. Wir sind physische Maschinen, die gelernt haben zu denken.«*

Vielleicht hat es auf einer anderen Ebene den reinen Gedanken gegeben, der dann das Vehikel erschaffen hat, um einen Aspekt seines Bewußtseins zu beherbergen. Wenn das so ist, dann kann derselbe Gedanke mit Sicherheit auch das Vehikel, das er erschaffen hat, selbst heilen, wiederaufbauen, verändern, neu formen und erhalten.

Die Wissenschaft hat bewiesen, daß unser Körper eine aus Milliarden von kompliziert miteinander verbundenen Zellen bestehende Maschine ist. Selbst unter den eingefleischtesten Traditionalisten scheinen jetzt viele die Verbindung zwischen denkendem Geist und Körper anzuerkennen. Dr. Chopra erklärt weiter im selben Artikel, *daß wie wir den Körper zu sehen gelernt haben, nicht korrekt gewesen ist, daß der Körper ein dynamisches Bündel von Energie, Information und Intelligenz ist, das sich permanent erneuert und im Austausch mit einem größeren Feld aus Energie, Information und Intelligenz steht, das wir Universum nennen.* Weiter sagt er, daß es *im Grunde genommen die Bewegung des Bewußtseins ist, die sich selbst in Form von Nahrungsaufnahme-, Atmungs-, Verdauungs-, Stoffwechsel- und Ausscheidungsprozessen ausdrückt.* Und wenn wir diesem Bewußtsein bei seiner Arbeit zuschauen könnten, würden wir *sehen, wie einfach und ohne Anstrengung du deinen Körper verändern kannst und es tatsächlich auch die ganze Zeit tust.*

Nach Dr. Chopra sind in jedem Atemzug, den wir ein- und dann wieder ausatmen, 10^{22} Atome enthalten. Wir befinden uns also in einem ständigen Fließ- und Veränderungszustand und was wir erschaffen, ist ein direktes Resultat unserer Absicht und Bewußtheit. Innerhalb von drei Wochen sind Billiarden – 10^{15}, das heißt Millionen Milliarden – Atome durch den Körper jeder anderen Spezies auf diesem Planeten hindurchgegangen. Jeder von uns atmet ein und aus. Jährlich erneuern wir 98 Prozent unserer Atome. Die »Haltbarkeit« eines physischen Körpers ist also kürzer als die der Daten, die in unseren Zellen gespeichert sind. Und trotzdem sind es diese Daten – Schallwellen des Emotionalkörpers und Lichtstrahlen des Mentalkörpers – die bestimmen, ob unsere Zellen degenerieren oder sich regenerieren.

Wie Dr. Chopra mitteilt, *fangen die Wissenschaftler an zu erkennen, daß die Gedanken nicht das Produkt von Molekülen sind, sondern die Moleküle vielmehr aus den Bewegungen von Informationen in einem Feld unendlicher Information gebildet werden. Daß das Bewußtsein die Erscheinung, das Phänomen, und Materie die Begleiterscheinung, das Epiphänomen, ist. Es ist das Bewußtsein, das empfängt, bestimmt, erbaut und tatsächlich zu physischer Materie wird.* Gedanken erschaffen sogenannte Neuropeptide. Nachrichten werden chemisch übermittelt – vom Mentalkörper direkt zum physischen Körper. Darauf beruht das Verständnis von Umwandlung.

Die Abwehrzelle ist das zirkulierende Nervensystem. Es ist programmiert Krankheiten zu bekämpfen, Karzinogene zu erkennen und zu verwandeln. Überall im Körper befinden sich Rezeptoren für Neuropeptide. Die wahre Sprache des Körpers sind chemische Signale durch Neuropeptide an Rezeptoren – die Art des Signals spiegelt den Gedanken wider – positiv oder negativ, begrenzt oder grenzenlos. Ein solches Verständnis bringt uns dazu zu glauben, daß wir als Meister des Vehikels durch geistige Meisterschaft die vollständige Macht haben, dieses Vehikel – eben weil es so aufgebaut ist – zu transformieren, umzuwandeln, zu heilen und ihm sogar eine Gestalt zu geben. Wir selbst sind nur so begrenzt, wie wir glauben es zu sein.

Bevor ich mit meinen Vorschlägen negative Reaktionen bei den Ernährungsspezialisten auslöse, möchte ich nochmals deutlich machen, daß bevor ich diesen Teil meiner Reise begann, ich eine buchstäbliche Puristin beim Essen mit einer mehr als zwanzig Jahre langen, sehr ausgeglichenen vegetarischen Ernährungsweise war. Ich habe regelmäßig meditiert, Körperübungen gemacht und dadurch eine sehr kraftvolle Verbindung zwischen Geist, Verstand und Körper aufgebaut. Dieses Verständnis, das durch das Verstehen der Funktion von Neuropeptiden gut ergänzt wurde, vertiefe ich nun einfach auf einer verfeinerten, gereinigteren Ebene.

Sogar unser sogenanntes »Gefühl im Bauch« beruht auf der Tatsache, daß auch der Magen Peptide besitzt und die selben chemischen Stoffe herstellt wie das Gehirn, wenn es denkt. Ein Gedanke setzt chemische Stoffe frei, die durch Neuropeptide als Übermittler an ihre Rezeptoren in jedem Organ gelangen. Das ist auch die Grundlage, auf der wir unseren Körper im ganzen, und jedes Organ einzeln, selbst heilen können. *Weil die Denkmechanismen in den Organen nicht bis zum Stadium des Selbstzweifels entwickelt sind, glauben sie die Fähigkeit zu haben, alles, was ihnen befohlen wird, auch ausführen zu können.* Vielleicht wird das Wunder einer spontanen Remission, das heißt die selbstständige Rückbildung eines Tumors, also durch einen intensiven Lebenswillen ausgelöst, der dann über die Neuropeptide in den Zellen verankert wird und so die Heilung auslöst. Nach Dr. Chopra ist die Wissenschaft gerade dabei zu entdecken, daß jede Zelle denkt und chemisch mit jeder anderen verbunden ist.

Zu den kraftvollsten Heilsubstraten, die unser Körper herstellt und die das Immunsystem stärken, gehören die Interleukine und Interferone, die durch intensive Glücksgefühle ausgeschüttet werden. Wenn wir uns in Panik- oder Angstzuständen befinden, setzen wir solche Mengen an Adrenalin frei, daß sie das Immunsystem zerstören. Vereinfacht dargestellt, interpretiert der Mentalkörper die Wirklichkeit. Diese Interpretation löst eine emotionale Antwort aus. Die Art und die Tiefe der emotionalen Antwort löst pulsartige chemische Ströme – von Neuropetiden hin zu den Rezeptoren – im physischen Körper aus und erzeugt so Harmonie oder Krankheit.

In letzter Zeit fällt mir immer der Vergleich zwischen dem physischen Körper und einem Hund ein. Zuerst mußt du eine bewußte Beziehung mit dem physischen Körper anfangen, ihn als ein Vehikel betrachten, das dir ermöglicht mit mehr Tiefe in der physischen Realität zu existieren. Wenn du diese Verbindung einmal hergestellt hast, kannst du anfangen ihn zu programmieren, und damit eine Beziehung schaffen, in der beide Seiten gestärkt werden. Ähnlich ist es mit einem Hund, wenn du einmal eine Ebene der Kommunikation und des Vertrauens mit ihm aufgebaut hast, kannst du damit beginnen, daß er freudig auf deine Befehle reagiert. Im Gegenzug dient er dir und erteilt dir manchmal auch auf schöne Weise eine Lehre. Wenn man einem Hund (unserem physischen Körper) neue Tricks beibringt – wie Ernährung von Prana oder Umwandlung –, entsteht manchmal eine zeitliche Verzögerung zwischen der Zeit, in der alte begrenzende, gewohnheitsmäßige Muster verschwinden und neue kraftverleihende einsetzen.

Dadurch, daß ich im Durchschnitt nur noch zwei bis drei Stunden pro Nacht schlief (früher habe ich acht bis zehn Stunden gebraucht) und auch dadurch, daß ich einmal pro Woche, manchmal auch öfter toxische Substanzen zu mir nahm – nur für den Geschmack aus purem Vergnügen und ohne auf den Nährwert zu achten –, habe ich meinen physischen Körper in den letzten zwei Jahren sehr an seine Grenzen gebracht. Ich habe dabei herausgefunden, daß man – wie mein kürzlich gemessenes Blutbild beweist – perfekt von Prana ernährt werden und trotzdem einen gewissen Spiegel an Toxizität im Blut haben kann, wie andere Tests zeigen. Intuitiv wurde mir klar, daß ich einen Punkt erreicht hatte, an dem ich dem Hund eine Pause gönnen mußte, was das Lernen von Party Tricks betraf, und daß es an der Zeit war, mich liebevoll um ihn zu kümmern. Das bedeutete ganz einfach, mich ein bißchen mehr auszuruhen und lieber kleine Geschmackseinheiten nicht-irritierender Substanzen, wie z.B. Orangensaft, statt Kaffee zu mir zu nehmen, wenn ich mich in Gesellschaft befand.

Pranier, die vielleicht einmal pro Woche einen Happen essen, haben ihr System unglaublich gereinigt und verfeinert. Diejenigen, die von Prana und ab und zu etwas Wasser leben, müssen sich nicht mit Toxizität auseinandersetzen. Diejenigen, die ab und zu einen Mundvoll Geschmack genießen, können entweder etwas Nicht-irritierendes wählen oder das Spiel der bewußten Umwandlung spielen. Beide, sowohl das Spiel der pranischen Ernährung als auch das bewußter Umwandlung, verschaffen uns Zugang zu der uns innewohnenden schöpferischen Kraft und erweitern unser Bewußtsein, so daß wir die grenzenlose Natur unseres Wesens erfahren. Wie Nietzsche sagte: *Wir leben in der Annahme, daß wir denken, wobei es genauso möglich ist, daß wir gedacht werden.*

Das Gleichgewicht des Seins

Im letzten Kapitel ging es darum, wie es möglich ist, von Prana ernährt zu werden, und außerdem darum, wie man vergiftetes Essen verwandelt, damit der Körper aufblühen kann. Es drehte sich im Grunde um die Verbindung zwischen Geist und Körper über Neuropeptide und Rezeptoren. Betrachten wir also den Emotionalkörper und kommen so zu einer Diskussion, was wissenschaftlich über Pheromone nachgewiesen wurde.

Verschiedene Experimente an Mäusen, einschließlich denen an der Stanford University in den USA, führten zu der Schlußfolgerung, daß Pflanzen und Tiere über Pheromone kommunizieren. Laut Dr. Chopra haben diese Forschungen eine Öffnung gegenüber der Idee bewirkt, daß *diese Pheromone tatsächlich auch das molekulare Substrat unserer Gefühle sein könnte.* Es scheint, daß die neuen dynamischen Richtungen in der Neurobiologie anfangen, die esoterische Idee der Verbundenheit aller Lebensformen und deren Einklang zwischen Geist, Verstand, Gefühl und Körper zu verstehen.

Experimente zeigen, daß *es nun bekannt ist, daß in der Tat für jede einzelne Emotion, die wir haben, ein Gegenstück existiert, ein molekulares Geschehen, das nicht nur im Inneren unseres Körpers abläuft, sondern daß tatsächlich diese Pheromone als Informationssubstrate in die Umwelt abgegeben werden.* Auf diese Art nehmen wir intuitiv die Spannung in einem Raum oder den Ärger eines Menschen auf. So löst vielleicht unser sechster Sinn, die Intuition, die Ausschüttung von Pheromonen aus, die in uns Gefühle des Friedens oder Unwohlseins hervorrufen.

Dr. Chopra teilt weiter mit, daß die ältesten aller Schriften, die Veden, sagen, *daß, wenn du dich erinnern kannst, wer du bist, du plötzlich erkennen wirst, daß du tatsächlich der Schöpfer bist.* Die Veden sagen, *wie das Atom, so das Universum; wie der Mikrokosmos, so der Makrokosmos; wie der menschliche Körper, so der kosmische Körper; wie der menschliche Geist, so der kosmische Geist.* Weiterhin bezeichnet er den kosmischen Geist als ein *nicht ortsgebundenes Informationsfeld mit sich auf sich selbst beziehenden kybernetischen Rückkopplungsschleifen.* Er sagt *unsere Körper sind im wahrsten*

Sinne Musik der Natur. Wir haben hier eine Symphonie, die Teil einer Symphonie ist, die schon immer dagewesen ist. Die Veden sagen: *Hinter der Maske der Sterblichkeit ist der quantenmechanische Körper, der subtile Kausalkörper... , der niemals geboren wurde und niemals stirbt.*

Heilung heißt somit im Gleichgewicht Sein und sich jenseits der Begrenzungen der dichteren Körper zu bewegen. Quantenmechanisch sind wir wirklich Systeme aus Energie. Jeder, der sich mit Quantenphysik und/oder der Arbeit von Dr. Deepak Chopra beschäftigt hat und zudem bei der Meditation eigene Erfahrungen mit Energie gemacht hat, weiß, daß dies eine Tatsache ist, egal, ob die westliche Wissenschaft oder Medizin dies schlüssig bis ins Letzte bestätigen kann oder nicht.

Aus einer esoterischen und quantenphysikalischen Sicht geht es um die Harmonien von Schallwellen und Lichtstrahlen, eine fein abgestimmte Mischung von Energien auf individueller und kollektiver Ebene. Gleichgewicht heißt die richtige persönliche Mischung von Energien innerhalb unserer spirtuellen, mentalen, emotionalen und physischen Körper zu finden. Das Leben von Licht und die Ernährung von Prana waren bei mir ein leichter Übergang für den physischen Körper, und die Erinnerung an ein Leben davon verlief bei mir sehr harmonisch. Nach ein paar Jahren war mein emotionaler Körper jedoch ein bißchen aus dem Gleichgewicht, und gelegentlich etwas Geschmack genießen brachte ihn wieder ins Gleichgewicht. Dann kam mein physischer Körper wegen der Toxizität aus dem Gleichgewicht und so steigerte ich die Energie des Mentalkörpers, um den physichen Körper wieder auszubalancieren. Energie ist fließend, was für den einen balanciert ist, mag für den anderen aus dem Gleichgewicht sein, da wir alle eine vorbestimmte Resonanz haben. Wenn die Geist-Körper-Verbindung erst einmal hergestellt ist, merken wir schnell, wenn wir aus dem Gleichgewicht sind.

Das Zusammenstellen und Rausfinden der richtigen Energiemischung, um das Leben zu erschaffen, das wir uns wünschen, ist wie Kuchenbacken. Die Art und die Menge der Zutaten bestimmt die Art und den Geschmack des Kuchens. Ein Freund von mir bezeichnete sich selbst letztens als nicht monogam. Er ist viel auf Reisen und mag die Idee von einem »Mädchen in jedem Hafen«; die Anstrengung bei der Suche nach einer Frau, ihr den Hof zu machen etc. gibt seinem Emotionalkörper Nahrung. Andere Freunde von mir, Männer wie Frauen, haben sich entschieden, eine tiefe und bedeutungsvolle monogame Beziehung mit einem einzigen Partner zu genießen. Sie sagen, daß für sie jetzt, wo sie ihre Konzentration und Aufmerksamkeit auf ihre Aufgabe lenken, eine enge Beziehung der Zuckerguß auf dem Kuchen ist. Wichtig und lecker wenn er drauf ist, aber kein übergroßer Beitrag zu einem auch so schon leckeren Kuchen. Für meinen »nicht monogamen« Freund bilden aufregende und verschiedene Beziehungen den Kuchen und der Rest seines Lebens ist der Zuckerguß; und er ist zufrieden mit seiner Schöpfung. Das ist ein perfektes Beispiel für das Finden der richtigen Energiemischung und für die Konzentration darauf, unsere individuellen Leben zu balancieren, und außerdem auch ein Beispiel dafür, womit wir uns, so verschieden wie wir sind, unserem Gefühl nach tatsächlich in ein angenehmes Gleichgewicht bringen.

Meisterschaft besitzen heißt unsere Energiefelder meistern – die Mischung unseres spirituellen, mentalen und emotionalen Körpers, die Gesundheit all unserer Körper. Es gibt zahllose Methoden, um sich bewußt darauf einzustimmen, seine Meisterschaft auszudrücken. Kraftvolles Einstimmen resultiert aus der bewußten Entscheidung, zu jeder Zeit Qualitätsgedanken, Qualitätsgefühle und Qualitätsessen zu haben. Weitere Werkzeuge reichen von Meditation über Neuprogrammierung bis zur Rekapitulation, bei der wir unsere Reaktion auf Erinnerungen neu definieren und somit deren energetische Auswirkung verändern. Wie Deepak schreibt, *verknüpfen wir Reize an bestimmte Erinnerungen und jedes Mal, wenn wir diesem Reiz ausgesetzt sind, ersinnen wir das Universum und uns selbst entsprechend unseren Erinnerungen wieder ...man schätzt, daß ein Mensch im Durchschnitt sechzigtausend Gedanken am Tag hat ...irritierend ist dabei, daß du neunzig Prozent der Gedanken von heute schon gestern hattest,* was biochemische Reaktionen und sich wiederholende Verhaltensmuster hervorruft.

Auf individueller Ebene werden wir das, was wir denken, auf kollektiver das, was wir sehen und beobachten. *Wenn du die Welt neu erschaffen willst, dann sehe sie mit neuen Augen* (Lord Shiva). Die gesamte Realität eines Menschen wird sich ändern, wenn er – statt die

Welt vom Standpunkt des Mangels, der Zwietracht und der Disharmonie zu betrachten – einfach nach göttlicher Perfektion strebt und
darum bittet, in perfektem, synchronem Gleichgewicht mit der Kraft
der Schöpfung, dem Göttlichen Bewußtsein, zu sein. Glückseligkeit
ist Glücklichsein ohne einen Grund dafür. Ein eingestimmtes Individuum ist ein glückseliges Individuum.

Also ist pefekte Gesundheit auch perfekte Macht. Die Macht, den
Körper zu regenerieren, den Alterungsprozeß zu beenden, den physischen Körper in einem unsterblichen Zustand zu erhalten, um unsere
unsterblichen Seelen zu beherbergen. Physische Unsterblichkeit ist
einfach die Entscheidungsfreiheit, mit Freude hier zu sein, während
wir unseren Teil des Göttlichen Plans erfüllen. Wenn der Vertrag
erfüllt ist, können wir je nach unserer inneren Stimme den Körper
zum entsprechenden Zeitpunkt nach oben ins Licht mitnehmen oder
fallen lassen.

Falls Selbstheilung, Selbstregeneration, Re-Imaging und Unsterblichkeit deinen Geist überfordern und du dich fragst, ob wir wirklich
machtvoll genug sind, um all das zu tun, dann genieße den folgenden
Diskurs, den Jesus den Umstehenden gab, nachdem er einen Mann
wiederbelebt hatte…

Zitat aus »Leben und Lehren der Meister im fernen Osten«:

*Wenn wir eins sind mit der Summe der gesamten Intelligenz und uns
selbst als einen wirklichen Teil dieser Intelligenz erkennen und daher
wissen, daß dies das große Prinzip, Gott, ist, werden wir uns bald der
Tatsache bewußt, daß die gesamte Intelligenz überall im gesamten
kosmischen Universum mit uns zusammenarbeitet. Wir realisieren
auch schnell, daß die Intelligenz des allgroßen Genies genauso wie
wie die kleine geistige Fähigkeit jeder Zelle des Körpers mit uns in
perfekter Harmonie und Einklang arbeitet. Dies ist der Eine Große
Intelligente Kosmische Geist, mit dem wir auf positive Weise verbün-
det sind. In der Tat, wir sind dieser eine Geist; wir sind das
Selbstbewußtsein des Universums. In dem Augenblick, wo wir genau
das fühlen, kann uns nichts mehr von unserem Gotteshaupt trennen.*

Namaste

Unsere größte Angst ist nicht, unzulänglich zu sein. Unsere größte Angst ist, grenzenlos mächtig zu sein. Unser Licht, nicht unsere Dunkelheit, ängstigt uns am meisten. Wir fragen uns: Wer bin ich denn, daß ich so brillant sein soll? Aber wer bist du, es nicht zu sein? Du bist ein Kind Gottes. Es dient der Welt nicht, wenn du dich klein machst. Sich klein zu machen, nur damit sich andere um dich herum nicht unsicher fühlen, hat nichts Erleuchtetes. Wir wurden geboren, um die Herrlichkeit Gottes, der in uns ist, zu manifestieren. Er ist nicht nur in einigen von uns, er ist in jedem einzelnen. Und wenn wir unser Licht scheinen lassen, geben wir damit unbewußt anderen die Erlaubnis, es auch zu tun. Wenn wir von unserer eigenen Angst befreit sind, befreit unsere Gegenwart automatisch die anderen.

Antrittsrede von Nelson Mandela im Jahr 1994

Hinweise:

Wir planen weitere Vorträge und Seminare mit Jasmuheen!

Es gibt die Möglichkeit den 21-Tages-Prozeß zusammen mit Gleichgesinnten unter der Leitung eines Heilpraktikers zu machen.

Informationen erhalten Sie bei:
KOHA-Verlag, Almstr. 4, 84424 Burgrain

Bitte legen Sie Ihrer Anfrage einen frankierten Rückumschlag bei.

**VORTRÄGE
WORKSHOPS
LEHRGÄNGE
AUSBILDUNGEN
FERIENWORKSHOPS**

Aktuelle Themen mit bekannten Fachbuch-Autor/innen

REBIRTHING - BEWUSSTES ATMEN
Zur Reinigung der Energiekörper - mit Konrad Halbig und Karin Schnellbach
Einführungswochenenden, Ausbildung zum Rebirther, Warmwasser-Intensiv

TAROT - BERATER-TRAINING
Dem Leben in die Karten schauen - Tarot transparent mit Renate Anraths
Dreiteiliges Tarot-Beratertraining: Einführung, Haupttraining, Vertiefung.

CRANIOSACRALE BEHANDLUNG
Die sanfte Körpertherapie mit breitem Behandlungsspektrum
Zur Balance von Energiefluss + Zentralnervensystem und zur Tiefenentspannung
Einführungstage, Basiskurse und Ausbildungen, Ferienworkshops
Organisiert durch das Sphinx-Craniosacral-Institut Schweiz und Deutschland

WESENHEITEN DER PFLANZEN
Dreiteiliger Heilpflanzen-Lehrgang mit Dr. Wolf-Dieter Storl
Frühlings-, Sommer- und Herbstteil, mit Pflanzendeva-Meditationen

NEUE THERAPIEN MIT BACH-BLÜTEN 1, 2, 3
ESOTERISCHE THERAPIEN 1, 2
Mit Dietmar Krämer, Heilpraktiker und Fachbuch-Autor
Bach-Blüten, ätherische Öle, Edelsteine, Chakra-Therapien

MYSTIC JOURNEY USA
Mit Gayan Silvie Winter, Santa Fe, N.M.
Reisen zu Kräftplätzen in New Mexico, dem Zauberland des Westens

Weitere Themen:
Botschaften an den Himmel - Räucherkunde mit Susanne Fischer-Rizzi
Pflanzen der Liebe, Urbock und Zaubertränke, mit Christian Rätsch
Traumkunde mit Günther Feyler, Voice-Dialogue - Fortbildung
Familienaufstellungen nach Bert Hellinger, Feng-Shui, Aura-Soma, Visionen

Jahresprogramm mit Informationen und Buchtips bei:
SPHINX-WORKSHOPS, Postfach 629, CH-4003 Basel
Tel. 061/ 274 07 74 Fax 061/ 274 07 75 (Vorwahl Ausland: 0041/ 61)
Internet: http://WWW.SPHINXWORKSHOPS.CH

Jasmuheen
In Resonanz

ca. 320 Seiten
ISBN 3-929512-28-9
DM/Fr 38,00
KOHA-Verlag

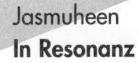

Jasmuheen studierte 22 Jahre
die metaphysischen Resonanzgesetze
und vermittelt uns in einer einfachen Sprache ihre tiefgreifenden Einsichten. Schwerpunktthemen sind die Erhöhung der Schwingungsfrequenz, Channeln, Meditation und Fähigkeiten wie Hände auflegen, Hellsichtigkeit, Teleportation und vieles mehr.
Fundierte Informationen und und viele praktische und bewährte Techniken setzten einen neuen Maßstab

Video von Jasmuheen

Dieses Video von Jasmuheen wurde im Dezember '97 bei einem Vortrag in Regensburg aufgenommen. Es zeigt Jasmuheen in ihrer sprühenden Lebendigkeit, für alle, die sie nicht persönlich kennenlernen konnten.

ISBN 3-926563-84-2
DM 49,00

Der 21-Tages-Prozess

Der 21-Tages-Prozess hat sehr viele Menschen fasziniert und dazu angeregt, diesen Einweihungsweg zu gehen. Dieses Buch wird deren sehr unterschiedliche und ganz persönliche Erfahrungsberichte beinhalten. Erscheinungsdatum vorraussichtlich Mitte 1998.
Für weitere Informationen wenden Sie sich bitte an den Verlag.
Wir sammeln noch Manuskripte!

ISBN 3-926563-32-7   DM 27,00

Jasmuheen leitet eine Meditation, in der durch die dreifaltige violette Flamme, (Liebe, Weisheit und Macht) die Energiefelder gereinigt und neu ausgerichtet werden, und anschließend eine Verbindung zum inneren Gott/Göttin geschaffen wird. Die CD enthält sowohl den gechannelten Orginaltext, gesprochen von Jasmuheen, als auch die deutsche Übersetzung. Die Musik dazu wurde von Wilfried Schröpfer komponiert.

CD ca 2 mal 35 min,
ISBN 3-929512-30-0
Preis DM/Fr 38,00
Musik: Wilfried Schröpfer
KOHA-Verlag

Quantum 2 ist eine aktive Atemmeditation und reines Vergnügen.

CD ca. 60min
ISBN 3-929512-31-9
Preis DM / Fr 38,00
Text: Konrad Halbig
Musik: Tbilisi Symphonie Orchester
KOHA-Verlag

AMBA
A Love Chant
Felix Maria Woschek / Konrad Halbig

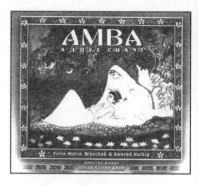

ISBN 3-929512-10-6
CD 60 min, DM/Fr 38,00

Eine wunderbare Musik, die direkt das Herz berührt. Gesungen werden heilende Mantras aus Tibet und Indien, die die eigenen Kräfte von Körper; Geist und Seele positiv unterstützen und den Zuhörer mit seinem göttlichen Selbst verbinden.
Jasmuheen sagte: "Beim Schreiben höre ich sehr viel esoterische und Entspannungsmusik, weil ich diese Stimmung bei der Arbeit sehr genieße. Bei Amba jedoch werde ich immer so von der Musik absorbiert, daß ich die Arbeit vergesse und mich nur noch dem Zuhören hingebe. Ich kann die CD nur jedem empfehlen, der diese Art von Musik schätzt."

Babaji
In Wahrheit ist es einfach Liebe
Hrsg: Konrad Halbig / Karin Schnellbach

ISBN 3-929512-11-4
Taschenbuch, DM/Fr 27,00

Babaji ist der große Avatar, der in der "Autobiographie eines Yogi" von Yogananda beschrieben wird. Zuletzt lebte er von 1970 bis 1984 in Indien, an einem Ort der "Kraftvollster Platz des Universums" genannt wird. Auf geheimnisvolle Weise tritt er auch heute mit Menschen in Kontakt. Acht Autoren beschreiben ihre ganz persönliche Begegnung mit Babaji und jede dieser acht Geschichten ist spannend und einzigartig.

Leonard Orr/ Konrad Halbig
Das Rebirthingbuch
Die Kunst des Atmens...

ISBN 3-929512-08-4
DM/Fr 27,00

Das Standardwerk für Rebirthing und Atemtherapie. Leonard Orr, Begründer von Rebirthing und Konrad Halbig, Rebirthingtrainer, zeigen durch ihre Offenheit, wie sie sich selbst durch Rebirthing heilen konnten und geben Einblick in die Magie des Atems und der Elemente

Leonard Orr/ Konrad Halbig/Franz Simon
Ende der Sehnsucht
Anleitung zum Leben im Paradies

ISBN 3-929512-07-6
DM/Fr 19,80

Ein wunderbares Buch über die Lebendigkeit im wahrsten Sinne des Wortes.

Brian's Frequenz-Modulationsklänge ...

Ein besonderer Geheimtip aus Australien und Jasmuheen's Lieblingsmeditation. Sie sagt dazu: "Durch seine Verbindung zum kosmischen Orchester channelt Brian Vales spezielle Frequenz-Modulationsklänge, die wie Schlüssel für unsere persönliche Entwicklung wirken. Nachdem ich mit seinem Programm begonnen hatte, fing ich an die Dinge als Energiemuster in geheiligten Geometrien wahrzunehmen. Dies ist ein Werkzeug für den heiligen Krieger und wenn es sich für Dich richtig anfühlt, ist es auch Dein Werkzeug. "

Modulation-Set-1
"Verkörperte Schwingungen"
Neuprogrammieren
von Geist und Gedanken

3 Kasetten, insgesamt 4 1/2 Stunden,
DM 80,00
ISBN 3-929512-33-5

Modulation-Set-2
"Meisterschaft
Vibrations
Sequenzen"

9 Kasetten, insgesamt 7 Stunden,
DM 239,00
ISBN 3-929512-34-3

Reine Klangmeditation, ohne Sprache!

Mit Hilfe dieser Töne oder Frequenzen können wir uns mit den unterschiedlichen Qualitäten unseres Geistes und unserer Natur verbinden. Sie öffnen Türen, wo unser Verstand blockiert und führen zu allumfassender Erkenntnis weit jenseits unseres verstandesmäßigen Denkens. Wenn wir uns auf diese Weise ins Gleichgewicht bringen, überwinden wir alle Disharmonie in und um uns, und beenden damit ungewünschte Lebensmuster. Disharmonie entsteht durch negatives Einmischen in unsere Gedanken. Doch wir können diese Beeinträchtigung auflösen, wenn wir erst einmal wissen wie dies funktioniert."

Brian Vale